駅名で読む江戸・東京

大石 学
Oishi Manabu

PHP新書

D1700035

はじめに

　今日、列島各地にはりめぐらされた鉄道網は、日本の近代化の象徴である。特に首都東京の鉄道網の充実・整備ぶりはめざましい。これら鉄道網の拠点として重要な役割をはたしているのが、本書で取り上げる「駅」である。

　近代の歩みとともに成立・発展してきた「駅」であるが、駅名一つ一つをみると、いずれも歴史的な由来、由緒、物語を持っている。それは駅名が、駅周辺の地名と密接に関係するためである。それぞれの地名は、歴史の中で生まれ、変わり、伝えられてきたものであるが、駅名もまた、地域の歴史を映す鏡なのである。

　本書は、私たちが日ごろ慣れ親しんでいる東京都内の駅名を切り口に、地域にかかわるできごとや事件などを通じて、江戸・東京の自然、生活、文化の実態に迫ろうとするものである。

　先に私たちは、『地名で読む江戸の町』（PHP新書、二〇〇一年刊）において、今日の東京に生きる江戸時代以来の地名を取り上げ、その歴史的な由来、関係する事件、ことがらなどについて解説した。本書は、これに続く地名の考察であるが、前著との違いは、駅という近代的要因を媒介させることにより、江戸時代のみならず近現代をも視野に入れたことである。

おりしも、本年（二〇〇三年）は、徳川家康が慶長《けいちょう》八年（一六〇三）に江戸に幕府を開いてから四〇〇年目にあたる。江戸・東京の四〇〇年をどのようにとらえるべきか、難しい問題であるが、私はこれを「首都機能の蓄積過程」としてとらえている。すなわち、一極集中、環境、首都機能移転など東京をめぐる諸問題について、江戸・東京四〇〇年のパースペクティブ（見通し）の中で考える必要があるとの立場である（大石学編『多摩と江戸―鷹場・新田・街道・上水―』たましん地域文化財団発行、二〇〇〇年、大石学『首都江戸の誕生―大江戸はいかにして造られたか―』角川選書、二〇〇二年）。本書もまた、こうした枠組みを背景に構成・執筆されている。

駅名・地名といった一見ささやかな歴史資料への着目ではあるが、地域に関心を持つこと、歴史に関心を持つことは、とりもなおさず現代に関心を持つこと、そして未来に関心を持つことである。東京の現状認識や未来像の構築は、日常的関心を基礎に行われなければならない。本書はこうした視点から構想されたものである。

全体の構成は、第一章・山手線の駅名、第二章・都心部の駅名（山手線内とその周辺）、第三章・東郊の駅名（二三区）、第四章・西郊の駅名（二三区）、第五章・多摩の駅名の五章からなり、各地の主な駅名を取り上げ、紹介している（なお紙幅の関係から今回取り上げられなかった駅名については、続刊を準備している)。

執筆は、前著同様、私のゼミナール(東京学芸大学近世史研究会)の関係者で、ともに江戸の町や江戸時代について研究しているメンバーである。執筆にあたっては、俗説と歴史的事実を区別するために、できるだけ史料や基本文献にあたることとし、現地調査も行った。

本書により、多くの方々が、駅名を通して地域への関心を高めるとともに、江戸・東京四〇〇年という大きな歴史の流れの中で、今日の東京を見つめ直すことになるならば幸いである。

二〇〇三年一月

大石 学

駅名で読む江戸・東京

目次

東京駅丸の内口

はじめに

序章　東京における鉄道のあゆみ

第一章　山手線の駅名

東京（千代田区）24

新橋（港区）29

恵比寿（渋谷区）34

渋谷（渋谷区）38

池袋（豊島区）44

巣鴨（豊島区）51

駒込（豊島区）55

鶯谷（台東区）59

御徒町（台東区）62

神田（千代田区）66

第二章　都心部の駅名（山手線内および周辺）

銀座（中央区） 72
日本橋（中央区） 77
三越前（中央区） 83
赤坂（港区） 88
六本木（港区） 92
赤羽橋（港区） 95
千駄ヶ谷（渋谷区） 99
水道橋（千代田区） 103
白山（文京区） 107
春日（文京区） 112
湯島（文京区） 118
勝どき（中央区） 122

第三章　東郊の駅名（二三区）

浅草（台東区） 126
蔵前（台東区） 133

三ノ輪（台東区）137
越中島（江東区）141
錦糸町（墨田区）144
亀戸（江東区）148
北千住（足立区）152
東向島（墨田区）156
お花茶屋（葛飾区）162
亀有（葛飾区）166
葛西（江戸川区）170
王子（北区）174
赤羽（北区）179

第四章 西郊の駅名（二三区）

神泉（渋谷区）184
駒場東大前（目黒区）187
代田橋（世田谷区）192

芦花公園（世田谷区）197
成城学園前（世田谷区）201
喜多見（世田谷区）205
二子玉川（世田谷区）210
等々力（世田谷区）216
池上（大田区）223
大森（大田区）228
戸越（品川区）234

第五章　多摩の駅名

国分寺（国分寺市）240
谷保（国立市）243
分倍河原（府中市）248
八王子（八王子市）251
羽村（羽村市）258
小平（小平市）264

青梅街道（小平市）270
聖蹟桜ヶ丘（多摩市）274
高幡不動（日野市）278
稲城（稲城市）281

あとがき
参考文献・史料一覧

序章 東京における鉄道のあゆみ

都電荒川線
（飛鳥山〜王子駅前間）

明治期――国有鉄道の整備

東京に初めて鉄道が敷設されたのは明治五年（一八七二）である。この年の五月に品川―横浜（現桜木町）間が仮開業し、九月（新暦一〇月）に新橋―横浜間が正式に開通した。いうまでもなく、これが日本で最初の鉄道であり、官営の蒸気鉄道（汽車）であった。明治二〇年には横浜以西に延長され、東海道本線となる。

明治時代、東海道本線の他にも、東京と全国各地を結ぶ幹線鉄道（汽車）が次々と整備された。まず明治一七年（一八八四）、日本鉄道の上野―高崎間が開通し、同二〇年には大宮で分岐して仙台までの線路が開通した。これはのちの高崎線と東北本線である。日本鉄道は水戸方面にも線路を伸ばし（常磐線）、上野駅は東北・信越・常磐方面などの「北の玄関」となっていく。

なお、新橋駅と上野駅の間はすでに市街地であったため、線路を敷くことが困難であった。そこで日本鉄道は明治一八年、赤羽から、まだ東京の市外であった新宿、渋谷を経て品川に接続する連絡線を設けた。これが山手線のはじまりである。

日本鉄道に続いて、明治二二年に甲武鉄道の新宿―八王子間、同二七年に総武鉄道の本所（現錦糸町）―佐倉間が、それぞれ開通した。のちの中央本線と総武本線である。

これらはいずれも私鉄であったが、国土の背骨となる重要な幹線鉄道であったため、明治三九年に公布された「鉄道国有法」により、順次国有化されていく。こうして東京から全国に向かう国有の幹線鉄道が整備された。東京を起点とした今日のＪＲの路線網は、明治時代にほぼその原型ができあがったのである（ただし、東京駅が開業し、東京の玄関が新橋駅から東京駅に移るのは大正三年〈一九一四〉である）。

大正・昭和戦前期――私鉄郊外電車の発達

東京の市内や近郊を電車が走り始めるのは、明治末期である。

東京市内には、明治三六年（一九〇三）以降、東京電車鉄道などの鉄道会社によって路面電車が敷設され、同四四年にはすべて市営化されて、「市電」（戦後は「都電」）として親しまれるようになった。その路線網は隅田川から山手線の内側にかけてのエリアに広がっていた。

一方、郊外へ向かう電車は、明治三八年に品川―神奈川間に開通した京浜電鉄（現京浜急行）が最も早く、次いで同四〇年に玉川電鉄が渋谷―玉川間を開通させた。その後、大正年間（一九一二～二六）には、京成電気軌道（現京成電鉄）、京王電気軌道（現京王電鉄）などが次々と開通し、東京の私鉄は盛況を迎えた。ただし、これらは路面電車と同じ低速で小型の電車であり、まだ今日の電車の姿からは遠かった。

その他、東武鉄道も明治三〇年代から営業を開始し、大正初年に東上鉄道（現東武東上線）と武蔵野鉄道（現西武池袋線）が開業した。しかし、いずれも電化されておらず、蒸気鉄道であった。これらは沿線の農産物などを運ぶ貨物鉄道としての役割が大きかった。

高速で大型の郊外電車が発達するのは、関東大震災（大正一二年・一九二三）の前後である。とくに震災により東京市民が多く郊外へ避難・転居し、郊外の市街地化が一気に進んだ。これにあわせるように、大正一二年に目黒蒲田電鉄（現東急目黒線・多摩川線）、昭和二年（一九二七）には小田急、西武（現西武新宿線）、東京横浜電鉄（現東急東横線）、同八年には帝都電鉄（現京王井の頭線）と、次々と私鉄の郊外電車が開通した。先に開業していた東武や京成、京王でも高速電車への転換がはかられた。

また、私鉄各社は自社の沿線に住宅地を造成したり、学校の誘致を進め、さらには遊園地なども建設して、利用客の増加をはかった。田園調布（東横線）、成城学園前（小田急線）、常盤台（東上線）などの住宅地はその典型である。

こうして、私鉄を中心とする東京近郊の線路網は、大正から昭和戦前期にかけてほぼ今日の形となった。

一方、これら私鉄の発達に対抗して、国鉄も東京近郊で電車を走らせるようになった。山手線と中央線では明治末期に電車運転が開始され、その後、大正から昭和の初めにかけて京浜線（後に京浜東北線）、総武線（御茶ノ水―千葉間）、常磐線（上野―松戸間）などの電車線が登場した。

いわゆる「国電」である（ただし、戦前は鉄道省の運営であったため、「省線電車」と呼ばれた）。なお、山手線が今日のような環状運転を始めるのは、東京―上野間の線路がつながった大正一四年（一九二五）のことである。

昭和戦後期――地下鉄・私鉄の相互直通

第二次世界大戦において、東京の鉄道は甚大な被害を受けたが、戦後いちはやく復興した。その後、高度経済成長期を迎え、地下鉄の建設が急速に進められた。

日本最初の地下鉄は昭和二年（一九二七）に開通した浅草―上野間であった。その後さらに上野から渋谷まで延長され、今日の営団地下鉄銀座線ができあがるが、戦前においては東京の地下鉄はこれ一本だけであった。

戦後になると、昭和二九年に営団地下鉄丸ノ内線の池袋―御茶ノ水間が開通し、次いで同三五年には都営地下鉄の第一号である浅草線の押上―浅草橋間が開通した。以後、三六年に営団日比谷線、三九年に営団東西線、四三年に都営三田線、四四年に営団千代田線、四九年に営団有楽町線、五三年に営団半蔵門線と都営新宿線がそれぞれ部分的に開通し、東京の地下鉄網が整備されていった。

こうして地下鉄は、路面電車やバスに代わって東京の公共交通機関の主役となった。とりわけ私鉄との相互直通運転の開始の意味は大きかった。昭和三五年の浅草線と京成線の直通運転開始をはじめとして、京急、東急、東武、小田急、京王、西武のすべての大手私鉄が地下鉄に乗り入れるようになった。

東京の私鉄はいずれも新宿、渋谷、池袋、品川、上野など、山手線の駅に接続するかたちでターミナルを設けた。山手線の内側に入り、銀座や大手町などの都心部まで線路を伸ばすことは認められなかったのである。そのためこれらの駅で乗り換えが必要となり、それがターミナルの周辺に盛り場を発達させ、新宿・渋谷・池袋という副都心を生み出す一方、深刻な通勤ラッシュの一因ともなっていた。地下鉄と私鉄との乗り入れの結果、都心と郊外が直結されることになり、ターミナル駅の混雑は緩和されることになった。

なお、都電は昭和四七年までに順次廃止され、現在は路上走行区間の少なかった荒川線のみが残されている。

さて、東京の通勤圏は戦後、神奈川県、埼玉県、千葉県まで含むようになり、飛躍的に拡大していった。たとえば、多摩ニュータウンは昭和四一年（一九六六）に着工され、同四九年に京王相模原線と小田急多摩線が乗り入れ、多摩田園都市は、東急グループによって建設が進められ、同四一年に東急田園都市線が開通した。

平成期――新幹線の東京駅乗り入れ

首都東京の鉄道のあゆみのなかで、見逃せないのは新幹線の整備である。昭和三九年（一九六四）東海道新幹線が東京―大阪間に開通したが、当初、東京ターミナルは、新宿西口や市ヶ谷などに設置することも検討されたが、最終的に東京駅に併設することになった。

昭和六二年（一九八七）に国鉄が分割民営化されると、東海道新幹線はＪＲ東海の運営となったが、首都圏の国鉄網はＪＲ東日本に引き継がれた。同社によって平成三年（一九九一）には東北・上越新幹線も東京駅に乗り入れるようになり、さらに山形・秋田・長野新幹線も東京駅を始発とするようになった。東京駅は新幹線のターミナルとしてますます巨大化したのである。

＊本書に記した各駅の開業年月日は、現在の場所にその駅が開業した日を示す。たとえば、新橋駅は明治五年九月一二日に開業したが、その場所は現在の汐留再開発地区にあったので、現在の地に移った明治四二年一二月一六日を採用した。なお、開業年月日に関しては『駅名事典　第6版』（中央書院、二〇〇〇年）などを参考にした。
また、路線名は『ＪＲ時刻表』の東京地区の名称を採用した。

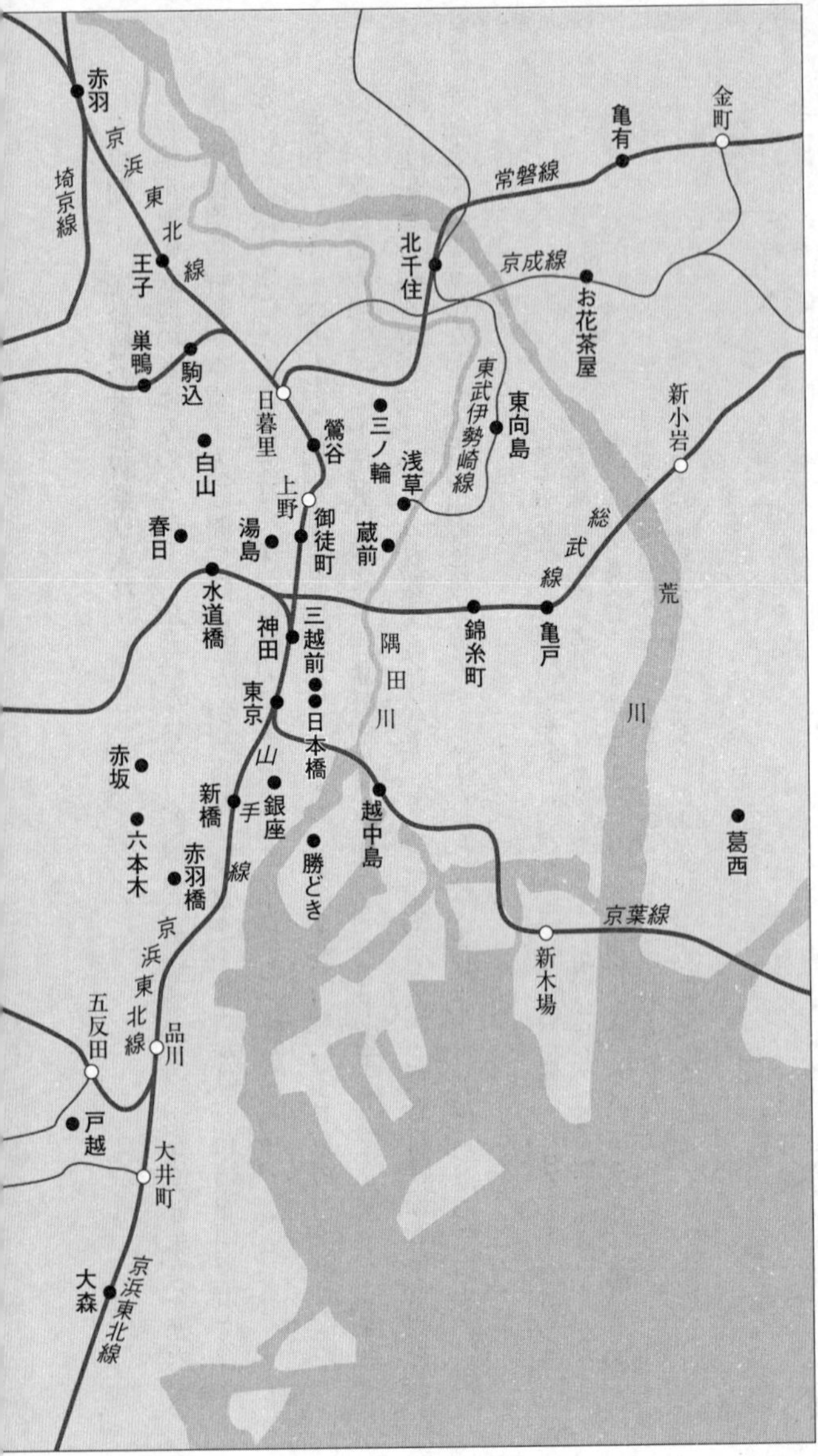
赤羽
京浜東北線
埼京線
王子
巣鴨
駒込
日暮里
鶯谷
白山
上野
御徒町
湯島
春日
北千住
常磐線
亀有
金町
京成線
お花茶屋
東武伊勢崎線
東向島
三ノ輪
浅草
蔵前
新小岩
総武線
荒川
水道橋
神田
三越前
錦糸町
亀戸
隅田川
東京
日本橋
山手線
赤坂
新橋
銀座
越中島
六本木
赤羽橋
勝どき
葛西
京葉線
新木場
京浜東北線
五反田
品川
戸越
大井町
大森
京浜東北線

第一章から第四章までの駅名図

○印は参考駅名
なお、地下鉄および本文に関係のない鉄道路線は省いている。

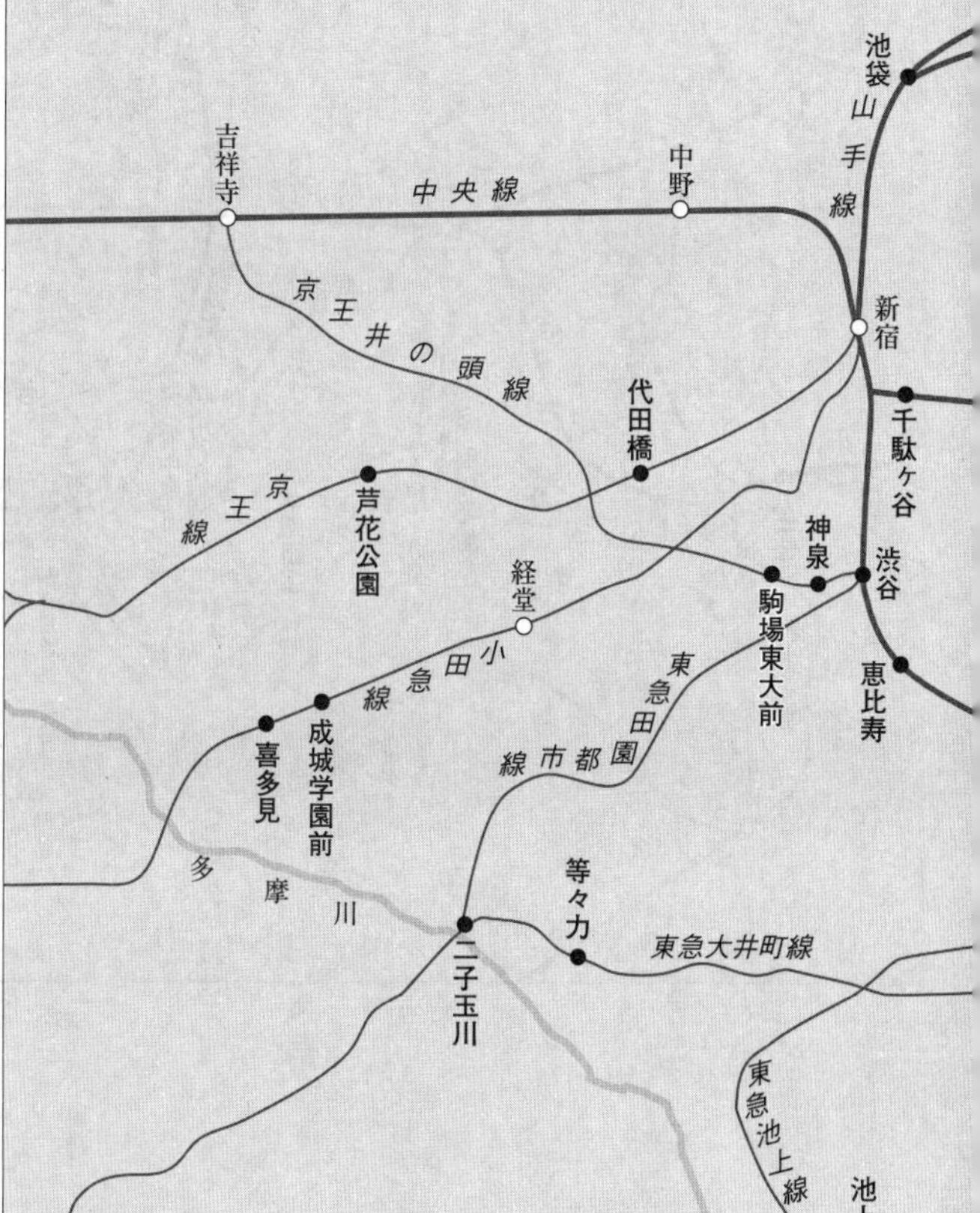

第五章(多摩)の駅名図

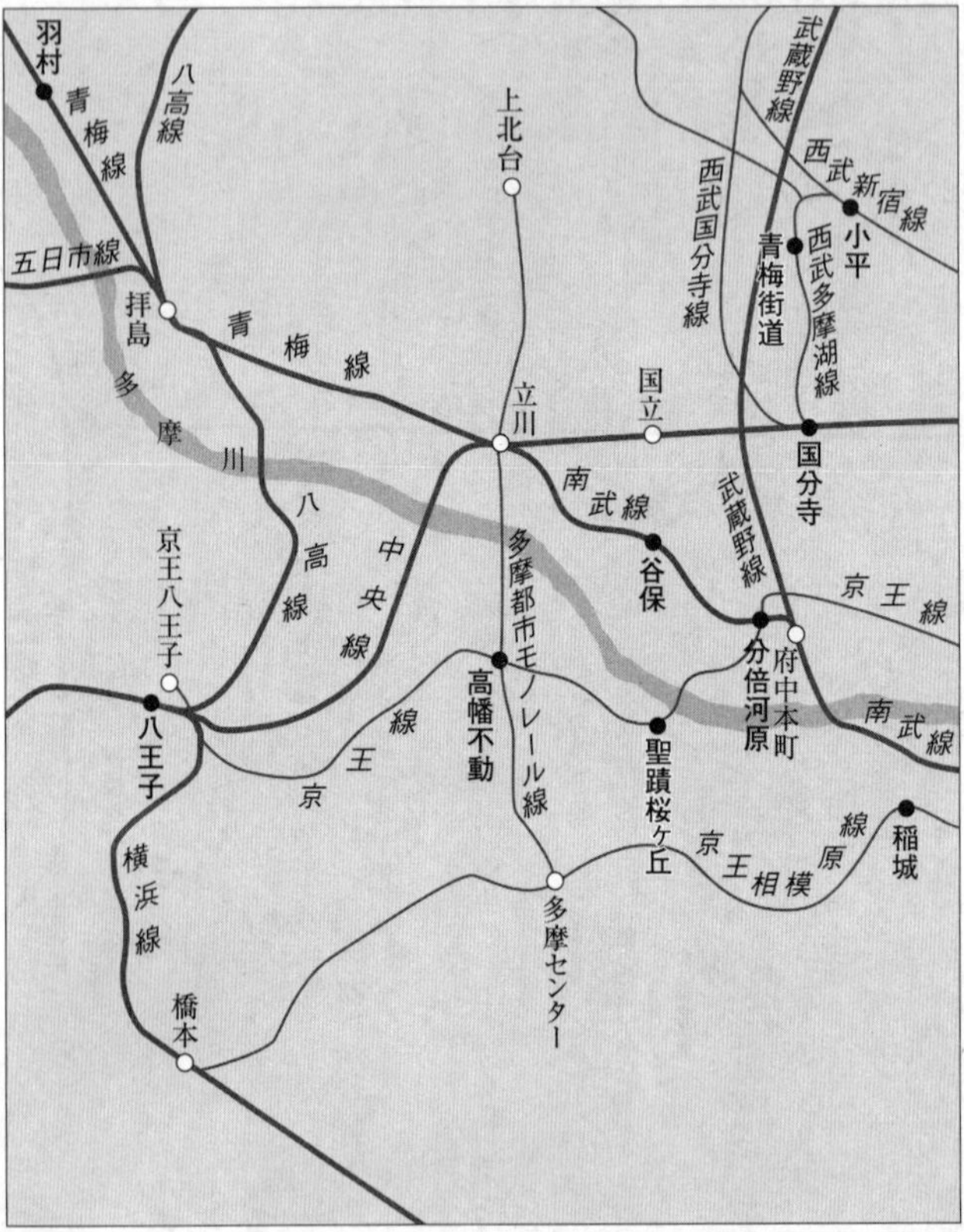
羽村
青梅線
八高線
上北台
西武新宿線
武蔵野線
小平
西武国分寺線
青梅街道
西武多摩湖線
五日市線
拝島
青梅線
多摩川
立川
国立
国分寺
南武線
武蔵野線
谷保
八高線
中央線
多摩都市モノレール線
京王線
京王八王子
府中本町
分倍河原
高幡不動
南武線
八王子
京王線
聖蹟桜ケ丘
稲城
京王相模原線
横浜線
多摩センター
橋本

第一章 山手線の駅名

新橋駅汐留口にある鉄道唱歌の碑

Tokyo

東京（千代田区）

開業・大正三年（一九一四）一二月二〇日

JR各新幹線・東海道本線・山手線・中央線など　地下鉄丸ノ内線

モデルはアムステルダム中央駅

東京の表玄関、東京駅。東京駅の駅舎は明治三九年（一九〇六）に設計が着手された。駅の敷地は、もと三河吉田藩、信濃松本藩その他の大名屋敷であった。

駅舎はヨーロッパに留学し、建築学会会長や帝国大学工科大学長をつとめた明治・大正期の代表的建築家である辰野金吾《たつのきんご》が設計した。オランダのアムステルダム中央駅を模したとされ、赤レンガづくりのルネッサンス様式が取り入れられた。窓枠などに白い石を配する方法は、「辰野式」と呼ばれ、明治期に流行した赤レンガ建築のなかで、最終かつ最大のものとされる。

明治四一年（一九〇八）に内閣直属の官庁として鉄道院が設置され、後藤新平が初代総裁に就任した。日清・日露戦争を経て国家意識が高まるなかで、日本の中央ステーションとしてふさわしい建物にするために、二階建を三階建に設計変更したという。

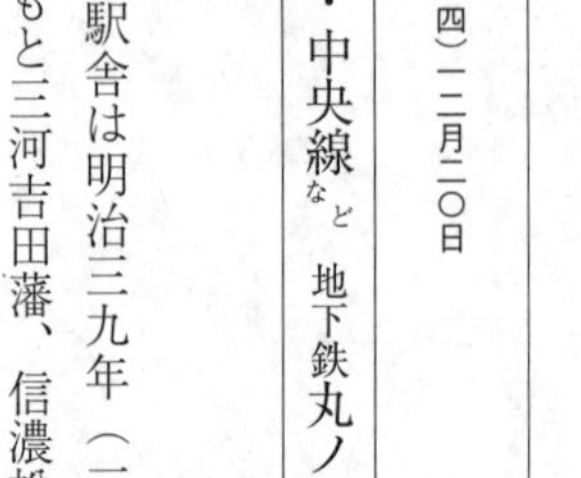

赤レンガに白い窓枠の東京駅舎

この間、大正三年（一九一四）八月に第一次世界大戦が勃発するが、東京駅の工事は同大正三年に終わり、東京駅は一二月二〇日に開業した。

工事に使われたレンガは、組み立て用が約八三三万二〇〇〇個、化粧用は約九四万四〇〇〇個という。組み立て用のレンガは、埼玉県深谷市の日本煉瓦《れんが》会社でつくられた。厚さが四五ミリと一五ミリと薄く、軽量を特長とした。化粧用のレンガは、品川煉瓦、鳥居陶品製造所、大阪窯業、長坂煉瓦製造所などの特別の無煙窯できれいに焼き上げられ、今日のタイルの始まりになったという。これらのレンガ製造は厳重に管理され、建築時に職人が一日に積み上げるレンガの枚数も決められるなど、ていねいにつくられたことが伝えられている。

東京駅は当初、中央に皇室専用の出入り口があり、乗車口と降車口を南北に分けていた。大正一二年の関東大震災では、ほとんど被害を受けなかったが、第二次世界大戦のさい、昭和二〇年（一九四五）五月二五日の空襲で焼失した。その後、昭和二二年（一九四七）三月に、二階建として、両側のドーム屋根も形を変えて復旧した。

この間、東京駅は、大正一〇年（一九二一）一一月に原敬《はらたかし》首相が暗殺され、昭和五年一一月に浜口《はまぐち》雄幸《おさち》首相が狙撃され翌年死亡するなど、歴史の舞台にもなった。

平成一一年（一九九九）には、石原慎太郎東京都知事が、駅舎を大正三年の開業当時と同じ丸いドームの三階建とし、丸の内広場や皇居までの行幸《みゆき》通りをレンガ敷きの歩道に整備する計画を発表した（喜田信代『日本れんが紀行』日貿出版社、二〇〇〇年）。

さて、駅名の「東京」について述べることにしたい。

江戸幕府が崩壊し、新たな国家体制が構想されるなかで、日本の首都をどこに置くか、政治家や知識人の間で、さまざまな議論が展開された。

慶応四年（明治元年、一八六八）七月一七日に「江戸を東京とする」という詔書が出され、京都（西京）に対する東京の呼称が決定した。九月八日に明治と改元され、一〇月一三日に天皇は「東幸の皇居」を江戸城改め東京城に定めた。しかし、法的な手続きで正式に江戸が東京と改称されたわけではなく、慣例として現在まで東京と呼んでいるにすぎないのである。明治中期まで「東京」と書いたり「とうけい」と呼ぶ言い方もあったが、やがて使われなくなった。

「東京」の地名をめぐって、「千葉県の県庁所在地は千葉、神奈川県の県庁所在地は横浜なのに、東京都はどうして新宿ではなく東京なのか、その東京とはどこなのか」という質問がある。

じつは東京という場所はなく、県庁所在地もまた慣例として東京と呼び習わしているだけなのである。他方、東京は日本を代表する地名にもなっている。千葉県にあるのに東京ディズニーランドや新東京国際空港という名がつけられたのはこのことによる。

丸の内と八重洲

東京駅には、西側の丸の内口と東側の八重洲《やえす》口がある。丸の内口は、江戸城の曲輪《くるわ》の内（城廓の中）であることにちなむ名前である。東京駅周辺一帯は、もとは江戸湾の海浜であった。天正《てんしょう》一八年（一五九〇）に関東に入国してきた徳川家康がこれを埋め立て、大名屋敷が建ち並んだ。その後、外堀が完成し、丸の内と呼ばれるようになった。外堀は第二次世界大戦後に埋められ、現在、外堀通りとなっている。

丸の内一帯の大名屋敷は、明治維新の際に官有地となり、その後、陸軍の練兵場になった。明治二三年（一八九〇）に三菱（岩崎弥太郎）が払い下げを受け、以後、三菱ヶ原などと呼ばれた。同二七年、三菱はロンドンのロンバード街にならった赤レンガづくりのオフィス街の建設を始めた。第一号館は、明治一〇年に来日したイギリスの建築家コンドルが設計した。以後、同四四年に第一三号館が完成するに至り、異国風の景観は「一丁倫敦《ロンドン》」と呼ばれた。その後、東京駅が完成すると、丸の内はビジネス街として大いに発展した。

現在、新住友ビル、郵船ビル、三井ビル、三菱ビル、古河総合ビル、東京ビルなど多数のビルが林立する。丸の内ビルヂング（丸ビル）は、三菱地所部の設計のもと大正一二年（一九二三）三月に竣工し、赤レンガに代わる新たな白い外壁のオフィスビルの代表となった。平成九年

（一九九七）に解体され、同一四年（二〇〇二）に超高層ビルとして新たにオープンした。丸ビルの北隣の新丸ビルは昭和二七年（一九五二）に竣工された。

丸の内の反対側、駅の東側の八重洲口の名前は、ヤン・ヨーステンにちなむ。ヤン・ヨーステンは、オランダ人の航海士で、のちの朱印船貿易家であった。オランダ船リーフデ号に乗り、慶長五年（一六〇〇）、豊後《ぶんご》（大分県）に漂着した。徳川家康に信任され、日比谷《ひびや》堀端（現丸の内三丁目付近）に屋敷を与えられ、日本人と結婚した。この屋敷地がヤエスと呼ばれるようになったのである。

江戸時代、ヤエスは八重洲のほかに、八重数、弥与三、八代洲などとも書かれた。外堀の端を八重洲河岸といい、外堀に架かる橋を八重洲橋といった。

その後、昭和四年（一九二九）の町名変更の際に、この地は丸の内となり、八重洲の地名は消滅した。が、外堀の埋め立てを経て、同二九年（一九五四）に駅をはさんで本来の八重洲の反対側に八重洲の地名が復活したのである。

Shinbashi

新橋

（港区）　開業・明治四二年（一九〇九）一二月一六日

JR東海道本線・山手線など　地下鉄銀座線・浅草線　東京臨海新交通 ゆりかもめ線

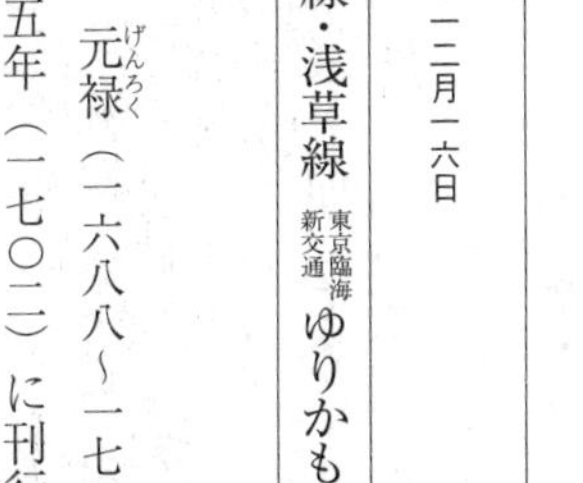
汐留の高層ビルと新交通ゆりかもめ

幽霊の似合う場所

今はにぎやかな新橋だが、その昔、元禄《げんろく》（一六八八〜一七〇四）のころは寂しい土地であった。元禄一五年（一七〇二）に刊行された『女大名丹前能《たんぜんのう》』は、ある九州の武士が、日本橋あたりの旅宿で、新橋の上に出る上方役者小野山宇右衛門の幽霊を見届けてもらいたいと頼まれる話だが、寂しい場所だったからこそ成り立った話である（『三田村鳶魚全集8』）。

現在の中央通りと首都高速道路の交差するあたりにあった新橋は、江戸時代、東海道の整備が進み、芝《しば》から日本橋へ延長したころに架橋されたと考えられている。橋名は北隣にあった難波《なにわ》橋に対する新しい橋という意味でつけられたとされる。難波橋の名は、江戸を離れるときに流す涙橋の当て字で、この付近は近世初頭には江戸の外れであったという（『江戸東京学事典』）。儒学者新井白石《はくせき》の建議で宝永《ほうえい》七年（一七一〇）に新橋に芝口《しばぐち》御門を造営し、橋の名も芝口橋に改めたが、享保《きょうほう》九年（一七二四）の火災で焼失した。以後門周辺は再び町家となり、新橋の名も復活した。新橋はやがて地名化し新橋より北の地域を呼んでいたが、明治五年（一八七二）の新橋駅誕生によって以南の地も呼ぶようになった。ただし、新橋の名が正式な町名となるのは昭和七年（一九三二）になってからである。

東京の玄関駅の誕生

ＪＲ新橋駅汐留《しおどめ》口を出て左手、モノレールゆりかもめ新橋駅との間に、「鉄道唱歌」の碑がある。この碑は、鉄道唱歌の作詞者・大和田建樹《たてき》生誕一〇〇年を記念して、昭和三二年（一九五七）に建てられたものである。鉄道唱歌は、大和田によって作歌され、明治三三年（一九〇〇）五月から『地理教育鉄道唱歌』として発刊された。東海道、山陽・九州、奥州・磐城・北陸、関西・参宮・南海各線の五部からなる。「汽笛一声新橋を」で始まる東海道の部は、人々に親しまれ、鉄道交通の普及に貢献した（『港区の文化財8』など）。メロディーは現在、品川駅ホームの発車のチャイムに採用されており、いつでも聞くことができる。

さて、この歌詞にあるように、東海道線は大正三年（一九一四）に東京駅が開業するまでは、新橋駅を起点としていた。初め明治五年（一八七二）五月七日に横浜―品川間の鉄道が開通し、ついで九月一二日に新橋まで開通した。当時の新橋駅は、日本テレビ移転など、現在再開発中の汐留地区（現東新橋一～二丁目）にあり、江戸時代は播州竜野《たつの》藩脇坂《わきさか》家の下屋敷《しもやしき》、および仙台・会津両藩邸があった。この地が鉄道の起点に選ばれたのは、築地《つきじ》の外国人居留地が近く、東京の商業を盛んにするためといわれている（『江戸東京学事典』）。

九月一二日の開業式は、明治天皇が馬車を連ねて臨幸し、花火や雅楽に加え、日比谷練兵場や品川沖の軍艦の祝砲がとどろくなど、華やかなものであった。新橋停車場の駅舎は、築地ホテル等の設計を手がけた民間のアメリカ人建築家ブリジェンスが設計した。三代広重《ひろしげ》の錦絵「東京名所之内　新橋ステンション蒸汽車鉄道図」には、木骨石張りの二階建二棟と、その間を連結する木造平屋建一棟からなる堂々たる洋風建築が描かれている。開業当時は、まだだれも鉄道に慣れていないため、履き物をプラットホームに脱いだまま、乗って行ってしまったなどという珍事がよくあった。ちなみに、鉄道の記念日である一〇月一四日は、新橋駅が開業した陰暦の九月一二日にあたる。明治政府によって太陽暦が施行されたのは、新橋駅開業の約三カ月後、一二月三日であった。

やがてこの駅舎は大正三年（一九一四）の東京駅開業にともない、汐留貨物駅に改められ、烏森《からすもり》停車場が新たに新橋駅としてスタートし、今日にいたっている。ブリジェンス設計の駅舎は、大正一二年（一九二三）の関東大震災により、その華麗な姿が失われた。

烏森神社と浅野内匠頭終焉の地

JR新橋駅の烏森《からすもり》口を出て、烏森通りを虎ノ門方向へ進むと、すぐ右手に烏森神社という名を掲げた横町がある。その奥に近代建築の烏森神社が鎮座している。

烏森神社の由来は古く、『江戸砂子《すなご》』によると、平安時代、平将門の乱（天慶《てんぎょう》の乱）を平定にやって来た藤原秀郷《ひでさと》が、武州で稲荷へ祈願していたところ、白狐が白羽の矢をくわえて現れた。その矢をもって戦い、乱を平定できたので、社《やしろ》を造営しようとした。その夜再び白狐が現れて、神鳥の群がるところを聖地として社を建てよと告げたのにしたがい、桜田の郷に森を見つけて造営した。烏森とは神鳥の群がっていた森ということで名づけられた名という。江戸時代に同地は武家屋敷となったが、祟《たた》りがたび重なって無住の地となり、化け物屋敷と呼ばれていた。やがて明暦《めいれき》の大火（一六五七）が起こり、烏森神社の社だけが火の中に残ったため社地を維持し、広く信仰を集めたと伝えられる。

烏森神社からさらに虎ノ門方向へ進むと、日比谷通りにぶつかる。それを左手に芝方向へと歩いていくと、忠臣蔵で有名な「浅野内匠頭切腹跡」の碑に出くわす。ここはもともと奥州一ノ関三万石・田村右京大夫邸跡である。元禄一四年（一七〇一）三月一四日、江戸城内松の廊下で吉良上野介義央《きらこうずけのすけよしなか》を斬りつけた浅野《あさの》内匠頭長矩《たくみのかみながのり》は、ひそかに平川門（現毎日新聞前、死人や罪人を通す際に用いたため、別名、不浄門という）から駕籠《かご》で運ばれ、田村邸庭先にて同日切腹した。

その後、浅野家は断絶、その処置を不服とした赤穂浪士たちが、元家老・大石内蔵助《くらのすけ》良雄に率いられ吉良上野介を討ったのは、翌一五年（一七〇二）一二月一四日のことであった。

役人の贔屓で繁盛した新橋芸者

新橋というと新橋芸者を連想する人もいるかと思うが、この新橋とは、旧京橋区の南金六《みなみきんろく》町《ちょう》・出雲町・日吉町・丸屋町・八官町《はちかんちょう》・加賀町・惣十郎町・竹川町・南鍋町あたりにあった花街の総称なのである（『中央区史　下巻』）。したがって、現在の銀座の新橋寄りの地域一帯ということになる。その発生は、江戸時代の金春町《こんぱるちょう》で、その名も金春芸者といった。この新橋芸者たちが、今の新橋地区と深い関係にあるのは、明治五年（一八七二）の大火で銀座が焼けて烏森に移ってきたことが大きい。やがて銀座に煉瓦街ができるとおおかたが旧地へ帰っていった。

「新柳二橋」と柳橋《やなぎばし》と並び称されるようになったのは、明治一三年以降であり、それまでは柳橋に遠く及ばない存在だった。柳橋をしのぐ勢いになったのは、江戸っ子の意気地を重んじた柳橋芸者が、薩長土肥出身の役人たちを冷たく袖にしたのに対し、新橋芸者が彼らの贔屓《ひいき》となったためである。また、地理的に丸ノ内の官庁街、そして愛宕下《あたごした》や築地といった役人の住居に近かったこともあるだろう。新橋を贔屓にした有名人には、伊藤博文や黒田清隆《きよたか》、榎本武揚《たけあき》などがいる。

Ebisu

恵比寿

（渋谷区）　開業・明治三九年（一九〇六）一〇月三〇日

ＪＲ山手線・埼京線　地下鉄日比谷線

明治通りの奥に建つ祥雲寺

ビールの名が地名に

ＪＲ恵比寿駅の西口を出てすぐのところに、この駅のシンボル「ゑびす像」がある。そして東口を出れば、恵比寿三越、ウェスティンホテル東京、東京都写真美術館などの施設が集まる恵比寿ガーデンプレイスがある。この他にも恵比寿には個性的なショップや飲食店が集まり、今や近くの代官山《だいかんやま》とともに若者の街、ファッションの街として賑わっている。

明治二〇年（一八八七）九月、現在の恵比寿ガーデンプレイスのある東京府荏原《えばら》郡目黒村三田《みた》に日本麦酒《ビール》醸造有限会社（サッポロビールの前身）が設立された。この地域に設立された理由は、玉川上水からの分水である三田用水があり、これがビール麦の発芽には最良の軟水であったためである。創立者は桂二郎（桂小五郎、のちの木戸孝允《たかよし》の弟）である。そして二年後の明治二二年（一八八九）に、生業を守護して福を招くとされるえびす信仰にちなんで「エビスビール」が開発された。これがまさに恵比寿の地名の由来になっているのである（『角川日本地名大辞典』）。

明治三九年（一九〇六）には、恵比寿ビールの専用の貨物駅として恵比寿駅が開設され、工場も拡張され、その地域は渋谷《しぶや》村にまでおよぶことになった。昭和三年（一九二八）、渋谷町恵比寿通りができ、ビールの「エビス」がついに町名となった。

このように、恵比寿の地名はまさにビールの歴史とともにできたものなのである。現在でも恵比寿ガーデンプレイス内にあるサッポロビール本社の恵比寿麦酒記念館では、ビールの歴史やその製造過程をはじめ、ビールに関するさまざまな情報を提供している。

農村地帯だった恵比寿

天正《てんしょう》一八年（一五九〇）、徳川家康は江戸に入府した。当時の江戸は、いまだ十分に発展しておらず、現在の恵比寿周辺も田畑の広がる農村地帯であった。

恵比寿は、先述のとおり近代になって成立した町名であり、江戸時代は下渋谷村内に存在した。下渋谷村は寛文《かんぶん》年間（一六六一〜七三）に渋谷村から一村として独立した村である。『新編武蔵風土記稿』によると、下渋谷村は「地域犬牙《けんが》して四隣及《および》広狭の町数は弁別しがたし」と、きわめて複雑な様相を呈していた。元禄年間（一六八八〜一七〇四）の郷帳《ごうちょう》によると、下渋谷村（村高約一一六石）は、幕府領、そして旗本領が三つ、寺社領二つというように、合計六名の領主によって支配される相給《あいきゅう》村落だったのである（『新修渋谷区史』）。

下渋谷村ではその後、宝永《ほうえい》元年（一七〇四）に初めて、現在の恵比寿東一丁目付近に、赤穂《あこう》藩森家の藩邸（約二七〇〇坪）が成立する。赤穂藩は、「忠臣蔵」で有名な浅野長矩《あさのながのり》が吉良義央《きらよしなか》に刃傷《にんじょう》におよび、浅野家が改易されたのち、元禄一五年（一七〇二）以後永井家に代わっていたが、四年たらずで領知替えとなり、のち明治維新まで森家が赤穂藩二万石の藩主となったのである。この森家の初代当主は森長直《ながなお》であるが、先祖には、織田信長の小姓をつとめた森蘭丸《らんまる》がいる（『寛政《かんせい》重修《ちょうしゅう》諸《しょ》家譜《かふ》』）。恵比寿駅周辺にはこれ以後、森家下屋敷《しもやしき》が存続したのである。

下渋谷村内には、この他に旗本屋敷が二つ存在したが、現在の恵比寿周辺は、武家屋敷がこれ以上つくられることはなく、ほぼ農村として明治維新にいたったのである。

多くの大名が眠る祥雲寺

恵比寿駅の東口を出て恵比寿橋を渡り、明治通りを広尾《ひろお》方面へ行くと、左手奥に祥雲寺《しょううんじ》がある。

祥雲寺もまた江戸時代、下渋谷村の中にあった。

祥雲寺は江戸時代を通して、臨済宗《りんざいしゅう》大徳寺派の触頭《ふれがしら》であった。触頭とは寺院統制のために、寺社奉行のもとで、本山および一般寺院の上申下達の仲介を行った寺院のことである（『日本歴史大辞典』）。祥雲寺は「独礼《どくれい》」、すなわち登城して将軍に単独謁見でき、乗輿《じょうよ》も許される格式を誇っていた。

この祥雲寺は、元和《げんな》九年（一六二三）に筑前福岡藩主黒田忠之が、父長政の冥福を祈って、赤坂溜池《ためいけ》の屋敷内に建立したものであった。黒田長政は、幼いころから豊臣秀吉に仕えて各地を転戦し、朝鮮出兵（一五九二〜九八）の際にも従軍して戦功をあげた。また、関ヶ原の戦い（一六〇〇）では徳川家康に従い、東軍の先鋒として石田三成の軍を破り、この功により、筑前五二万三一〇〇石を与えられたのである（『寛政重修諸家譜』）。初めは興雲寺という号であったが、寛永六年（一六二九）現在の麻布台《あざぶだい》に移り、そこで初めて祥雲寺と称した。さらに寛文《かんぶん》八年（一六六八）に江戸の大火の影響で、現在の場所に寺領を与えられたのである。

祥雲寺には、福岡藩黒田家をはじめ、久留米藩有馬家、柳本《やなぎもと》藩織田家、小野藩一柳《ひとつやなぎ》家、狭《さ》山《やま》藩北条家、園部《そのべ》藩小出《こいで》家などの外様大名や、吹上《ふきあげ》藩有馬家、岡部藩阿部家などの譜代大名の墓があり、合計一三の大名家の霊園となっている。

Shibuya

渋谷（渋谷区）

開業・明治一八年（一八八五）三月一日

JR山手線・埼京線　京王井の頭線　東急東横線・田園都市線　地下鉄銀座線・半蔵門線

盗賊名に由来？

渋谷の地名の由来は、『新編武蔵風土記稿』によると二説ある。一説は「上古は此辺《このあたり》江海に浜して塩谷《しおや》の里と号す」とある。この付近は海辺で「塩谷の里」といい、若干掘れば海底の土砂が出てくるのがその証《あかし》だとして、「塩谷の里の唱転せしにや」と塩谷《しおや》→渋谷《しぶや》唱転説である。関連する説として、山中襄太《じょうた》『地名語源辞典』には、渋谷という語の意味を渋沢・渋江などと同じく「水サビのある低湿地」の意としている。

二説目は、渋谷周辺に渋谷氏の一族金王丸《こんのうまる》の旧跡があることから、相模国の渋谷庄（現神奈川県藤沢市・大和《やまと》市）の渋谷重家《しげいえ》の一族が移り住んでいたとする説である。明応《めいおう》九年（一五〇〇）に書かれたという『金王八幡神社社記』には、渋谷氏に関する記事がある。すなわち、後《ご》三年の役《えき》（一〇八三～八七）で活躍した河崎重家は、源義家《よしいえ》にしたがって京に上り、御所の警備にあたった。ある晩、御所に二人の盗賊が忍び込んだ。そこへ重家が一人で賊に向かい、一人を切り倒し、もう一人を捕らえた。この話を聞いた堀川院《ほりかわいん》は、盗賊の名が渋谷権介《ごんのすけ》盛国であったことから、勇気をたたえて重家に渋谷を名乗らせ、重家の領地であった谷盛《やもり》庄も渋谷庄に変わったという。盗賊の姓を名乗ったという興味深い伝説である。

右の社記は金王八幡神社（現渋谷三丁目）のものであるが、これによると、同社の草創は源義家が後三年の役の帰りに、谷盛庄で重家の父の領主河崎基家《もといえ》が持っていた秩父妙見山の月の御旗を乞い八幡宮を勧請したものという。

重家の子として「社記」に登場するのが金王丸である。重家には子がいないので八幡宮に祈願したところ、金剛夜叉明王《こんごうやしゃみょうおう》のお告げにより一子をもうけたので、「金」と「王」の字をとって金王丸と名づけた。源義朝《よしとも》に仕え、のちに出家して土佐坊昌俊《とさのぼうしょうしゅん》と改めた。頼朝の命で義経を襲ったがかえって殺されたと伝えられる。

このほかにも金王丸にかかわる諸説があるが、それは江戸時代に謡曲に登場し、歌舞伎の「渋谷金王出世桜」が上演され、江戸後期の浮世絵師歌川豊国《うたがわとよくに》による金王丸に関する錦絵が出るなどして、金王丸の話が広まっていった結果であろう。

ロープウェイがかかっていた

正徳《しょうとく》三年（一七一三）、渋谷の宮益町《みやますちょう》・道玄坂町《どうげんざかちょう》・広尾町《ひろおちょう》などは町奉行管轄となって町場化したが、その周辺地域は農村であった。明治維新を経て、以後渋谷の発展は電車の開通とともに歩んでいった。

まず、明治一八年（一八八五）、日本鉄道会社（現ＪＲ）の赤羽《あかばね》—渋谷—品川間が開通した。同三〇年（一八九七）ごろには俗称で早くも山手線《やまのてせん》と呼ばれていたようである。日露戦争のころには、世田谷・目黒に近衛輜重《しちょう》兵営など陸軍の諸部隊が置かれ、同四二年（一九〇九）には代々木《よよぎ》練兵場が開設された。

明治四〇年（一九〇七）には多摩川から砂利を東京市に運ぶ一方、軍人の輸送も目的として、玉川電気鉄道（現在一部が東急世田谷線）が渋谷—玉川間で開通した。このころから道玄坂には民間人の他に兵隊も多く訪れるようになり、商店街として発展し始める。同四二年（一九〇九）には渋谷に電灯がつき、夜の露店が賑わいをみせた。同四四年（一九一一）には市電が渋谷まで乗り入れ、東京市内と結ぶようになった（昭和四四年〈一九六九〉に廃止）。

関東大震災後には、下町の名店が多数出店した百軒店《ひゃっけんだな》が出現して賑わった。大正一三年（一九二四）には玉電（玉川電気鉄道）が渋谷—天現寺橋《てんげんじばし》（港区）間に開通し市内へ延長された。昭和二年（一九二七）には東京横浜電鉄（現東急東横線）が渋谷と丸子多摩川を結んだ。昭和八年（一九三三）には帝都電鉄（現京王電鉄）が渋谷—井《い》の頭《かしら》公園間で開通した。営団地下鉄銀座線の前身である東京高速鉄道は昭和一三年（一九三八）から渋谷駅を開業した。翌年一月、渋谷—新橋間が開通し、同年九月から浅草—新橋間で運行していた東京地下鉄道と相互乗り入れを開始した。

　昭和四四年（一九六九）に玉電が廃止され、その代わりに、地下鉄の東急新玉川線が開通した。新玉川線は当初、銀座線との乗り入れが企画されたが、銀座線の乗客をこれ以上多くすることができないため、地下鉄一一号線（営団地下鉄半蔵門線）が計画された。このため、銀座線と半蔵門線は渋谷—赤坂見附（半蔵門線の駅名は永田町）間が並行して走っている。

　半蔵門線は、昭和五三年（一九七八）に青山一丁目まで開通した。現在でも渋谷のターミナル化は続き、営団地下鉄一三号線が池袋と渋谷を結ぶ予定で、平成一九年（二〇〇七）度開通に向けて工事中である。

　ところで、渋谷の空をロープウェイ「ひばり号」が走っていたことを知る人は少ないのではないだろうか。昭和二六年（一九五一）から二八年（一九五三）までの短い期間だが、東横百貨店（七階建）屋上と玉電ビル（現東急東横店西館、当時四階建）の間、往復約七五メートルの空中散歩が楽しめた。子ども限定の定員一二名で、百貨店側から乗って玉電ビルに行き、降りることはできずそのまま引き返してくる。百貨店屋上の娯楽施設の一つとして運行された。子どもたちにはたいへんな人気で長蛇の列をなしたという。玉電ビルは昭和二九年（一九五四）に四階から上が増築され、当時都内最大の売場面積でビルの高さ日本一の東横百貨店新館となったため、「ひばり号」は廃止となってしまった。

ハチ公とモヤイ像

渋谷の待ち合わせ場所といえばハチ公前と、少し知名度が下がるが南口のモヤイ像付近もあげていいだろう。

ハチは忠犬ハチ公でおなじみの秋田犬の銅像である。東京帝国大学教授の上野英三郎《うえのえいざぶろう》の朝夕の送り迎えを日課としていた。しかし、大正一四年（一九二五）、氏は教授会の最中、突然脳出血で亡くなった。その後、ハチは浅草の親戚に預けられたが、渋谷駅に戻ってきては、いつものように主人を待った。毎日駅に来て主人を待つうちに、ハチは多くの人々の同情をひくようになる。

昭和七年（一九三二）には「いとしや老犬物語、今は世になき主人の帰りを待ち兼ねる七年間」という見出しで、東京朝日新聞に紹介された。こうして忠犬として有名になると、日本犬保存会が発起し資金を集めて銅像が建てられ、昭和九年（一九三四）三月一日に除幕式が行われた。

年老いたハチはどんな気持ちで銅像を見ていたのだろうか。自分の代わりに教授を待つ犬を見つけて安心したのか、約一年後、ハチは一三歳で病死した。なきがらは国立科学博物館に剥製《はくせい》として展示されている。現在のハチ公像は、昭和二三年（一九四八）に再建された二代目で、最初の像は戦時中に金属供出のため撤去された。

一方、モヤイ像は、世界的に知られているイースター島のモアイ像とはまったく関係ない。こちらの像は両面に顔が彫られており、若者風のほうには「アンキ」、老人風のほうには「インジ」と名前がつけられている。この像は伊豆七島の新島《にいじま》から寄贈された新島特有の像で、昭和五五年（一九八〇）に設置された。「モヤイ」とは、共同作業の意味であり、新島で力を合わせて仕事にあたるときに使われた言葉である。この像は渋谷の若者たちにも連帯の気持ちを持ってほしいという願いから贈られたという（『鉄道と街・渋谷駅』）。

池袋
Ikebukuro

（豊島区）　開業・明治三六年（一九〇三）四月一日

JR山手線・埼京線　東武東上線　西武池袋線　地下鉄丸ノ内線・有楽町線

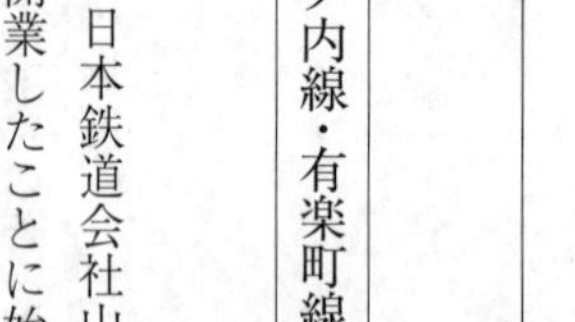

東口の西武、西口の東武

池袋駅の歴史は古く、明治三六年（一九〇三）に日本鉄道会社山手線の田端《たばた》―池袋間が開通した際、池袋停車場が開業したことに始まる。

現在、池袋駅で不思議なのは、駅の東口に西武百貨店があり、逆に西口には東武百貨店があることである。そして東口から西武池袋線が出発し、西口から東武東上線が出発する。東口の西武、西口の東武に戸惑う人もいるという。

実は西武と東武は、明治時代以来、ライバル関係にある。すなわち、明治四一年（一九〇八）に東上鉄道（のちの東武）が巣鴨《すがも》から川越《かわごえ》（埼玉県）、高崎《たかさき》、渋川《しぶかわ》（いずれも群馬県）にいたる鉄道敷設の仮免許状を受け、同四四年（一九一一）に会社を創立した。本社は、東武鉄道本社内に置き、社長も東武鉄道社長の根津嘉一郎《かいちろう》が兼ねたのである。

これに対抗して、同じ明治四四年に池袋から上板橋《かみいたばし》、大和田《おおわだ》（埼玉県新座市）にいたる池袋電気鉄道敷設が申請された。しかし、東上鉄道がすでに免許を得ていたため、大正三年（一九一四）に西武電気鉄道は不許可となり、同年、東上鉄道が開通したのである。東上鉄道は川越に向かうことから、当然池袋駅の西側に駅ができたのである。

他方、やはり明治四四年に池袋から飯能《はんのう》（埼玉県）にいたる軌道の狭い軽便鉄道として許可されていた武蔵野鉄道（のちの西武）が、大正四年（一九一五）に開業した。この鉄道も埼玉県西部に向かう鉄道であるが、すでに池袋駅の西側に駅ができていたために、東側に駅をつくり、目白《めじろ》駅との間でカーブし、山手線を越えて西に向かうようにしたのである。

その後、大正九年（一九二〇）七月に東上鉄道は東武鉄道と合併し東武東上線となり、昭和二〇年（一九四五）に武蔵野鉄道は西武鉄道などと合併し西武農業鉄道と改称し、のち西武池袋線になった。

東口には昭和一五年（一九四〇）に武蔵野デパートが営業を開始し、同二四年（一九四九）に西武デパートと改称された。翌二五年には西口に駅ビルがつくられ、東横百貨店が開業し、のち東武百貨店が代わった。こうして東口の西武、西口の東武というスタイルができあがったのである（伊藤暢直「池袋駅の西・東」『豊島区立郷土資料館だより・かたりべ49』一九九八年）。

池袋の語源

さて駅名の池袋は、古くからの地名である。『小田原衆所領役帳』には、太田新六郎康資《やすすけ》の知行地として「池袋」三貫五〇〇文がみえる。語源については、以下の二つの記述が参考になる。

第一は『新編武蔵風土記稿』で、「池袋村は地高して東北の方のみ水田あり、其辺地窪にして地形袋の如くなれば村名起りしならん」と、池袋村は高地が多いが、村の東北のほうに水田があり、その付近は窪地になっていて、地形が袋のようであったからとするものである。なおこれは現在暗渠《あんきょ》となった谷端川《やばたがわ》と湧き水の小川にはさまれた上池袋三・四丁目から池袋本町四丁目付近をさすという。

第二は『遊歴雑記』で、「扨当村《さて》を池袋と号《なづ》けし事は、往古夥《おびただ》しき池ありしによって也、中古より段々埋まりしかど、今もなお三百余坪もあらんや、この池の西の果は、池袋と雑司谷との村境いにありて、常に迸水湧出し流る」と、昔、巨大な池があったからというものである。この池は少しずつ埋まってきたものの、まだ三〇〇坪もあり、常に水がほとばしり湧き出していると述べている。この池は現在の西池袋一丁目の元池袋公園内の丸池跡がこれであるといわれている。この池から出た水は弦巻川《つるまきがわ》（昭和一〇年頃に暗渠化）となり、雑司ケ谷《ぞうしがや》を通り江戸川に落ちていた。第一は地形に、第二は池に語源を求めたものといえる。

『遊歴雑記』は、先の文章に続けて、巨大な池は池袋村ではなく、当時雑司ケ谷村に属していたことを述べている。土地の高い池袋村はこの池の水を引くことはできず、土地の低い雑司ヶ谷村が用水として利用しているため、同村が掃除や泥浚《どろさら》いなどを行い、池袋村は関与しないと述べている。池袋村の土地が高いことは、先に引用した『新編武蔵風土記稿』の記事にもみられたところである。

すなわち、池袋の池は、池袋村ではなく雑司ヶ谷村のものであった。『遊歴雑記』はまた、この池が旱魃《かんばつ》のときも涸《か》れることはなく、雑司ヶ谷法妙寺《ほうみようじ》（法明寺、鬼子母神《きしぼじん》堂がある）の門前から、御嶽坂《みたけざか》（現南池袋四丁目）、西青柳町《にしあおやぎちょう》裏通り（現文京区）を通り、音羽《おとわ》の滝（現文京区）をなし、江戸川（神田川、現文京区）に落ちていることも述べている。

農村から交通の拠点へ

江戸時代の池袋村は、現在の繁華街の姿からはほど遠い、純農村であった。

江戸時代初頭は幕府領であったが、「記録御用所本」（国立公文書館内閣文庫所蔵）によれば、寛永二年（一六二五）以降、幕領の他に旗本七人が支配する計八給の村であった。一つの村を多くの領主が支配するスタイルは、江戸周辺地域の特徴であった。

村高は『武蔵田園簿』が一五八石、『元禄郷帳』が三〇九石、『天保郷帳』が六〇一石、『旧高旧領取調帳』が六〇七石と、ほぼ江戸時代を通じて増加しており、池袋村が農村として発展していった様子がうかがえる。

明治五年（一八七二）当時は、戸数二〇五軒、人口一一六二人であり、耕地は、田一五町、畑一〇七町と畑が田の面積の七倍を超えていた。畑では都心向けの近郊農業が発達し、沢庵漬六〇〇樽も生産していた。池袋付近では、駒込《こまごめ》のナス、巣鴨《すがも》のコカブ、滝野川《たきのがわ》のゴボウ、長崎《ながさき》のニンジンなどが栽培され、江戸・東京向けのブランド野菜となっていた。

池袋村の景観が変化するのは、明治以後である。すなわち、前述のごとく明治三六年（一九〇三）に池袋駅が開設され、その後、東武鉄道東上線、武蔵野鉄道（西武池袋線）の両私鉄が、池袋を起点としたことから、東京北郊の交通の拠点となったのである。

また、石川島《いしかわじま》監獄（江戸幕府の石川島人足寄場、現中央区）の移転新設が決定すると、池袋付近の住民たちは、地域の発展を期待して監獄の誘致を進め、明治二八年（一八九五）に巣鴨村の約五万五〇〇〇坪の地に警視庁監獄巣鴨支署が設立された。その後、同三〇年に巣鴨監獄署と改め、同三六年にはさらに巣鴨監獄と改め司法省の所管となった。大正一一年（一九二二）には巣鴨刑務所となり、この時期、多くの社会運動家が投獄された。翌年関東大震災で被災し府中《ふちゅう》に移転し、その跡地に昭和一二年（一九三七）に東京拘置所が新設された。

明治三〇年代から昭和初期にかけて、村内の蟹ケ窪《かにがくぼ》と丸山に多くの寺院が移転してきた。蟹ケ窪には小石川から日蓮宗仙行寺《せんぎょうじ》、静岡県富士郡から同宗妙典寺《みょうてんじ》、浅草から同宗盛泰寺《じょうたい》、下《した》谷《や》から常在寺《じょうざいじ》などが移り、丸山には小石川から曹洞宗祥雲寺《しょううんじ》、芝から同宗功運院《こううんいん》、小石川から黄檗宗《おうばくしゅう》洞雲寺《どううんじ》などが移った。これらの寺々により寺町も形成された。

大正年間（一九一二〜二六）に入ると、池袋駅西口に商店が並ぶようになった。大正一二年（一九二三）の関東大震災後には宅地化が進み、池袋駅付近に住宅街が形成された。

昭和になると、川越街道が拡幅されるとともに、明治通りが開通し、昭和七年（一九三二）には開削により池袋―護国寺《ごこくじ》間の道路が開通するなど、池袋はますます交通の要地となった。

学校の開校と移転、そして戦後の復興

交通の発達と並んで、池袋には学校の開校と移転が続いた。明治三四年（一九〇一）に、現在の巣鴨学園付近に真宗大学（現、京都の大谷大学）が開かれ、同四二年（一九〇九）には西口公園付近に東京府立豊島師範学校（現東京学芸大学）が創設された。豊島師範学校は昭和三九年（一九六四）に移転した。

明治四五年（一九一二）には成蹊《せいけい》学園が元池袋公園の地に開校された。同公園内の碑はこれを記念するものであるが、同校は大正一三年（一九二四）に吉祥寺《きちじょうじ》（武蔵野市）に移転した。

大正七年（一九一八）には立教大学が築地（中央区）から移転してきた。同大学は、米国聖公会主教ウィリアムズが明治七年（一八七四）に築地に創立し、移転後、大正一一年（一九二二）、

に大学となった。先の交通網の発達と学校の移転などにより池袋は一気に市街化したのである。

しかしこの後、池袋地域は第二次世界大戦の空襲により大きな被害を受けた。特に昭和二〇年（一九四五）四月の四回目の空襲では、地域のほとんどが焦土と化し、壊滅的打撃を受けた。

終戦後、池袋駅は買い出し客や、駅前の焼け跡に立つ闇市を中心に復興した。その後、西武、東武、三越の各デパートが新改築され、東西の駅前広場が整備され、大繁華街が形成され、池袋はさらに活況を呈するようになった。昭和二九年（一九五四）には地下鉄丸ノ内線が池袋―御茶ノ水間で開通し、池袋はいっそう発展した。

一方東京拘置所は、戦後連合軍に接収され、「スガモ・プリズン」と呼ばれ、多くの戦犯を収容した。東京裁判によってA級戦犯とされた東条英機ら七名が処刑されたのもこの地である。昭和二七年（一九五二）に返還され巣鴨刑務所となり、同三三年（一九五八）に再び東京拘置所となった。

昭和四六年（一九七一）に東京拘置所が小菅《こすげ》（足立区）に移転すると、その跡地は新都市開発センターの用地となり、大手企業が主導する池袋副都心再開発が開始された。同五三年（一九七八）五月に完成した「サンシャイン60」は敷地五万五〇〇〇平方メートル、地上六〇階、高さ二四〇メートル（当時日本一）の超高層オフィス・タワーであり、霞が関ビルや新宿の高層ビル群とともに、近代東京のシンボルとなっている（『角川日本地名大辞典』）。

Sugamo

巣鴨

（豊島区）　開業・明治三六年（一九〇三）四月一日

JR山手線　地下鉄三田線

菊御用と将軍の御成

巣鴨という地名は『豊島区史　地図編・下』によると「須加茂」「洲処面」「洲鴨」と書かれて、近くに石神井川《しやくじいがわ》が流れ、それに臨んだ地域として「洲処面《すがも》」と名づけられたのがはじまりだという。また、大きな池があり、そこに鴨がすんでいたのでその名が起ったとも記されており、いずれにしてもその地形に由来するものと考えられている。

天正一八年（一五九〇）の徳川家康の江戸入府以後、都市江戸は将軍のお膝元として急速な発展を遂げた。この発展の一因となったのが大名屋敷をはじめとする武家屋敷であった。これら武家屋敷の面積は、明治二年（一八六九）の調査によると、江戸全体の約七割を占め、町人地や寺社地の面積の四倍以上にもおよんだ。

しかし、これら武家屋敷のすべてに居宅が設けられたのではなく、広大な屋敷地の多くは自

高岩寺のとげぬき地蔵

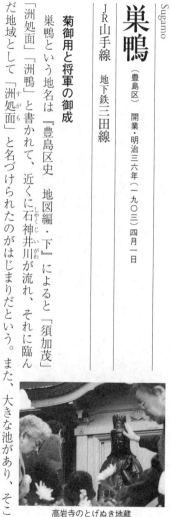

然の景観を利用した庭園として整備され、花の季節には多くの人で賑わいをみせた。

将軍家や大名屋敷等の庭園に、植木や草花を供給したのが染井《そめい》（現駒込《こまごめ》五〜六丁目）や巣鴨の植木屋たちであった。これらの植木屋は江戸近郊農村としての地の利を生かし、大名家等の御用をつとめるとともに、元禄年間（一六八八〜一七〇四）以降、経済力を増しつつあった町人層の需要にも応じ、一大園芸センターを形成した。染井や巣鴨の植木屋街は四季を通じて、多くの草花が咲いていたことから、江戸の武士や庶民の格好の花見遊覧の場所となった。

また、八代将軍吉宗以降、将軍の御成も行われるようになり、『徳川実紀』の享保《きょうほう》一一年（一七二七）三月二一日の記事には、吉宗の子の大納言（のち九代将軍）家重《いえしげ》が染井を訪れ、伊兵衛《いへえ》（伊藤伊兵衛）より盆花三種を献上されたと記されている。

『新編武蔵風土記稿』によれば享保一三年（一七二八）三月の吉宗の御成から文政《ぶんせい》七年（一八二四）九月の一一代将軍家斉《いえなり》の御成まで計一四回の将軍御成があった。

また、『遊歴雑記』には、巣鴨の植木屋野嶋権左衛門《のじまごんざえもん》について、将軍家の御用木を預かるほか、御殿や大名家の庭園の立木を一手に引き受け、富み栄えている様子が記されている。

しかし、こうした将軍家や諸大名等の需要はその後拡大せず、植木屋たちは新たな工夫を迫られた。すなわち、巣鴨はもともと菊の名産地として知られていたが、植木屋たちは「巣鴨作り」という新たな方法を考え出したのである。

『江戸自慢』には、一本に二〇〇～三〇〇の花がついた菊がたいへんきれいであったことが記されている。また、石塚重兵衛《いしづかじゅうべえ》の著した『豊芥子日記《ほうかいしにっき》』には、本郷追分《ほんごうおいわけ》より駒込・巣鴨までの中山道を見物人が大挙して押し寄せる様子が記されている。

しかし、この「巣鴨作り」の繁栄もそう長くは続かなかった。その理由について、前述の『江戸自慢』には「巣鴨作り」はもともと「見飽きのせらるる物なり」とあり、豪華な「巣鴨作り」の菊は一時のブームに終わってしまったようである。

その後、巣鴨・染井の菊栽培は、弘化《こうか》元年（一八四四）九月の巣鴨村霊感院の会式《えしき》の飾り物として再び脚光を集めたが、それも弘化年中だけのことであり、嘉永《かえい》年間（一八四八～五四）には再び衰退していった。

江戸時代を通じて、このような盛衰を経験した染井・巣鴨の植木屋であるが、明治に入ってもなおこの地は園芸の中心地としての地位を誇った。明治四〇年（一九〇七）の『巣鴨町地史』には「現今に至り、斯業益《ますます》発達して、最隆盛を極むるに至れり」とあり、その繁栄の様子がうかがえる。

しかし、このような明治の繁栄も都市化・宅地化の波には勝てず、明治の終わりごろから大正初めにかけてついに終焉《しゅうえん》を迎えることになった。

縁日の賑わい

さて、江戸時代「植木の里」として知られた巣鴨周辺は、現在「おばあちゃんの原宿」として年配者の人気を集めている。その中でも「とげぬき地蔵」で有名な高岩寺《こうがんじ》には連日多くの参詣者が訪れ、縁日には長蛇の列ができている。

しかし、このような巣鴨の風景は植木屋の衰退する大正期の初めごろまでみることはできなかった。明治七年（一八七四）六月二二日、東京府は「府下墓地取扱規則」を公布し朱引内《しゅびき》（御府内）における埋葬を禁止し、代わりに渋谷・青山《あおやま》・染井等九カ所に共葬墓地を設置した。さらに、明治二二年（一八八九）五月二〇日には「東京市区改正設計」が出され、先の共葬墓地が九カ所から六カ所へと整理、削減されたほか、寺院などに付属する墓地も一五区外への移転方針が示された。その後も墓地をともなう寺院の移転を促す告示がたびたび出された。

こうしたなかで明治二四年、高岩寺が下谷屛風坂《したやびょうぶざか》下から染井墓地の南側の巣鴨町大字巣鴨二丁目に移転したほか、翌年には瑞真院《ずいしんいん》が同じく巣鴨町へ移転してきたのである。

移転した各寺院は参詣者獲得のためさまざまな行事を開催したが、その中でももっとも賑わいをみせたのが高岩寺と大塚天祖神社の縁日であった。縁日は当初、寺から蠟燭《ろうそく》や弁当をもらって露店商が店を並べはじめたのがきっかけであったが、大正期には参詣客が増加し、混雑で露店も片側に制限されるありさまであった。このような縁日の賑わいが現在も引き継がれている。

Komagome

駒込

（豊島区）　開業・明治四三年（一九一〇）一一月一五日

JR山手線　地下鉄南北線

植木の名産地

営団地下鉄南北線やJR山手線が通っている駒込駅周辺は、六義《りくぎ》園《えん》や旧古河《ふるかわ》庭園があることで知られている。現在、駒込がつく地名としては駒込駅のある豊島区の駒込のほかに、文京区に本駒込《ほんこまごめ》があるが、以前は豊島区の駒込と文京区の本駒込をあわせて駒込と呼んでいた。

駒込という名の由来は、景行《けいこう》天皇の皇子《みこ》とされ『古事記』や『日本書紀』に登場する伝説上の人物である日本武尊《やまとたけるのみこと》が東征の途中、陣を張ったときに味方の勢を見て「駒込みたり」と言ったためという説（『御府内備考』）や、原野に駒が多く群らがっている様子から起こったとする説（『角川日本地名大辞典』）などがあるが確かではない。

駒込駅ホーム周辺は、五月ごろになるとつつじがみごとに咲き賑わう。このつつじは、明治四三年（一九一〇）、駒込の駅ができると、その翌年に駅近くの植木屋がそれを祝ってつつじや

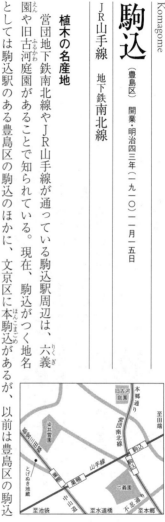

さつきを駅に贈ったのが始まりである。

駒込周辺の植木屋は、『新編武蔵風土記稿』に「庭樹及《および》盆栽等の草木を作りて産業とするもの多し」とあるように、江戸・明治時代にかけて多く存在した。特に染井《そめい》（現駒込五～六丁目）の植木屋伊藤伊兵衛は有名であった。

名園だった六義園

現在も枝垂桜《しだれざくら》や紅葉で楽しませてくれる六義園は、五代将軍徳川綱吉《つなよし》の側用人《そばようにん》柳沢吉保《よしやす》がつくった名園として知られている。

柳沢吉保は、延宝《えんぽう》八年（一六八〇）、綱吉が将軍に就任すると、しだいに力を伸ばし、元禄元年（一六八八）には側用人に就任し、一万二〇〇〇石余の大名となった。その後、昇進・加増が続き元禄七年（一六九四）には武蔵川越《かわごえ》城主として七万二〇〇〇石の老中格となる。翌八年、綱吉から四万九〇〇〇余坪の土地を駒込に与えられ、六義園を築きはじめ、七年後の元禄一五年に完成した。吉保は宝永《ほうえい》六年（一七〇九）、綱吉が死去したのち隠居し、この六義園で日々を過ごした。

六義園の名は、中国の『詩経』の分類方法である「風《ふう》・雅《が》・頌《しょう》・賦《ふ》・比《ひ》・興《きょう》」に由来する。それぞれの意味合いは、以下のとおりである。

風……諸国の民謡
雅……朝廷の正楽
頌……宗廟《そうびょう》における祭りの楽歌
賦……感想を述べたもの
比……比喩を用いているもの
興……他のことを述べてから本題に入るもの

すなわち、風・雅・頌は詩の用途や内容上の区別という性質上の分類であり、賦・比・興は表現の種類による分類方法である。

六義園のほかにも、駒込周辺には、吉祥寺《きちじょうじ》がある。この寺の境内には、榎本武揚《たけあき》や二宮尊徳《そんとく》の墓がある。また、放火の罪で鈴《すず》ヶ森《もり》で処刑されたことで知られる八百屋お七と吉三の比翼塚《ひよくづか》が昭和四一年（一九六六）に建てられた。

吉祥寺の名の由来は、『江戸名所図会《ずえ》』によると、「当寺は、長禄《ちょうろく》年中（一四五七〜六〇）、太田持資《もちすけ》江戸城を営みし頃、かしこに井を掘りしに、土中より『吉祥増上』の文字のある銅印を得たり。よって吉瑞《きちずい》なりとて一宇を建て、ただちに吉祥庵と号《なづ》く」と、太田持資が江戸城を築城した際に、井戸の中から「吉祥」の文字が書かれている印を発見したことから名づけられたという。もともと吉祥寺は、現水道橋のあたりにあったが、明暦《めいれき》の大火（一六五七）により現在の場所に移った。また、吉祥寺には栴壇林《せんだんりん》という学寮が設けられ、曹洞宗の修学の場として大勢の修学者が集まった。

駒込茄子

昔から「秋茄子《なす》は嫁に食わすな」というが、茄子は江戸時代、多くの人に好まれた。『新編武蔵風土記稿』に「此辺《このあたり》は薄土なれば樹木に宜《よろし》く穀物に宜からず、ただ茄子土地に宜《よろしき》を以《もって》世にも駒込茄子と称す」とあるように、駒込は茄子の特産地であり、駒込茄子は広く知られる名産（ブランド）であった。

現文京区の駒込浅嘉町《あさかちょう》、駒込高林寺《こうりんじ》門前、駒込天栄寺《てんえいじ》門前の三つの町は「駒込の土物店《つちものだな》」と呼ばれ、このあたりで収穫された茄子が数多く売買されていた。土物店といわれた理由は、毎日、大根・にんじん・ごぼうなどの土のついた野菜を売る市が立ったためだという。この土物店は、神田・千住《せんじゅ》と並ぶ江戸三大青物市場の一つとして繁栄した（『豊島区史　通史編』）。

Uguisudani

鶯谷

（台東区）　開業・明治四五年（一九一二）七月一一日

JR山手線・京浜東北線

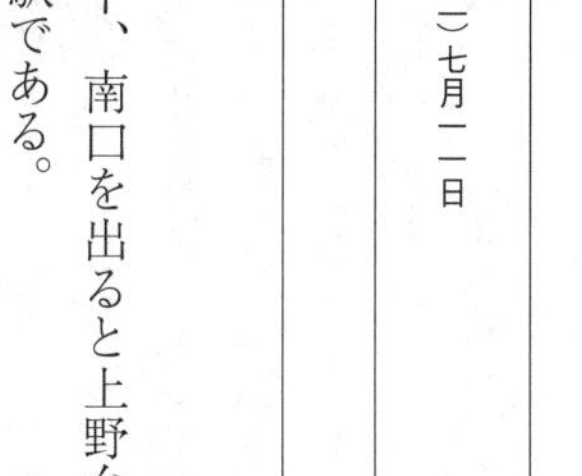

根岸に残る正岡子規の旧宅

京都の鶯

鶯谷駅の北口を出ると上野《うえの》台地の下、南口を出ると上野台地の上に出る。鶯谷駅は、まさに崖にある駅である。

文政《ぶんせい》三年（一八二〇）の『根岸略図』（明治二七年〈一八九四〉写本）では、現在の鶯谷駅付近に「ウグイスタニ」の字がみられる。この鶯谷の北東部にあたる根岸《ねぎし》は、江戸時代から鶯の名所として知られていた地域であった。『江戸砂子《すなご》』では、根岸の里について「鶯の名所なり。元禄の頃、御門主様より上方の鶯を多く放させ給うと也。関東のうぐいすは訛《なまり》あり。此所はその卵なるゆえなまりなしといえり」とあり、元禄年間（一六八八〜一七〇四）のころに、東叡山寛《かん》永寺《えいじ》の門主である輪王寺宮《りんのうじのみや》が、京都から取り寄せた鶯をたくさん放ったことから、この付近は鶯の鳴き声を楽しむことができる場所として知られるようになったようである。そして、谷も鶯谷と呼ばれるようになったといわれている。

また、『御府内備考』の「谷中之《やなか》二」に「鶯谷　七面坂より南の方、御切手同心組屋敷の間の谷なり、此の谷へ下る所を中坂という」とあり、かつては根岸よりも北西の谷中の中坂（蛍坂《ほたるざか》）付近も、鶯谷と呼ばれていたことがわかる。特に、谷中の霊梅院《れいばいいん》境内にある森は「初音《はつね》の森」と呼ばれ、鶯の名所として知られていたようである。明治期には、このあたりは谷中初音町と呼ばれたこともあった。

根岸の里

根岸という地名は、『新編武蔵風土記稿』に「東叡山の根きしなるをもて名付《なづけ》しならん」とあるように、上野台地の崖下《がけした》の地の意に由来しているといわれている。

『江戸名所図会』には、「呉竹《くれたけ》の根岸の里は、上野の山陰にして幽趣あるが故にや、都下の遊人多くはここに隠棲す。花になく鶯、水にすむ蛙も、ともにこの地に産するもの、其《その》声ひとふしありて、世に賞愛せられはべり」とある。「呉竹の根岸の里」と呼ばれ、上野の山を背景とした江戸近郊の閑静な土地であった。根岸の里は名勝・名所も多く、遊人、風流文雅の士がこの地を好んだ。江戸時代には、画家の酒井抱一《ほういつ》（一七六一～一八二八）、北尾重政《しげまさ》（一七三九～一八二〇）、儒者の亀田鵬斎《ほうさい》（一七五二～一八二六）、『江戸繁昌記』の著者、寺門静軒《てらかどせいけん》（一七九六～一八六八）などが住んでいた。

江戸時代に引き続き、明治以降にも多くの作家や画家などが根岸周辺に居を構えた。明治二三年（一八九〇）ごろからは、新聞記者で作家の饗庭篁村《あえばこうそん》（一八五五～一九二二）、森田思軒《しけん》（一八六一～九七）ら根岸近辺に住む文人たちのグループ「根岸党」が会合や旅行を楽しむようになった。「根岸党」はのちに、文壇の一派として「根岸派」とも呼ばれている。ほかに、小説『五重塔』で知られる幸田露伴（一八六七～一九四七）や東京美術学校（現東京芸術大学）校長の岡倉覚三（天心）（一八六二～一九一三）らも会合に加わっている。

根岸党が消滅した明治三〇年（一八九七）ごろには、根岸の子規庵《しきあん》に高浜虚子《たかはまきょし》（一八七四～一九五九）、河東碧梧桐《かわひがしへきごとう》（一八七三～一九三七）らホトトギス派の俳人が集まり、俳誌『ホトトギス』の編集がおこなわれている。また、歌人（鋳金《ちゅうきん》家でもある）香取秀真《ほずま》（一八七四～一九五四）、岡麓《ふもと》（一八七七～一九五一）らが子規庵を訪ねたのをきっかけに、子規庵で根岸短歌会が開かれている。正岡子規は、明治二七年（一八九四）から同三五年（一九〇二）に三五歳で没するまで、この子規庵に住んでいた。晩年は立つことさえできなくなり、病床で寝たきりの生活をここで送っている。現在は建物が復元され、机、硯《すずり》などの遺品が残されている。

飯たかぬ朝も鶯鳴きにけり（子規）

Okachimachi

御徒町

（台東区）　開業・大正一四年（一九二五）一一月一日

JR山手線・京浜東北線

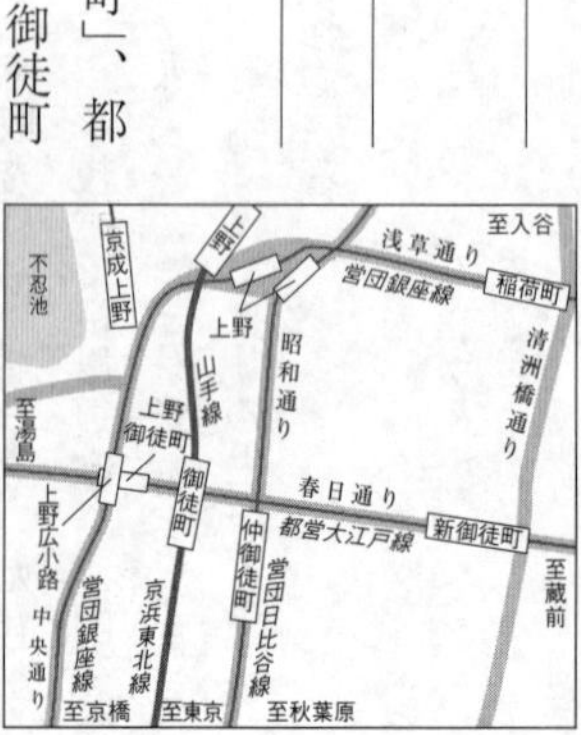

御徒の組屋敷

JR御徒町駅のほかに、営団地下鉄日比谷線の「仲御徒町」、都営大江戸線の「上野御徒町」「新御徒町」という駅もあるが、御徒町という町はもはや存在せず、駅名にその名をとどめているにすぎないのである。この地名の由来を知るためには、江戸時代までさかのぼる必要がある。

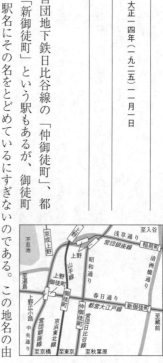

そもそも御徒とは徳川将軍家直参《じきさん》の幕臣の名称であり、幕臣の中では下級の者たちであった。御徒はそれぞれ組に属し、その御徒組は本丸一五組、西ノ丸五組が存在した。各組の構成は頭《かしら》一人、組頭二人、そして御徒二八人であった。主な職務は将軍の外出時に行列を先導したり、宇治からの茶壺道中など幕府御用の警備、江戸城中の雑用などである。彼らの住んだところは組屋敷と呼ばれ、個人ではなく組単位で屋敷地を拝領していた。

正保《しょうほう》元年（一六四四）作成の『正保江戸図』では、下谷《したや》・浅草に組屋敷がみられる。その理由は、この地域が上野の東麓から奥州街道の千住《せんじゅ》へ通じる戦略上重要な地にあたるためといわれる（『台東区史』）。下級の武士とはいえ、御徒の軍事的な重要性がうかがわれる。

現在の台東《たいとう》区域には、御徒組のほか、御先手組《おさきてぐみ》（将軍や江戸城諸門の警備）・御書院番組《ごしょいんばんぐみ》（将軍や江戸城諸門の警備、諸儀式での将軍の給仕、江戸市中の巡回）など多数の組屋敷が存在していたのである。

江戸時代のガーデニング

さて今日、ガーデニングは多くの人々の趣味として広がっているが、同じようなブームが実は江戸時代にも存在した。その一つが朝顔の栽培である。朝顔といっても、今われわれがイメージするようなものではなく、「変化《へんげ》朝顔」と呼ばれる特殊な品種を組み合わせてつくったものであった。たとえば、花弁が風車のようなものだったり、かがり火のように突き出していたりと、実に奇妙な朝顔をつくることが流行ったのである。

流行の起源は、文化三年（一八〇六）の江戸の大火後、下谷のあたりに広大な空き地ができ、そこに下谷・御徒町付近の植木職人がさまざまな珍しい朝顔を咲かせたことに求められる。当初、朝顔ブームは一般庶民の趣味・嗜好《しこう》として広まったが、武士である御徒も竹細工や傘張りなどとともに内職の一つとして、屋敷の庭を利用し、朝顔を栽培するようになった。天保《てんぽう》年間

（一八三〇〜四四）になると、朝顔の中心地は下谷から、現在も朝顔市《いち》が開かれている入谷《いりや》に場所を移すことになった。植木屋たちは人目を引くのぼりを立て、変化朝顔を陳列・販売し、入谷の朝顔は江戸の夏を彩る風物となったのである。このように下町の初夏の風物詩は、江戸庶民の趣味と御徒の内職のうえに花開いたものであった。

闇市からアメ横へ

ＪＲ上野駅から御徒町駅にかけてのガード下、およそ一五〇〇平方メートルの地域に「アメヤ横丁」、通称「アメ横」がある。店舗数約五三〇軒のこの通りには、ウィークデーでも一日二五万人以上、年末になると正月用品を買うために、一日一〇〇万人以上の人々であふれる。

アメ横の起源は、戦後間もなく開かれた闇市である。しかし当初は、アメ横ではなく「上野の闇市」と呼ばれていた。アメ横と呼ばれるようになったのは、昭和二二年（一九四七）の秋ごろからである。最初、上野の闇市では食べ物をはじめ鍋釜、茶碗、靴、その他生活用品などありとあらゆるものが売られていた。しかしある時期から、列車待ちの人たちに飴《あめ》を売り出す業者が増え、それから飴を並べる店が増えていったという。都内だけでなく、旅行者などの口コミで「上野の飴屋」の話が全国に広まり、だれかれとなく「アメヤ横丁」というようになったのである。またこのほかに、進駐軍の兵士がもたらしたアメリカ物資が数多くあったからアメ横となったとする説もある（『角川日本地名大辞典』）。

また今日、御徒町は宝飾品の街としても有名である。現在、御徒町宝飾街には五〇〇店余りの宝飾品店や卸店が密集しているが、そのルーツは江戸時代にさかのぼる。当時、御徒町の周辺には寛永寺《かんえいじ》や浅草寺《せんそうじ》をはじめ多くの寺社があったため、仏具・銀器等の錺《かざり》職人もまた多く集まっていた。こうした伝統の上に、明治時代の中ごろになると指輪を製造・加工することがさかんになったのである。なかでも型を使用した量産技術により、生産地としての御徒町は一層有名になった。

戦後はアメリカ軍の兵士が、上野の闇市で時計やアクセサリーを売買し、のちにアメ横となってからは、さまざまな宝飾品の修理・仲買機能を果たすことにより、アメ横は宝飾品取引の中心地としての地位を確立することになったのである。

今でも輸入雑貨・アクセサリーのほか、食料品・衣類・化粧品・スポーツ用品などさまざまな店があり、独特の雰囲気を持っている。

Kanda

神田（千代田区）

開業・大正八年（一九一九）三月一日

JR山手線・京浜東北線・中央線　地下鉄銀座線

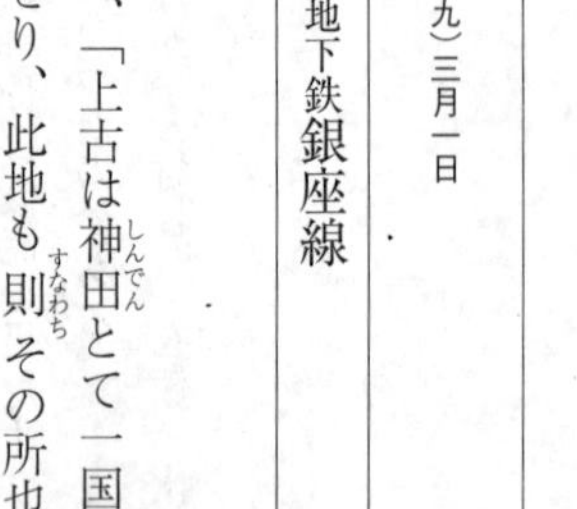

神田神保町の古書店街

職人の町

神田という地名の由来については、「上古は神田《しんでん》とて一国にあまたの田地をそなえて太神宮《だいじんぐう》の神供とせり、此地も則《すなわち》その所也」（『江戸紀聞』）と、古来から太神宮に神供を納める所であったとする説や、天平《てんぴょう》二年（七三〇）に、真神田臣《まかだのおみ》という人物が、先祖である大国主命《おおくにぬしのみこと》を氏神として柴崎《しばざき》村（現大手町）にまつり、「神田明神」と称したので、その社名からこの地名が起こったという説などがあるが確証はない（『新編千代田区史』）。

天正《てんしょう》一八年（一五九〇）、徳川家康の入府当初の江戸は、台地の大部分は田畑の広がる農村であり、海浜には漁村が点在し、河川流域の低地は人の手の入らない湿地帯であった。慶長《けいちょう》三年（一五九八）に豊臣秀吉が没し、同五年に関ヶ原の戦いに勝利した家康は、同八年に征夷大将軍となり、江戸に幕府を開いた。これにより江戸は天下の城下町として整備されていく。神田地域も江戸城と城下町建設の過程のなかで開発されていったのである。

神田は主に町人地として形成されたが、特徴として同じ職業で集められた職人町がつくられたことがあげられる。職人町の形成は、幕府御用を請け負った職人頭が一町、もしくは二、三町単位で幕府から土地を拝領し、その土地を幕府御用をつとめる職人たちに割り与えて居住させたことによる。一七世紀前期までに、鍛冶町《かじちょう》（鍛冶職人）、紺屋町《こんやちょう》（染物職人）、大工町《だいくちょう》（大工）、鍋町《なべちょう》（鍋職人）、乗物町《のりものちょう》（駕籠《かご》・乗物職人）、銀町《しろかねちょう》（銀細工職人）、塗師町《ぬしちょう》（塗師）、佐柄木町《さえきちょう》（研師）、白壁町《しらかべちょう》（壁職人）など、手工業生産を行う同業の職人が住む職人町が形成されていった。その地名の多くは現在の地図からは消えてしまっているが、鍛冶町や紺屋町などは今でも残っている。

しかし、同職集住の職人町は、一七世紀中期以降崩れていく。その理由は、幕府による江戸城下町の防火対策と関係している。幕府は頻発する火事に対して、武家地、寺社地、町人地の移転、火除地《ひよけち》の設置などの施策で対応したが、この影響により、職人が転出していくこととなったのである（『新編千代田区史』）。

同職集住の職人町は形をなくしたものの、それでも神田には多くの職人がいて、江戸時代を通して多種多様な生産活動を行っていたのである。

旗本の屋敷地から学生の街へ

今日の神田・御茶ノ水駅界隈《かいわい》には日本大学・明治大学・専修大学・順天堂大学・東京電機大学などのほか、各種専門学校、予備校などが集中し、多くの学生が通っている。

神田駿河台《するがだい》は、江戸市街拡張埋め立て用の土砂をとるために崩された神田山のあったところである。『御府内備考』によると、元和《げんな》二年（一六一六）、駿府《すんぷ》城で徳川家康が亡くなったため、江戸に戻る駿府詰の家臣団の屋敷地としてこの地が割り当てられ、このために駿河台と呼ばれるようになったという。

現在の神田駿河台の杏雲堂《きょううんどう》病院が建っているあたりには、江戸時代初期の旗本、大久保彦左衛門忠教《ただたか》の屋敷があった。大久保彦左衛門は、慶長一九年（一六一四）に三河国額田《ぬかた》郡一〇〇〇石を知行し、同年の大坂冬の陣で鎗奉行《やりぶぎょう》をつとめ、寛永九年（一六三二）に旗奉行となり一〇〇〇石を加増された。彼は武士の気骨を示す頑固な生き方をしたと伝えられ、講談などを通じて、現在でも庶民に親しまれている。

元和元年（一六一五）、大坂夏の陣の後、家康がすでに江戸に退いたという噂が広まった。しかし、当時鎗奉行だった大久保彦左衛門は、こうした噂話をする連中に、「鎗奉行は常に御旗《みはた》（家康）とともにある。しかしその御旗が退いたというのを私は見ていない。どうしてそんなことがあろうか」と一喝し、周囲を黙らせたという（『寛政重修諸家譜』）。彼が著した『三河《みかわ》物語』は、徳川家康の事跡や自己の体験談などがもとになっており、当時の武士の思想や気質を知るうえで貴重な史料である。

神田といえば、世界最大の古書店街、神田神保町《じんぼうちょう》も有名である。神保町交差点を中心とした靖国《やすくに》通り沿いとその周辺に、一〇〇軒を超す古書店が密集している。本の街へと変わったのは、第一次世界大戦後の大正期から昭和初期にかけてである。

神田神保町の名前は、『神田文化史』によると、元禄二年（一六八九）に旗本神保長治《じんぼうながはる》が、現在のさくら通り付近に屋敷地を賜ったことに由来する。神保長治は最初、御書院番組（将軍や江戸城諸門の警備、諸儀式での将軍の給仕、江戸市中の巡回）に属し、その後小納戸役《こなんどやく》（将軍身辺の日常業務）に進むが、ここまでは知行地を持たない蔵米取《くらまいどり》の身分であった。その後元禄一〇年（一六九七）に武蔵国多摩郡に九〇〇石を知行するにいたり、正徳《しょうとく》二年（一七一二）には佐渡奉行に任じられている（『寛政重修諸家譜』）。神保氏の屋敷周辺には同じ広さの旗本の屋敷地が連なっていた。初めに「神保小路《じんぼうこうじ》」の通称ができ、明治五年（一八七二）に町名となり、さらに昭和九年（一九三四）、町域が拡大した。

このように、江戸時代には多くの旗本が生活していた神田は、現在では学生が行き交う若者の街に姿を変えている。

第二章

都心部の駅名（山手線内および周辺）

日本橋の
青銅製の獅子像

Ginza

銀座（中央区）開業・昭和九年（一九三四）三月三日

地下鉄銀座線・丸ノ内線・日比谷線

銀座発祥の地

銀座二丁目の文具店伊東屋の斜め前に「銀座発祥の地」碑がある。

慶長一七年（一六一二）に銀貨を鋳造する銀座役所が、この地（現在の銀座一～四丁目）に置かれた。町名は新両替町《しんりょうがえちょう》といったが、通称を銀座町と称し、明治二年（一八六九）、ついに正式な町名となったという経緯が刻まれている。銀座役所が置かれる前は、商業地区として栄える日本橋一帯に対し、銀座一帯は職人町つまり工業地区であった。

やがて銀座町は商業地として栄えるようになる。江戸後期に刷られた「江戸名高町《なだかきちょう》続町《つづきちょう》角《す》力《もう》番附《ばんづけ》」（江戸東京博物館蔵）という繁華な町をあげた番付表に、西の方大関「大小両伝馬町三町」に続き、関脇として「一名しん両かへ丁　銀坐丁四丁」と記されている。銀座町は、大伝馬町《おおでんまちょう》および小伝馬町《こでんまちょう》の次に繁華な町としてあげられたのだ。また、新両替町という名称よりも、銀座町の名が親しまれるようになっていたこともわかる。町名の由来となった銀座役所は、寛政《かんせい》一二年（一八〇〇）に不正事件が発覚し、日本橋蠣殻町《かきがらちょう》（中央区）へ移転されるが、銀座の名は役所があった一九〇年間のうちに定着し、この地で生き続けることとなったのである。

近代都市に生き続けるお稲荷さん

「伊勢屋、稲荷に犬の糞《くそ》」。これは、江戸の町は、伊勢屋の店、稲荷神社、犬の糞の三つがやたらと目につくことをいったものだ。それほど稲荷社はほうぼうにあったということだが、江戸時代の銀座には、稲荷以外に祀《まつ》られた神仏はほとんどなかった。

それは、銀座の成り立ちに関係がある。銀座は、徳川家康が江戸幕府を開いた慶長八年（一六〇三）まで海原だった。この海は江戸城（現皇居）付近にまでおよぶ広大な日比谷入江だ。家康は天下の総城下町を建設すべく、この入江を埋め立て、日本橋から京橋、銀座、新橋にいたる土地を造成した。つまり銀座は「夢の島」のごとき新開地だった。ここには先住民もなく、むろん信仰するべき寺社もない。心のよりどころを求めて、移住者たちがそれぞれの故郷などから勧請《かんじょう》してきたのが、銀座の稲荷である（『銀座わが街—400年の歩み—』）。

そもそも江戸の町に稲荷が多いのは、江戸が都市化する以前から農業神や土地神として祀っていたものに、宅地造成化するなかで流行神化した稲荷が相当数加わったからである（『銀座の神々—都市に溶け込む宗教』）。

このような銀座ゆえ、今も街のいたるところにお稲荷さんが祀られている。主なところで、一丁目の幸《さいわい》稲荷、二丁目の銀座稲荷、三丁目の朝日稲荷と宝珠《ほうじゅ》稲荷、四丁目の宝童《ほうどう》稲荷、七丁目の豊岩《とよいわ》稲荷と靏取《つるとり》稲荷、八丁目の金春《こんぱる》稲荷と八官《はちかん》神社（旧称・穀豊《こくほう》稲荷）などがある。

銀座の稲荷は、都市化のあおりを受けてビルの屋上へ移されるなど受難続きであるが、なかにはかえって脚光を浴びたものもある。七丁目の豊岩稲荷は、市川団十郎や中村勘右衛門など歌舞伎役者の信仰も集めた江戸時代初期からの古い社だが、今は「ザ・ギンザ」ビル裏の路地奥にあり、たどりつくのが至難の技だ。その秘密めいた場所ゆえに、梶龍雄《かじたつお》『銀座連続殺人手帳』や加納一朗『怪談銀座稲荷』（『東京銀座ミステリー傑作選』）といった探偵小説の舞台になった。

銀座四丁目の交差点を起点に築地《つきじ》方向へ一本目の通りを右に曲がったところに、三原《みはら》小路という小さな石畳の路地がある。ここに祀られた東《あずま》稲荷の、誕生にまつわる不思議な話がある。戦後メインストリートとして賑わったあづま通り・三原小路にたび重なる火災が起こり、町内の人々がいぶかしんで調べてみると、この一角にかつて稲荷が祀られていたことが判明した。そこで稲荷社を建立すると、ぴたりと火事が起こらなくなったという。

モダン都市の誕生

しかし、なんといっても銀座の名を全国的に有名にしたのは、明治五年（一八七二）の煉瓦街建設である。

「明治五年の春二月、俗に二八月の、地をはって狂い廻る風が、烈風となって、武蔵名残のヒュウという、砂塵を巻き揚げる奴が吹き出したのが真ッ昼間で、二十六日の午後二時です。和田倉御門の内、モト会津屋敷跡から、火が出ました。ソレッ火事だといっている内に、銀座二丁目へ飛火いたしまして、銀座通りを新橋まで、スッカリなめてしまいました」（『銀座百話』）と昭和初期の古老の聞き書きにあるように、現在の東京駅あたりから銀座や築地まで、見渡すかぎり焼け跡の惨状だった。

ちょうどそのころ、横浜―新橋間の鉄道開通に向けて工事が進行中で、首都の玄関口にある銀座の再建は、政治的にも絶対急務であった。火事から三日後に政府は不燃都市の街づくりを決定しており、あまりに間のよい火災勃発に、偶然ではないのではないかと疑念を持った人々も多かったという。

政府雇用人のイギリス人ウォートルスの設計のもと、一年間の大工事のすえ、明治六年（一八七三）にできあがった煉瓦街の家屋は、一階に円柱が立ち、二階にはバルコニーが設けられ、明るく美しい欧風のものだった。しかし、家賃が高いうえ、「レンガに住むと、青膨れになって、果ては命が危ない」という迷信がささやかれ、なかなか住み手がなかった。そうしたなか、明治七年（一八七四）に入居した東京日日新聞（後の毎日新聞）を皮切りに、新聞社各社が入居しはじめた。続いて入居したのは、なんと熊相撲などの見世物小屋で、賑やかな興行を行い煉瓦街の人気を引き立てたと、当時の新聞は伝えている。その次に入居したのは曖昧屋《あいまいや》と呼ばれた店で、客引きをする娼婦や引手が銀座通りにあふれかえり、今のおしゃれなイメージとはかけ離れたものだった。なお、当時のレンガは八丁目の金春通りに碑に仕立てられて残っている。

また、煉瓦街の完成した翌七年（一八七四）にガス灯が点灯する。印半纏《しるしばんてん》を着た係の者が灯《とも》を点してまわる姿は、銀座に夜の訪れを告げる風物であった。当時のガス灯は築地の明石《あかし》小学校前に保存されているので見ることができる。ガス灯とともに銀座の街を彩った柳並木は、明治一〇年（一八七七）に登場するが、銀座のメインストリート・銀座通りからは昭和四三年（一九六八）に姿を消し、現在は主に柳《やなぎ》通りと旧新橋の所在地あたり（新橋の項参照）に復活されている。

現在、慶應義塾OBの倶楽部として昭和四年（一九二九）に建てられた交詢社《こうじゅんしゃ》ビルが解体されるなど、モダン都市・銀座を彷彿《ほうふつ》させるものが少なくなりつつあるが、それでも同年に建てられた泰明《たいめい》小学校や、昭和七年（一九三二）建築の銀座の顔ともいえる和光、昭和二年（一九二七）に一号館、同六年（一九三一）に二号館が建てられた大阪ビル、銀座一丁目の三吉《みよし》橋近くにある大正七年（一九一八）以前に建てられた鈴木ビルなどが健在であり、巡りながら歩けば在りし日の銀座をしのぶことができる。

Nihonbashi

日本橋 （中央区） 開業・昭和七年（一九三二）一二月二四日

地下鉄銀座線・東西線・浅草線

日本橋の由来

「お江戸日本橋七つ立ち」の日本橋はいつごろにつくられたのだろうか。徳川幕府が開かれた慶長八年（一六〇三）は、天下の総城下町として江戸の町づくりが本格化した年でもある。神田山を切り崩し、江戸城の目前に広がる豊島《としま》の洲を全国の大名を動員して埋め立てた。その区域は、およそ日本橋浜町《はまちょう》から京橋、銀座にいたる一帯で、このときに、江戸城外堀から神田川へと抜ける日本橋川がつくられた。そして、この川に架かる日本橋が誕生したのである。

日本橋の名称の由来について、『江戸名所図会《ずえ》』には、「旭日《きょくじつ》東海を出ずるを、親しく見る故にしか号《なづ》くるといえり」とある。つまり、日の本（日が昇るもと）の橋という意味だというのだが、諸説あってはっきりとしない。

近世史研究者の西山松之助によると、三浦浄心《じょうしん》『慶長見聞集』に「江戸大普請の時分、日本

日本橋の三越側にある日本国道路元標

国の人集まりてかけたる橋あり。これを日本橋と名付けたり（中略）この橋を人間かってもって名付けず。天より降りけん、地よりや出でけん、諸人一同に日本橋と呼びぬること、きたいの不思議とさたせり」とあるように、天から降ったか地から湧いたか、この橋ができたとたんに日本橋と呼ぶようになったこと、そしてその前身の二本の木を渡した二本橋が同地にあったことから二本橋の名がたちまち日本橋になってしまったというのが妥当なようだ（池田弥三郎『日本橋私記』、〈株〉オリコミ『社報別冊日本橋界隈』）。

だれいうとなく呼び始め、しだいに定着していった日本橋だが、その背景には、日本橋架橋の翌年の慶長九年（一六〇四）に全国里程《りてい》の原点が日本橋に定められたこと（『慶長見聞集』）、つまり日本全国へ広がる五街道への第一歩が日本橋にあるという事実が大きいのかもしれない。また、元和《げんな》の再架のとき、敷板三七間四尺五寸（約六九メートル）、広さ四間二尺五寸（約八メートル）あったといい、まだ両国橋も新大橋も架かっていないころなので、江戸府内で最大の橋であったことから、日本の名を冠したとも考えられる。ちなみに、両国にある江戸東京博物館の常設展示室内に、日本橋の北側半分一四間＝約二五・五メートル（全長二八間＝約五一メートルとする改架記録に基づく）が再現されており、渡ることができるので、日本橋の大きさを体感してみたい方にお勧めする。

さて、日本橋は、架橋当初からたびたび焼失し、そのたびに再建された。そして、明治四四年（一九一一）に現在の石づくりの橋に架け替えられたのだが、工費は五十余万円におよび、橋欄の中央で巨大な青銅製の獅子と麒麟《きりん》が四方へ睨《にら》みをきかせる橋になった。これを設計したのは建築学者で文化勲章受賞者の伊東忠太《いとうちゅうた》であり、橋名を揮毫《きごう》したのは、江戸幕府最後の一五代将軍・徳川慶喜《よしのぶ》である。

一日に一〇〇〇両が動いた魚市場

全国里程原点の碑の反対側、日本橋のたもとに、ひっそりと白い乙姫の像が建っている。これは昭和二九年（一九五四）に建設された「日本橋魚市場記念碑」だ。

「日に三箱散る山吹は花の江戸」とは、花のお江戸では、たった一日で山吹（小判）がぎっしり詰まった千両箱三つが空になると歌った狂歌。まず一つは、芝居町《しばいまち》（堺町《さかいちょう》・葺屋町《ふきやちょう》・木挽町《こびきちょう》）。次は遊里・吉原。そして、かつて、ここ日本橋から江戸橋にかけての北岸、町名でいえば、安《あん》針町《じんちょう》・小田原町《おだわらちょう》・船町《ふなちょう》に、江戸三千両の一つ、一日で一〇〇〇両落ちる場所にあげられる日本橋魚市場があった。『江戸名所図会』に「遠近の浦々より海陸のけじめもなく、鱗魚をここに運送して、日夜に市を立てて甚《はなは》だ賑えり」と記されたように、遠近の海から魚が集まり、市が立ち、大いに賑わったという。この日本橋北詰の魚市場の起源は古い。

天正一八年（一五九〇）、徳川家康関東入国の折、摂津国西成《にしなり》郡佃《つくだ》村（現大阪市西淀川区佃一帯）

の名主・森孫右衛門が、佃・大和田両村の漁民三四名とともに江戸へ来て、徳川家の膳にのぼる魚を献上する代わりに、河海一帯の漁業権を得た。そして、上納する魚の余りを一般向けに売り始め、江戸の人口の増加とともに巨大な市場に発展していった。これが魚市場の始まりである。

江戸の町とともに繁栄した魚市場だが、幕府瓦解とともに存続の危機に陥る。慶応四年（一八六八）六月に肴《さかな》役所が廃止され、江戸城への納魚が止められる。そして、明治五年（一八七二）一一月には東京府の達しで、日本橋の橋台および室町《むろまち》一丁目の大通りに魚市を立てることを止められた。その後、明治一〇年（一八七七）に復活が認められるものの、明治二一年（一八八八）に市区改正条例にともない移転問題が浮上、やがて大正一二年（一九二三）の関東大震災が契機となって築地へ移転し、三〇〇年来の歴史に幕を閉じることとなったのだ。

高札場と晒し場

寛文《かんぶん》二年（一六六二）刊行の浅井了以《りようい》『江戸名所記』に、橋の上にはさまざまな人、馬、乗り物が行き交い、まるで蟻の熊野参りのようだ。朝から夕べまで橋の両脇まで人が押し合いへし合いしてふさがり、立ち止まることもできない。うかうかしていると踏み倒され蹴倒され、帯を切られて刀脇差をなくし、また財布を掏《す》られ、手荷物をもぎ取られ、偶然気がついて取り戻そうとしても、人混みに紛れて見失ってしまうという内容の記述がある。日本橋の壮絶な混雑ぶりが描写されている。

日本橋は、五街道の起点であり江戸の町の中心でもあるので、混み合うのは当然だが、そのほかに、高札《こうさつ》を掲げる場所があったことも大きい。

江戸にはほかにも常盤橋《ときわばし》門外・筋違橋《すじかいばし》門内・浅草橋門内・半蔵門外・芝札《ふだ》の辻《つじ》の六カ所に高札場があったが、江戸の初期・慶長一一年（一六〇六）に設けられた日本橋の高札場（『北条五代記』）は、特別な位置付けがなされていた。たとえば、日本橋にだけ特別に出す高札があった。元禄八年（一六九五）の「一匹の犬を殺した者を届け出た者に黄金二〇枚を与える」というものや、八代将軍吉宗のときに立てた目安箱設置利用や新田開発奨励などである。

また、人の往来が多いことから、高札場の向かいに晒《さら》し場が設置された。晒し場とは、『古事類苑』によると「晒トハ道路に露坐《ろざ》セシムルヲ云ウ」と道端にすわらせることとあって、梟首《きようしゆ》場《ば》ではない。幕府のねらいは人通りが多いことから見せしめに晒し場を置いたわけだが、逆に晒し者が見たくて、野次馬が押しかけ、巾着きりなどスリが横行して苦りきるようになっていった。というのも、日本橋に晒される罪人は、衆目を集める類のものだったからだ。たとえば、女犯を犯した僧侶たち、心中未遂の男女などであった。特に心中未遂をはかった女の人気はすさまじく、見物人は絶えなかったという。

日本橋ルネッサンス計画

昭和三九年（一九六四）、日本橋の上に首都高速道路が建設された。以来、日本橋川の川面は昼なお暗く、四方に睨みをきかせて首都を守る日本橋上の麒麟は、かろうじて高速道路の間に空間を見つけて伸び上がっているかのようなありさまになった。

そのような日本橋に「一〇〇年先を考えて、かつての賑わいを取り戻そう」と、地域の企業、商店街連合会、町内会などが主体となって「日本橋地域ルネッサンス一〇〇年計画委員会」が、平成十一年（一九九九）に活動をはじめた。

ハイウェイを地下化したボストンの視察の成果を活かし、現在、水ぎわにオープンスペースを確保して日本橋に関する展示物を置いたり、周辺に新たな商業エリアを設けて、人々が集まりやすい町づくりを模索している。

Mitsukoshimae

三越前（中央区）

開業・昭和七年（一九三二）四月二九日

地下鉄銀座線・半蔵門線

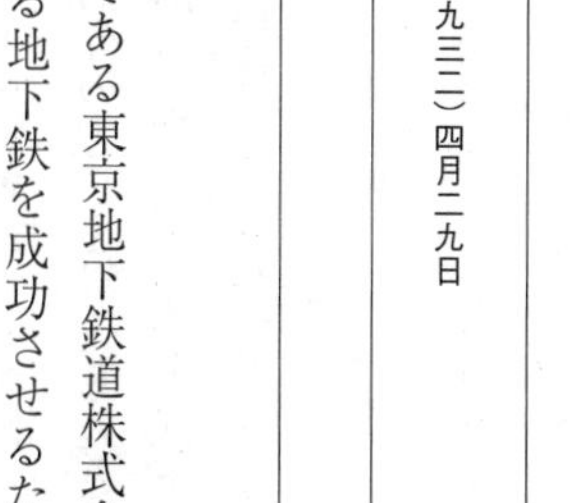

地下鉄の誕生と三越

日本初の地下鉄銀座線の生みの親である東京地下鉄道株式会社社長・早川徳治《はやかわとくじ》は、膨大な経費のかかる地下鉄を成功させるために、三越をはじめとするデパートの地下に駅を接続するという画期的なアイデアを考えついた（『新東京物語　異都発掘』）。銀座線の路線を見ると、起点の浅草松屋に始まり、上野松坂屋、日本橋三越本店、今はなき日本橋白木屋、また日本橋髙島屋、銀座三越、銀座松屋、終点の渋谷東急東横店まで、地下鉄とデパートの地下が点と線でつながれている。その後、続々と誕生する地下鉄が、デパートや総合ビルに接続するのは、地下鉄の誕生にデパートが推進力となっていた伝統があったからだ。そして昭和七年（一九三二）、地下鉄銀座線三越前駅が誕生した。

明治三七年（一九〇四）、日露戦争の勃発した年に、合名会社三井呉服店が株式会社三井呉服店になった。このできごとが三越デパートの誕生＝日本のデパートの起源とされている。ちな

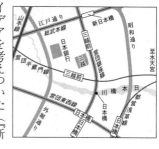

みに、三越の名は、明治五年（一八七二）三月に三井大元方《おおもとかた》（金融業）と呉服業との分離が決定され、三井呉服店の前身である越後屋呉服店が三越得衛門《みつこしとくえもん》名義となった時点から使われた（『株式会社三越85年の記録』）。

さて、三越デパート誕生の前年、明治三六年（一九〇三）に、三越から依頼を受けた建築家・豊泉益三《とよいずみますぞう》は、百貨店を視察するために渡米し、従来の土蔵づくりの店頭を飾り窓に改造している。明治四一年（一九〇八）にはルネサンス式木骨塗三階の営業所が完成、日本初の純洋風陳列式百貨店となった。日本が日露戦争後の好景気に沸くなか、呉服屋の白木屋、松坂屋が相次いでデパート化して、日本のデパート時代が幕開けしたのだ（『新編東京の盛り場』）。

幕末から明治の日本で、もっとも勢いがあったのは繊維産業である。その小売業である呉服店が、海外に視察に出かけ、新しい商売の方法を導入したという点で豊泉益三の例は注目に値する。また、明治三七年（一九〇四）の三越デパート開店時に、世界で初めてデパートを会場とした美術展（第一回目は尾形光琳《おがたこうりん》展）を開催して成功させている点も興味深い。

「現金掛け値なし」

近江の佐々木六角《ろっかく》氏の重臣だった三井越後守《えちごのかみ》高安《たかやす》を祖とする三井家が商売を始めたのは、六角氏滅亡後、伊勢松坂（現松阪市）に移り住んでからのことだ。三井家が江戸に進出したのは、高安の孫の俊次《としつぐ》が寛永初期に本町《ほんちょう》四丁目に小間物店を、ついで呉服店を開いたのが始まりである。そして延宝元年（一六七三）に、その弟の高利《たかとし》が本町一丁目（現日本銀行付近）に呉服店を開いた。これが三井越後屋の誕生である。その後、天和《てんな》三年（一六八三）に駿河町に進出した。

当時、呉服店では代金は盆暮れの二回に掛け取り（代金取り立て）にまわる「掛け売り」が常識であったのを、「現金掛け値なし」で店頭での小売りを行い、薄利多売方式を打ち出した。

この方式で他店より安く品物を売るために、大名家からも直接購入に来るようになった。越後屋に客を取られた他の呉服商は、越後屋との取引をやめたり、京都からの仕入れを止めさせようとしたり、また越後屋の台所の裏に町屋敷住民のトイレをつくらせたり、さまざまな嫌がらせを行った。しかし、越後屋側は一致団結し仕入れルートの確保に励んでさらに盛況した。駿河町の店舗は、浮世絵師・奥村政信《おくむらまさのぶ》が描いているが間口九間（約一六・四メートル）、奥行き四〇間（約七三メートル）の大店舗で、一二の売り場に分かれて、互いの売上を競う、たいそう活気のあるものであった。そして、のちに、この地で三越デパートへと発展し、現在にいたる。

江戸文化の中心地

三越を取り巻く一帯には、出版業および文化人たちの住まいが点在していた。

江戸出版界の大立役者といえば蔦重こと蔦屋重三郎《つたやじゅうざぶろう》をおいてほかにはいない。蔦屋重三郎は、現在のガイドブックのはしりで、遊郭吉原を案内した『吉原細見《よしわらさいけん》』を出版し、また、江戸時代の代表的な浮世絵師・東洲斎写楽《とうしゅうさいしゃらく》、葛飾北斎《かつしかほくさい》、喜多川歌麿《きたがわうたまろ》らを売れっ子にした。

江戸時代の画期的な科学書として、多くの人が思い起こすのは、オランダの『ターヘルアナトミア』を前野良沢《まえのりょうたく》・杉田玄白《すぎたげんぱく》が翻訳した『解体新書』であろう。『解体新書』を刊行したのは、室町二丁目（現日本橋室町一丁目）の須原屋市兵衛という、江戸の大書肆《しょし》（本屋・書店）・通《とおり》一丁目（現日本橋一丁目）に店を構える須原屋茂兵衛《もへえ》の分家だ。また、吉原の本屋からスタートした蔦屋重三郎が最終的に落ち着いたのは、通油町《とおりあぶらちょう》（現日本橋大伝馬町《おおでんまちょう》三丁目あたり）の店舗である。

つまり、天保末まで芝居町として栄えた堺町（現人形町《にんぎょうちょう》）を中心として、三越前に続く一帯に、出版人や著作者が集まっており、魚河岸および全国里程の起点として有名な日本橋は文化の発信地でもあったのだ。

ちなみに日本橋界隈《かいわい》を中心に活動した文化人をあげると、儒学者の荻生徂徠《おぎゅうそらい》（茅場町《かやばちょう》）、蘭学者の青木昆陽《こんよう》（本小田原町）、国学者は賀茂真淵《かものまぶち》（浜町《はまちょう》）、俳諧師は宝井其角《たからいきかく》（茅場町）、戯作者は式亭三馬（本町）、鶴屋南北（高砂町《たかさごちょう》）、十返舎一九（通油町）、為永春水《ためながしゅんすい》（橘町《たちばなちょう》・通油町《とおりあぶらちょう》）などである。また、浮世絵師では、菱川師宣《ひしかわもろのぶ》（村松町・大伝馬町）、鳥居清信（難波町）、鈴木春信（両国米沢町《よねざわちょう》）、鳥居清長（本材木町《ほんざいもくちょう》）はじめ、東洲斎写楽（八丁堀《はっちょうぼり》）、葛飾北斎（小伝馬町）

なども日本橋に活動の拠点をおいていた（『日本橋界隈』）。

さて、日本橋が江戸文化の中心地でもあったと書いたが、ここで忘れてならないのは、三越から神田方面へ歩いて一〇分ほどの距離にあった本石町《ほんこくちょう》三丁目（現日本橋本町四丁目）の長崎屋である。長崎屋は薬種商で、唐人参やその他舶来品を扱った。その位置は「江戸切絵図」で見ると、赤く塗られた時の鐘（明六つ暮六つに鐘を鳴らし時を告げるところ）の右斜め向かいにあたる。

長崎屋は、年に一度（のちに五年に一度）、長崎出島から将軍拝謁に江戸へ上ってくるオランダ商館長一行の定宿でもあった。オランダ商館長は、書記や医師を従えて、珍しい献上品とともに海外の情勢をまとめた風説書を将軍に提出した。したがって、長崎屋は海外の新情報を得られる、いわば江戸における海外への窓口だった。ここには、幕府の天文方や医師、蘭学者らが一行の滞在中に訪れた。なかでも足しげく通ったのが、平賀源内、杉田玄白であったという。

長崎屋には、文化人だけが興味を持っていたわけではない。絵入狂歌集『東遊《あずまあそび》』（寛政一一年〈一七九九〉刊行）に葛飾北斎の描いた、長崎屋の格子窓から中をのぞく老若男女の姿があるように、江戸っ子たちも異人たちとその定宿・長崎屋に興味津々であった。

明治以後の日本の近代化の広がりが、世界に類を見ないほど速かったわけは、案外、長崎屋と庶民との接触にあったのかもしれない。

Akasaka

赤坂（港区） 開業・昭和四七年（一九七二）一〇月二〇日

地下鉄千代田線

今はなき「赤坂」

赤坂は現在地名となっているが、その昔は文字どおり坂の名前であった。『御府内備考』には「（現在の）紀伊国坂《きのくにざか》を古く赤坂といい、そのためこの周辺も赤坂といわれるようになった」とある。

赤坂の名前の由来には二つの説がある。一つは赤根山説。これは「赤根山の坂なので赤坂とよばれる」（『御府内備考』）とするもの。もう一つは赤土説。「この周辺の土地は赤土であり、美濃国、三河国の赤坂と呼ばれる土地も赤土が多いためつけられた名前なので、ここの赤坂も赤土のため赤坂とよばれるようになった」（『同前』）とするものである。「赤坂」は坂名としては「紀伊国坂」に譲ったものの、地名としては現在も生き続けている。

ちなみに「赤坂」が「紀伊国坂」になったのは、江戸時代、この場所に紀州藩の中屋敷があったことによる。紀伊徳川家（五五万五〇〇〇石）は御三家の一つ、家康の第十子頼宣《よりのぶ》を祖とし、

時代劇でもおなじみの八代将軍吉宗や、幕末に公武合体政策を推進した一四代将軍家茂《いえもち》などを輩出している。

紀州藩邸は明治維新後の明治五年（一八七二）に、いったん宮内省におさめられ、赤坂離宮と命名された。翌六年の皇居炎上の際には皇居が再建されるまでの仮皇居とされたが、明治三三年（一九〇〇）から同四二年（一九〇九）にかけて建設が行われ、その後は東宮御所として使用された。設計総指揮は宮内省技師である片山東熊《かたやまとうくま》。片山はネオ・バロック様式を導入し、内部装飾においても大半の装飾材や、調度品を輸入し、欧米の水準に劣らない洋風宮殿を完成させた。赤坂離宮は明治時代を代表する建築物であり、現在でも日本で見られるネオ・バロック式建築の最高峰である（『日本の建築』）。

その後は、村野藤吾《むらのとうご》により改修・修復が行われ、昭和四九年（一九七四）に迎賓館として完工され、世界各国の国賓を迎えている。ふだんは外からしか見ることのできない迎賓館であるが、年に一度内部公開を行っており、観覧者を募集して抽選が行われている。

氷川神社、今・昔

現在の場所に氷川神社が新築されたのは、享保《きようほう》一五年（一七三〇）である。もとは現在の赤坂一丁目にあった。八代将軍吉宗は、氷川神社が産土神《うぶすながみ》であったため、とくにあがめ、将軍在職中の享保一四年（一七二九）、現在の場所に新たに社殿を新築し、翌年完成させた。

氷川神社が移転する前、この場所は浅野家の屋敷であった。忠臣蔵でおなじみの浅野家、といっても、浅野内匠頭長矩《たくみのかみながのり》の内室、瑤泉院《ようせんいん》の実家・三次《みよし》藩浅野家である。元禄一四年（一七〇一）、赤穂藩主浅野長矩は江戸下向の勅使の接待役となったが、典礼指南役《てんれいしなんやく》の高家筆頭《こうけひっとう》吉良上野介義《きらこうずけのすけよし》央《なか》に侮辱を受け、江戸城中で吉良を斬りつけた。世にいう「松の廊下」事件である。長矩は即日切腹、赤穂藩は改易に処せられた。長矩が切腹になったあと、瑤泉院は赤坂の屋敷に移った。

浪曲や講談に『南部坂《なんぶざか》雪の別れ』という有名な物語がある。赤穂浪士の吉良邸討ち入り前日の宵、元家老・大石内蔵助《くらのすけ》が瑤泉院を訪れ、ひそかに別れを告げるという話である。残念ながらこの話は講談師らの創作で史実ではないが、瑤泉院が赤坂の屋敷に身を寄せていたからこそ、ついた題名であろう。

ちなみに話の舞台となった南部坂、名前の由来は『紫の一本《ひともと》』に「むかしここに南部殿の屋敷ありつる故なり」とある。南部藩邸は明暦《めいれき》二年（一六五六）、麻布《あざぶ》へ移転したが、移転先にはそれまで浅野家があり、南部家と浅野家で邸地交換が行われた。このため南部家の移転先の麻布にも「南部坂」の名が生まれ、南部坂は赤坂と麻布の二つとなったのである。

政財界の奥座敷

赤坂の花柳界は東京でも一流の花街として繁盛した。明治二年（一八六九）に伊勢屋が芸妓屋《げいぎや》を開いたのが赤坂花柳界の始まりといわれているが、その起源は江戸時代にさかのぼる。宝暦《ほうれき》年間（一七五一～六四）にはすでに赤坂田町《たまち》に岡場所が存在していた。麦は米に劣るから、もしくは麦湯《むぎゆ》（麦茶）を表看板に売春行為をしていたからという理由で、俗に麦飯屋《むぎめし》といわれていたらしい。天保《てんぽう》の改革（一八四一～四三）で麦飯屋は一網打尽にされたが、徐々に息を吹き返し、のちに赤坂が花街として繁栄するのに十分な土台をつくっていった。

花街の急激な発展は明治一八年（一八八五）からである。付近に兵営が設置され、軍関係者の顧客を得、さらに、同二三年（一八九〇）の国会の開設により帝国議会や官庁の人たちの政治的な話し合いの格好の場所となった。

その後、赤坂花街はあいつぐ戦争により軍需景気となったが、第二次世界大戦で戦災にあい、一時は火が消えたように衰微した。しかし、従来からの地の利と伝統によって復活し、その後、政財界の奥座敷として「赤坂」は高級なイメージを築いたのである。

Roppongi

六本木（港区）

開業・昭和三九年（一九六四）三月二五日

地下鉄日比谷線・大江戸線

六本木交差点に建つ「奏でる乙女」像

火葬の煙

スペイン、スウェーデンをはじめ、周辺には各国大使館があり、また、飲食店が多く集まり、外国人や若者で賑わう街、六本木。このような六本木周辺も、かつては小さな集落であった。

寛永《かんえい》三年（一六二六）、増上寺《ぞうじようじ》から一・八キロほど離れた原野であった現在の六本木交差点近くに、二代将軍徳川秀忠夫人の遺体が葬送され、火葬が行われた。その後、その三回忌をつとめた四人の僧にこのあたりの土地が与えられた。火葬が行われた場所には深広寺《しんこうじ》、火葬の煙の下になったあたりに光専寺《こうせんじ》、正信寺《しようしんじ》、教善寺《きようぜんじ》が建てられた。近辺には人家遠隔のため通行人が難渋するなどの理由により、家作の願い出が許可されて形成された門前町屋が、現在の六本木中心街の起源となっている。

六本木の名は、「往古古木松六本有之《これあり》候《そうろう》ニ付自然と申《もうし》唱《となえ》候《そうろう》よし申伝」と『御府内備考』に書かれてあるように、かつてこのあたりに古い松の木が六本あったという言い伝えに由来している。しかし『御府内備考』が書かれた文政期（一八一八～三〇）ごろには、すでにどの場所に松が生えていたのかわからなくなっていたようである。

武家屋敷、軍用地、そして……

現在、テレビ朝日がある場所は、長州藩毛利家の上屋敷《かみやしき》があったところである。忠臣蔵で有名な赤穂浪士は、吉良邸討ち入り後に四つの藩に分けて預けられたが、そのうちの一〇名が預けられ切腹をしたのがこの地である。また、明治期の軍人乃木希典《のぎまれすけ》は、父が長州藩の馬廻役であったこともあり、この地で生まれている。現在の俳優座は延岡《のべおか》藩内藤家の中屋敷があったところであり、東洋英和女学院小学校は小田原藩大久保家の下屋敷《しもやしき》があったところである。

このように、六本木は町屋・寺社地のほか、大名の上屋敷、中屋敷、下屋敷が集まり、また御先手組や御書院番組の与力同心の給地など武家屋敷の多い土地でもあった。

明治期に入ると、麻布歩兵三連隊が麻布竜土町《りゅうどちょう》に置かれた。周辺には、麻布歩兵一連隊、麻布連隊区司令部、第一師団司令部、赤坂憲兵隊本部、近衛歩兵三連隊、陸軍大学校などがあり、軍用地、軍隊の街として発展した。戦後は、占領米軍が駐屯し独特な雰囲気を持つようになった。

昭和二九年（一九五四）には、劇場不足に苦しんでいた俳優座が劇場を開場。さらに同三四年には、アメリカ軍基地が返還され、日本教育テレビ（現テレビ朝日）が開局された。

これにより、六本木のバーやクラブの客は軍関係者からテレビ関係者、芸能人へと変わっていった。多くの若者が六本木を訪れるとともに「六本木族」という語も生まれ、深夜まで活動する街として知られるようになった。

東京オリンピックが開催された昭和三九年（一九六四）には、営団地下鉄日比谷線の北千住─中目黒間が全通し、六本木の大衆化が進み、その後もファッションビル、イベントスペースなど新しい空間がつぎつぎに生まれ、現在は六本木地区の再開発で超高層ビルの建設がつづいている。

Akabanebashi

赤羽橋

（港区）開業・平成一二年（二〇〇〇）一二月一二日

地下鉄大江戸線

水天宮が勧請された地

東京タワーを左手にながめ、飯倉《いいくら》から桜田通り（国道一号）を南下すると、やがて目の前に首都高速道路が見えてくる。その地点が赤羽橋交差点である。都営地下鉄赤羽橋駅は、大江戸線の開通とともに平成一二年（二〇〇〇）一二月に新設された。芝公園の南西のはずれに位置するこの界隈《かいわい》は、桜田通りを南北に背負い、西に麻布《あざぶ》、東に湾岸線と、激しい自動車交通量を誇る通過点である。大江戸線開通までは、「赤羽」といえば北区の地名を思い浮かべる人が多かったのではないだろうか。しかし江戸時代には、北に増上寺《ぞうじょうじ》赤羽門との間の赤羽広小路、南に水天宮《すいてんぐう》と火の見櫓《やぐら》を二大名物とする久留米《くるめ》有馬藩上屋敷が存在する、通過点ではなく、たいへんな賑わいをみせた土地であった。

水天宮は安徳《あんとく》天皇とその祖母の二位尼《にいのあま》（平清盛の妻、時子）を祭神とし、文政元年（一八一八）、有馬藩主が久留米から藩邸に勧請《かんじょう》し、毎月五日に庶民に開放された。『東都歳時記』正月五日の

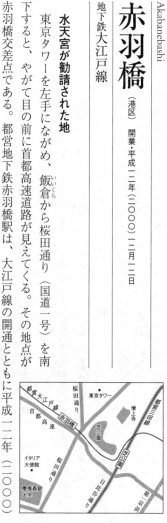

項からは、水難祈願、大漁祈願、防火そして安産祈願で賑わう様子がうかがえる。その後、水天宮は明治四年（一八七一）に、現在の中央区日本橋蛎殻町《かきがらちょう》に遷座した。

『御府内備考』によれば、寛文《かんぶん》年間（一六六一～七三）から延宝《えんぽう》年間（一六七三～八一）のころにかけて古川《ふるかわ》の川幅を広げ、その際、赤羽橋が架けられたという。増上寺の裏手であると同時に、松本町を囲むように有馬・島津・織田の上屋敷が存在した。町人、僧侶、武士で賑わいをみせた赤羽橋は『江戸名所図会』の中で「此辺《このあたり》茶店多く、河原の北には毎朝肴《さかな》市立《いちたち》て、繁盛の地なり」と紹介されている。

橋の北側にある増上寺の僧侶が、表の東海道ではなく、裏手の赤羽門から橋を渡り赤羽稲荷（通りからみて松本町の奥）を変装で通過して品川の遊所に通ったことを、川柳で「赤羽の鳥居を越すと医者になり」と詠《よ》まれている。

僧侶とともにこの界隈を賑わしたのが武士である。上屋敷は各藩の江戸での重要な政務機関であると同時に、敷地内や外壁などに勤番《きんばん》長屋が設けられ、多くの勤番武士の住まいとなっていた。勤番武士とは藩主の参勤交代とともに国元から江戸に勤務する、いわば単身での長期東京出張組ともいうべき武士たちである。江戸後期、文化を生み出しリードしていた柳亭種彦《りゅうていたねひこ》などのような江戸育ちの藩士や幕臣とは区別され、同じ武士でも野暮扱いされた。だが、それも江戸にあってこそで、江戸の文化・情報を享受し、国元に移入し、江戸の文化を全国に均質的に浸透させていったという意味では、彼らも江戸文化の受け手ではなく担い手であった。

紀州藩の下級武士、酒井伴四郎《さかいばんしろう》もその一人であった。彼は万延《まんえん》元年（一八六〇）の五月から一一月にかけて赤坂藩邸（現在の迎賓館のあたり）での江戸勤務の日記を残しているが（江戸東京博物館所蔵）、勤務は月に一〇日を数えることはなく、その内容のほとんどが長屋内での暮らし向きと江戸の観光に割かれていた。さまざまな江戸名所に足を向けているが、なかでも有馬藩邸の水天宮には二度三度と通っている。

まず六月二五日、「赤羽根之有馬之屋敷見物、薩摩ノ屋敷見物、其所予《よ》犬之くそふむ、夫《それ》ヨリ芝田丁（町）高輪泉岳寺へ参り赤穂家臣四十七人之墓へ詣り」。赤羽橋南の有馬、島津の両屋敷を見物の際、さっそく紀州には少ない江戸名物を踏んでいる（「江戸に多きもの　伊勢屋稲荷に犬の糞」）。泉岳寺に向かった後、「茶屋へ這入《はいり》一盃呑、大ニ高し」と物価の違いを思い知り、日影丁《ひかげちょう》（現在の新橋駅あたり。多くの古着屋があった）で古着を買い、「又芝へ行、小道具買」い、帰りがけには「どぜう鍋、すし杯《など》買、帰着」している。

続いて九月五日、「予二人連にてアカハ子《ネ》之有馬之水天様へ参詣いたし誠に夥敷《おびただしき》人ニテ大ニ賑敷《にぎわしく》候、此の所にて小刀買、異人騎馬にて四人連ニ逢中候」とある。当時増上寺赤羽門向かいには外国人旅館があり、近辺には外国公館が多くあった。翌一〇月五日も水天宮参り、人に頼まれてお守りを購入後「寒さ耐かたく候間、そばやへ這入、酒二合呑、其勢にて帰る」。勝海舟〇）とはかけ離れたのどかさである。

の咸臨丸《かんりん》による渡航、井伊直弼《なおすけ》暗殺、和宮降嫁勅許などで慌ただしい年表上の万延元年（一八六

陸の孤島からの脱脚

現在、旧有馬藩邸の地は、みなと保健センターを中央に囲み、済生会《さいせい》中央病院、都立民生病院、東京専売病院など医療施設が一群をなしている。ただし、ここに通う人々は地下鉄開通までは、難儀を強いられた。赤羽橋付近の病院に通っていた麻布十番商店街の商店主は、「ここいらは駅からは少し歩く、タクシーにゃもったいない、バスは面倒で、ちょっと元気のない僕らにとっちゃ陸の孤島かポテンヒットみたいな不便な場所ですよ」といっていた。

昭和四四年（一九六九）三月の都電三四系統（渋谷駅前―渋谷橋―古川橋―赤羽橋―金杉橋。大正一三年五月最終延長）の廃止とともに、大江戸線開通までは、赤羽橋への交通手段はバスかタクシー、もしくはJR田町駅、地下鉄芝公園駅から徒歩となってしまった。

たしかに赤羽橋駅付近には他に駅がなく、現在は大江戸線の中でも当初の予想より乗降客が上回っている数少ない駅である。同駅は壁面、ホーム、ベンチとガラスをふんだんに使い、他の駅とかなり雰囲気が異なっている。赤羽橋は過去の賑わいは見出せないものの、単なる通過点ではない新たな人の流れを生み出している。

Sendagaya

千駄ヶ谷（渋谷区）

JR中央線（総武線）　開業・明治三七年（一九〇四）八月二一日

緑にかこまれた駅

千駄ヶ谷駅のホームに立つと、両側に明治神宮外苑と新宿御苑《ぎょえん》の森が広がる。神宮外苑の森には東京都体育館、国立競技場、神宮球場、秩父宮ラグビー場など大型スポーツ施設が展開する。

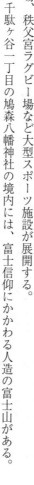

千駄ヶ谷一丁目の鳩森八幡神社の境内には、富士信仰にかかわる人造の富士山がある。

千駄ヶ谷の地名は古く、永禄二年（一五五九）に成立した『小田原衆所領役帳』には後北条氏の家臣島津孫八郎の領地として「八貫六百四十文千駄ヶ谷」と記され、元和《げんな》五年（一六一九）の徳川秀忠の寺領寄進状（「吉祥寺文書」）には、「武蔵国仙多カ谷郷」と郷内の五〇石が駒込《こまごめ》吉祥《きっしょう》寺《じ》に寄進されたことが記されている。

地名の由来について、『新編武蔵風土記稿』には地元の言い伝えとして、天正年間（一五七三～九二）以前、この付近は家がわずかに二、三軒しかなく、萱《かや》が多く生い茂った土地であり、寛

永年間（一六二四〜四四）のころには毎日一〇〇〇駄の萱を刈り取っていたため、千駄ヶ谷村の村名になったとする説を記している。

『江戸砂子《すなご》』にも「むかしは一向のかや野にて、一日に千駄の萱の出し所也とぞ。今は武家やしき、寺地など多し」と、かつて一日一〇〇〇駄の萱をとっていた場所が、武家屋敷や寺に変わったことを記している。延宝《えんぽう》年間（一六七三〜八一）の検地帳には「千駄之萱村」と記されている。以上のように千駄ヶ谷の地名は萱野が広がっていたことにちなむものであった。

幕府の軍事施設焔硝蔵

一見のどかにみえる江戸時代の千駄ヶ谷村であるが、実は幕府の軍事施設である焔硝蔵《えんしようぐら》（千駄ヶ谷焔硝蔵）が置かれていた。

焔硝とは火薬のことで、焔硝蔵は火薬庫のことである。江戸幕府は、江戸時代を通じて幕府直轄の焔硝蔵を江戸の周辺地域に配備していたのである。『新編武蔵風土記稿』には、千駄ヶ谷焔硝蔵の他に、多磨郡上石原宿《かみいしはらじゆく》（現調布市）の焔硝蔵が同郡和泉《いずみ》村（現杉並区）に移転されたことが記されている。

『徳川実紀』などによれば、千駄ヶ谷焔硝蔵は、寛文《かんぶん》五年（一六六五）に、元鉄砲場（鉄砲調練場）の土地に成立した（旧焔硝蔵）。その後、享保《きようほう》の改革の際に、近くに新たにもう一つ焔硝蔵が建てられた（新焔硝蔵）。軍事施設であるため、周辺地域にはさまざまな規制がみられた。たとえば、享保五年（一七二〇）七月には、焔硝蔵近くでの花火が禁止されている（『御触書寛保集成』）。

千駄ヶ谷焔硝蔵は、周辺の一二町村、すなわち市ヶ谷町、幡《はた》ヶ谷《や》村、角筈《つのはず》村、本郷村、代々木村、高田村、諏訪村、戸塚村、千駄ヶ谷村、東大久保村、西大久保村、原宿村、隠田《おんでん》村、上渋谷村（最後の三カ村は一村扱い）が旗本知行所、寺社領、同心給地など領主の違いをこえて組合をつくり、番人、掃除人足、道普請人足、焔硝調合時の火防人足、鉄砲訓練時の玉薬渡しの際の警固人足、焔硝移動の際の警備、火災の際の駆け付け人足など、さまざまな負担を負った。千駄ヶ谷焔硝蔵は、周辺農民の負担のもとで、維持運営されたのである。

また日常的に焔硝の輸送も行われていた。往来先は、甲府城（山梨県）や和泉焔硝蔵、さらに幕末期には大森村（現大田区）の蔵などであった。

幕末期には千駄ヶ谷の旧焔硝蔵は鉄砲場となり、新焔硝蔵一カ所になっている。

陸軍火薬庫から文教地区へ

明治維新を経て、明治四年（一八七一）の「東京大絵図」では、新焔硝蔵は「武庫司」とあり、同一二年（一八七九）の内務省地理局作成の「実測東京全図」では「火薬庫」、同二〇年（一八八七）の同局作成「東京実測図」では「陸軍火薬庫」と記されている。

明治三二年（一八九九）「東京全図」では「練兵場」に接して「火薬庫」の記載がみられる。近代になっても焔硝蔵は、陸軍の火薬庫として機能したのである。

明治二八年（一八九五）に甲武《こうぶ》鉄道（現中央線）が開通し、同三七年（一九〇四）八月には千駄ヶ谷駅が開業した。このころ、急激な人口の集中により市街化が進んだ。同三七年、渋谷村から千駄ヶ谷村字大通《おおどおり》に引っ越した与謝野鉄幹・与謝野晶子夫妻は、この地で第一期の『明星《みょうじょう》』（詩歌の雑誌）を編集した。明治四〇年（一九〇七）に、千駄ヶ谷村は町になっている。

その後、昭和四年（一九二九）の復興局東京市役所の「東京市全図」では、該当箇所に火薬庫の記載はなく、「明治神宮外苑」の西に「霞《かすみ》ケ丘町」の地名がみられる。都市化とともに、火薬庫の機能は消滅したのである。

戦後は住宅地として発展し、津田スクールオブビジネスなど各種学校が多く存在することから、全町が文教地区に指定された。また、緑の中にオフィスやマンションの高層ビルが建ち並び、千駄ヶ谷は都心の景観を備えるにいたったのである。

Suidoubashi

水道橋

（千代田区）　開業・明治三九年（一九〇六）九月二四日

JR中央線（総武線）　地下鉄三田線

掛樋の見える橋

橋の下を流れるのは神田川。橋は、神田（現千代田区）方面と小石川（現文京区）方面を結んでいる。『江戸名所図会《ずえ》』に「此《この》橋の少し下の方に神田上水の掛樋《かけひ》あり。故に号とす」とあり、神田上水の水を神田・日本橋、そして江戸城に運ぶ掛樋が橋の下流に架かっていたことから、この橋は水道橋と名づけられたことがわかる。

また、水道橋は旧名を吉祥寺《きっしょうじ》橋ともいったようである。これは、かつて橋の北側の本郷元町《ほんごうもとまち》（現文京区）に吉祥寺という寺があったことに由来する。この吉祥寺は、明暦三年（一六五七）の大火後の市街整備により、駒込《こまごめ》村（現文京区）に移された。また、これにともない吉祥寺門前に住んでいた人々が移住して開発したところが、現在、地名や駅名となっている吉祥寺《きちじょうじ》（現武蔵野市）である。

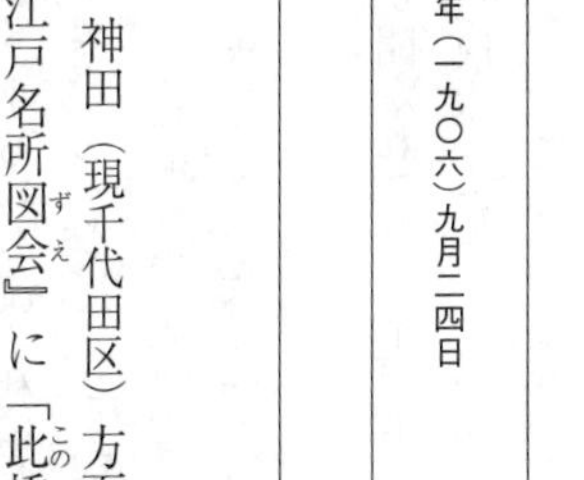

水道橋から御茶ノ水方向を眺める

神田上水

神田上水は、徳川家康が江戸に入国した天正《てんしょう》一八年（一五九〇）前後に、幕命を受けた大久保藤五郎忠行《ただゆき》によって開かれたとも、寛永期（一六二四〜四四）に三代将軍徳川家光の命で開かれたともいわれている。このように、開削時期などについて不明な点もあるが、神田上水は江戸の水道として江戸時代の初期から使われていた。ちなみに、上水を開いたといわれる大久保忠行は、その功により家康から主水という名を与えられ、しかも水が濁ることを嫌うことから「もんど」ではなく「もんと」と読むようにいわれたという逸話も残されている。

上水は、井の頭池（現三鷹市）を水源とする自然流を利用してひかれたものと伝えられている。井の頭という名は、「神田の井の頭」（源流）であるところからきているといわれている。井の頭池からの流れに、善福寺池《ぜんぷくじいけ》（現杉並区）から流れ出る善福寺川と、妙正寺池《みょうしょうじいけ》（現杉並区）から流れ出る妙正寺川が、それぞれ和田村（現中野区）、落合村（現新宿区）で合流し、関口町（現文京区）から取水されている。

承応《じょうおう》三年（一六五四）に玉川上水が開かれると、玉川上水からの助水も代々木村（現渋谷区）から取り入れられている。関口町から取水された水は、開渠《かいきょ》で御茶ノ水にいたり、神田川を掛樋で渡ってから、地中に埋設した木樋などによって暗渠で江戸城内に入った。また、江戸城の東部にあたる神田周辺の町方などにも暗渠で給水されていた。

多摩川の水を利用した玉川上水が開削された後、玉川上水から青山、三田《みた》、千川《せんかわ》などの上水がひかれ、江戸の上水道が整備されている。万治《まんじ》二年（一六五九）には、隅田川の東部にも元荒川からひいた本所《ほんじょ》上水が開かれている。その後、享保《きょうほう》年間（一七一六～三六）には青山上水、三田上水、千川上水、本所上水は使用が禁じられ、神田上水と玉川上水の二上水が長く利用されることになった。

神田上水は、明治三四年（一九〇一）まで、江戸・東京市民に飲み水を供給し続けた。現在、水道橋から外堀通りを東へ行ったところに、「神田上水懸（掛）樋跡」の碑が建てられている。

「後楽園」の由来

水道橋の駅を降りるとすぐ近くに、東京ドーム、後楽園ゆうえんち、小石川後楽園などがある。この一帯は、江戸時代に水戸徳川家の屋敷があったところである。

この地に水戸徳川家藩祖である徳川頼房《よりふさ》が移ったのは、寛永六年（一六二九）のことである。

小石川後楽園は、一〇万坪におよぶ水戸藩屋敷内につくられた庭園で、徳川頼房が起工し、二代藩主徳川光圀《みつくに》によって完成されている。

「後楽園」という名は、光圀に招かれていた中国明《みん》の儒学者朱舜水《しゅしゅんすい》の意見を取り入れたもので、中国宋《そう》の学者范文正《はんぶんせい》著『岳陽楼記《がくようろうき》』の中にある「士はまさに天下の憂いに先んじて憂い、天下の楽しみに後れて楽しむ」という語に基づいている。これは、「上に立つ者は憂うべきことがあれば、世の中のだれもまだ気のつかないうちに、これを憂い、また楽しむべきことがあれば、まずすべての人を楽しませて、自分は最後に楽しむ」という意味である。

庭の泉水は、神田上水の水を取り入れたもので、その形は三代将軍徳川家光が描いて与えたものと伝えられる。庭は、その池を中心として、日本各地からとりよせた巨石や自然の古木などを配した回遊式築山泉水庭園《かいゆうしきつきやませんすい》である。神田上水の水は、邸内を通り、掛樋で神田川を越え、一方の池に分水された水は、池の南東部から暗渠や溝によって神田川に流れていた。

この庭園を含む水戸藩上屋敷は、明治になり政府に没収され、一部は軍用地となった。明治一二年（一八七九）に東京砲兵工廠が設置され、のちに小倉に移転すると、その跡地に昭和一二年（一九三七）、後楽園スタヂアムが完成した。

神田上水の開渠の多くが埋め立てられ、景観も変わっていく中で、神田上水の水を引き入れていた小石川後楽園には今も、江戸の面影が残されている。

Hakusan

白山

（文京区）　開業・昭和四七年（一九七二）六月三〇日

地下鉄三田線

白山信仰の中心地

ＪＲ水道橋駅から春日通りを越え、白山通りをさらに北へ行くと都営三田線の白山駅がある。白山駅周辺には井原西鶴の『好色五人女』のモデルとして有名な八百屋お七の墓がある円乗寺《えんじょうじ》、また、お七が火事の際に逃げ込んだとされる大円寺、白山神社、小石川植物園等の歴史的建造物が多く建ち並んでいる。

白山神社は三〇〇〇株もの紫陽花《あじさい》が有名で、紫陽花が満開となる六月中旬には「文京あじさい祭り」が開催され、多くの人で賑わっている。

白山の地名の由来である白山信仰は、加賀・越前・美濃・飛騨の四カ国にまたがってそびえる白山を対象とする山岳信仰であり、社伝によると養老元年（七一七）、泰澄《たいちょう》が開創した。白山とは御前峰《ごぜんがみね》・大汝　峰《おおなんじがみね》・剣峰《けんがみね》の三ケ峰のほか、別山・三ノ峰を合わせた総合名称であり、平安時代初期までには、ここを水源とする手取川《てどりがわ》・九頭龍川《くずりゅうがわ》・長良川《ながらがわ》の流域に加賀馬場・越前馬

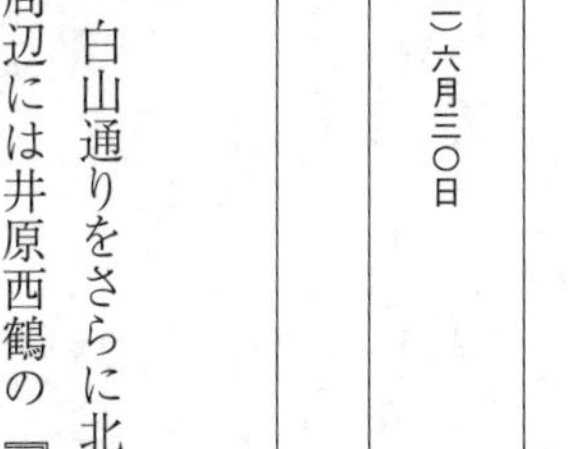

場・美濃馬場の三番場といわれる信仰の拠点が形成された。

小石川の白山権現はもとは「はくさん」とはいわず、「しらやま」と呼ばれ、江戸における白山信仰の中心であった（『文京区史』）。『文政寺社書上』『江戸名所記』によると、白山神社は元《げん》和《な》元年（一六一五）に加賀の白山権現から勧請され、本郷元町の地に置かれたものの、翌二年二月に五代将軍綱吉の御成御殿として知られる白山御殿の地に移った。さらに明暦元年（一六五五）の御殿造営の際に氷川神社・女体神社とともに移転し、現在の文京区白山五丁目の地に鎮座したのである。移転前の白山権現の様子を伝える史料には、『玉露叢《ぎょくろそう》』があり、その記述から、白山権現の境内に名水の滝があり、たくさんの水が流れていたが、これを庭園の泉水に利用しようとしたところ、水が涸《か》れてしまったとある。

また『江府神社略記』には、伴部安崇《ともべやすたか》の話として、境内には「船つなぎ」「松」の神木があり、枯れるまで社前を飾っていたことが記されている。

小石川白山権現はその後、綱吉とその母桂昌院《けいしょういん》の保護を受け、元禄二年（一六八九）に綱吉に鶴姫が誕生した際には産神としての役割を担った。さらに元禄一六年（一七〇三）一〇月二一日には鶴姫の願により寺社地の加増・修復が許可されたが、一一月二四日に大地震があり修復は延期された。さらに、同月二十八日には小石川周辺の火災により、本社・末社・普請小屋までことごとく焼失し、修復どころかすべて灰燼《かいじん》に帰してしまったのである。

その後の白山神社については『改選江戸志』に「歯を痛める者は当社へ楊枝をささげて禱《いのる》ことにしるしあり」とあり、歯痛の者が治るよう願をかけ、御利益《ごりやく》があった場合は萩やウツギの箸を献納する風習が盛んであった様子が記されている。また小日向《こひなた》（現文京区）にあった廓然寺《じ》の住職である十方庵敬順《じっぽうあんけいじゅん》が、隠居後の文化九年（一八一二）に記した『遊歴雑記』には、白山神社の祭礼について「子《ね》・寅《とら》・辰《たつ》・未《ひつじ》・酉《とり》・戌《いぬ》年九月廿一日、練もの等の行粧、善尽し美尽し、番数神田明神・赤坂氷川明神に準ずべし」とあり、華やかな祭礼の様子がうかがえる。

御成御殿と千川上水

江戸時代、将軍による「御成《おなり》」（外出）が頻繁に行われた。行き先は江戸城内の紅葉山《もみじやま》や上野寛永寺と芝増上寺（いずれも徳川氏の菩提寺）、江戸市内の諸大名邸などさまざまであった。このため、江戸には将軍のための御成御殿が各地につくられ、荘厳な建物や、園遊のための庭園も設けられた。

明暦元年（一六五五）、前述の白山神社を移転する形でつくられた白山御殿は、五代将軍徳川綱吉の御成御殿であり別名小石川御殿と呼ばれた。『徳川実紀』によると、綱吉が白山御殿を拝領したのは綱吉がまだ館林城主であった承応《じょうおう》元年（一六五二）八月一四日とされ、白山神社移転の三年前であった。御殿の敷地はその後数回にわたり拡大し、約一万七〇〇〇坪の下屋敷となった。この白山御殿には、御殿の管理運営を行う白山御殿番と小石川御殿奉行が置かれ、高五〇〇石ほどの旗本が任命された。御殿の廃止が決まる正徳《しょうとく》三年（一七一三）には八人の御殿奉行がその職に従事していた。

『御府内備考』では、白山御殿の堀には千川上水が引かれ、堀端には桜の大木が植えられ、春にはたいへんみごとな情景であったことが記されている。

御殿に引かれた千川上水が開鑿《かいさく》されたのは元禄九年（一六九六）のことである。千川上水の開鑿を請け負ったのは、仙川《せんがわ》村（調布市・三鷹市）の太兵衛と徳兵衛の二人であり、この功により「せんかわ」の苗字を拝領している。千川上水はその後、宝永四年（一七〇七）になると千川上水沿いの村々に対し、田用水として使用することが許可され、武蔵野台地の開鑿に大きな影響を与えた。しかし、正徳三年（一七一三）に当初の目的の一つであった白山御殿が取り壊されると、その後、享保七年（一七二二）には本所・青山・三田の三上水とともに廃止された。

薬園から植物園へ

江戸時代、幕府は中国・朝鮮や日本各地より薬草を収集・栽培し、薬草の生産を行うため各地に薬園を設置した。薬園では薬草の栽培のほか、薬効の研究・管理等が行われ、寄合医師等が担当した。

幕府が初めて城外に薬園を設置したのは、寛永一五年（一六三八）一〇月二九日で、『徳川実紀』によると、このとき牛込《うしごめ》と品川（麻布）に薬園が設置されている。

その後、正徳三年（一七一三）に、白山御殿が廃止になると、その北隅に前述の麻布薬園が移転され、広さ一万四〇〇〇坪余の薬園となった。そして享保六年（一七二一）八月一七日には、薬園地は四万四八〇〇坪に拡大した。この広大な薬園を管理したのは薬園預かりの芥川家と薬園奉行の岡田家であり、両家はその後、慶応四年（一八六八）に幕府が瓦解するまで家業として同役をつとめている。

小石川薬園は明治に入ると東京府の管轄となり、明治二年（一八六九）五月には大学東校管理下の医学校薬園となり、明治四年七月には文部省の管轄となった。明治八年一月には博覧会事務局附属施設となり、「東京小石川薬園を更《あらた》めて、小石川植物園と称す」（『文部省沿革略記』）とあるように小石川植物園と改称し、明治一〇年に東京帝国大学理学部の付属施設となり今日にいたっている。

Kasuga

春日（文京区）開業・昭和四七年（一九七二）六月三〇日

地下鉄三田線・大江戸線

春日局にちなむ駅名

都営地下鉄三田線の春日《かすが》駅の階段を上り、白山《はくさん》通りを南下すると春日通りとの交差点に着く。春日町交差点である。ここを西に折れて、文京区役所の前を通ると礫川《れきせん》公園の前に出る。公園の入り口には、すらりと立つ女性の像がある。江戸時代の女性、春日局である。この地から西へ文京区春日の地が広がる。多くの寺が展開する寺町でもある。

春日局は、江戸幕府の三代将軍徳川家光の乳母《めのと》であった。通称をお福ともいい、豪快な気質の女性と伝えられる。戦国時代の天正七年（一五七九）に生まれた。父は明智光秀の重臣斎藤利三《としみつ》であり、母は稲葉通明《みちあきら》の娘おあんであった。

父利三は、天正一〇年（一五八二）六月、本能寺の変の際に主君明智光秀に従い織田信長の襲撃に参加した。しかし、続く山崎の合戦で敗れ自刃した（一説によると磔刑《たっけい》）。こののち、お福は

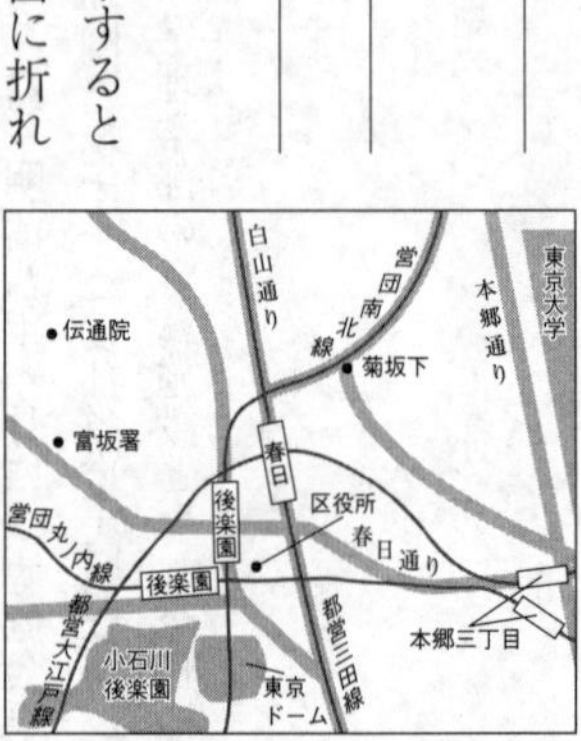

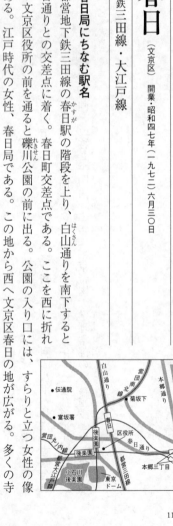

母方の一族稲葉重通《しげみち》の養女となり、その養子正成《まさなり》に嫁ぎ、四人の男子（正勝、正定、岩松、正利）を生んだ。夫正成は、小早川秀秋に仕え、関ヶ原の合戦で戦功をあげるが、その後、秀秋のもとを離れ浪人となった。

慶長九年（一六〇四）、お福は家光の誕生にともない乳母となるために江戸におもむき、大奥に入る前に夫と離別した。

幼少時代の家光は、父の二代将軍秀忠と母のお江与《えよ》（浅井《あざい》氏、崇源院《すうげんいん》）にうとまれていた。両親は二歳年下の弟忠長《ただなが》を溺愛しており、次期将軍には弟の忠長が就任する気配が濃厚であった。

これを察知したお福は、元和《げんな》元年（一七一五）に伊勢参宮を口実として、ひそかに駿府（現静岡県静岡市）の大御所徳川家康に家光の将軍就任を直訴した。この結果、家康の計らいにより、家光の世嗣としての立場が明確になり、家光は三代将軍に就任したのである。

大奥の実力者

その後、寛永三年（一六二六）にお江与が没すると、お福は大奥を掌握し、つぎつぎと大奥の「掟《おきて》」を制定していった。大名の証人（人質）のうち、女子についてはお福が一人で決定したとされ、影響力は、将軍家光・幕閣・諸大名らにおよんだ。

寛永四年七月、朝廷が僧に紫衣《しえ》（紫衣の僧衣）の着用を許可したことを、幕府がとがめる紫衣事件が起き、同六年六月、大徳寺《だいとくじ》の沢庵《たくあん》らは出羽・陸奥に流された。後水尾《ごみずのお》天皇はこれを不満として譲位の意思を示し、幕府と朝廷との緊張関係が高まった。

こうした事態を収拾するために、大御所秀忠の指示によりお福は京都におもむいた。お福は中宮和子（東福門院、秀忠の娘）に伺候し、武家伝奏《てんそう》（朝廷側の幕府との連絡機関）の三条西実条《さんじょうにしさねえだ》の妹の資格で天皇に拝謁し、「春日」の局号を与えられた。

このとき、お福は幕府の一侍女の身分であり、その強引な拝謁に対して、公家らは猛反発した。西洞院時慶《にしのとういんときよし》は「希代の儀なり」と驚き、土御門泰重《つちみかどやすしげ》は「もったいなき事に候」と不満を記している。

紫衣事件とお福の拝謁は、幕府の力が朝廷を上まわったことを示すものであり、この直後、後水尾天皇は、興子《こうし》内親王（明正《めいしょう》天皇）に譲位した。

幕閣の人脈

春日局は、幕府での権勢をもとに、多くの縁者を出世させていった。夫であった稲葉正成《いなばまさなり》は大名に取り立てられ、子の正勝《まさかつ》は老中となった。また、兄の斎藤宗利《としむね》と三存《みつなか》、娘婿の堀田正吉《まさよし》らは旗本となった。正吉の子の正盛《まさもり》は、家光がもっとも信頼する老中になっている。知恵伊豆《ちえいず》と呼ばれた老中松平伊豆守信綱もまた、幼少のころから家光の小姓として近侍し、春日局の影響を強く受けていた。また彼女は旧主君の明智光秀の娘、お玉（ガラシャ）が嫁いだ細川忠興《ただおき》家とも親密であった。

　春日局は寛永元年（一六二四）、江戸湯島《ゆしま》に天沢寺《てんたくじ》を建立し、寺領として三〇〇石を寄付した。同一一年、子の正勝が亡くなると天沢寺は麟祥院《りんしょういん》と称し、京都妙心寺《みょうしんじ》に塔頭《たっちゅう》麟祥院を建立した。局は代官町と春日町に屋敷を与えられ、三〇〇〇石を知行した。寛永二〇年九月に局は六五歳で没し、麟祥院に葬られた。今日麟祥院に残る緋袴《ひばかま》を着した春日局像は、局の還暦祝いに将軍家光が狩野探幽に描かせたものといわれる。

春日町の成立

　以上のように、文京区春日町は、春日局にかかわる地であった。『江戸砂子《すなご》』には、「春日殿町、水戸御館の東、むかし春日の局の屋敷ありと」と、水戸藩屋敷（後楽園）の東に春日局の屋敷があったという記述がある。

『御府内備考』には、春日町の成立について、「右町の儀古原地の所、寛永七午年春日の御局御願にて御附御下男三拾人へ当時町地の辺一円大縄拝領被仰付候所（中略）町名春日町と唱来」と、春日町の地はもと原地であったのを、寛永七年（一六三〇）、春日局の願いにより、局に付属する下男三〇人分の大縄地《おおなわち》（給地）として与えられることになった。同書によれば、この地のうち、鎮守稲荷の社地として二八坪を除き、さらに水溜りや荒地の分を除いて、残りを三〇人で割り合った。この他、荒地のうち、三五二坪ほどを御家人四人が拝領するなど、原地が開発されたことから春日町と名づけたという。

当時春日町は、目付が支配していたが、元禄七年（一六九四）に町奉行が支配することになった。また大縄拝領地は年々上地され、他の者に与えられたため、『御府内備考』の執筆当時には大縄地はなくなったという。

『御府内備考』は続けて、この時期、町続きに旗本小栗猶之丞の屋敷（一九二四坪）があったが、これは、もと春日局の屋敷跡と伝えられていた。屋敷地内には、春日山と呼ばれる地があり、山の上には春日稲荷が置かれていた。最初の神体は元禄一六年一一月二九日の火事で焼失したが、その後勧請《かんじょう》したという。春日町の住人は、元禄年間（一六八八〜一七〇四）に春日局の位牌を春日稲荷に納め参詣していたが、春日山の土が年々欠落したため、位牌などは元名主権兵衛が預かり、現在は名主長右衛門が所持していると記している。

富坂は鳶の坂

さて、春日町の交差点から春日通りを西へ伝通院《でんづういん》前に上る坂を富坂《とみさか》といい、坂の上には現在、富坂警察署がある。また逆に東へ本郷に上る坂を東富坂という。この二つの坂を、江戸時代はいずれも富坂と呼んだ。二つの坂について『紫の一本《ひともと》』には、小石川の水戸黄門の屋敷裏の餌《え》差町《さしちょう》から春日町へ下る坂と、春日町から本郷の御弓町に上る坂を、いずれも鳶坂《とびさか》といった。もとはここに鳶が多く、女や童《わらわ》の手に持った肴を舞い降りて取ってしまうので、鳶坂といったとある。

また『御府内備考』には、鳶坂はかつて木立に覆われており、鳶が多くいたために鳶坂といっていたものが、いつの間にか富坂になったと記されている。

江戸中期の戯作者として知られる恋川春町《こいかわはるまち》（一七四四〜八九）は、駿河小島《おじま》藩士で本名を倉橋《くらはし》格《いたる》という武士であった。浮世絵や狂歌に優れ、当時の風俗を描いた『金々先生栄華夢《きんきんせんせいえいがのゆめ》』は、黄表紙（大人向けの滑稽な絵本）の幕開けと評価されている。寛政元年（一七八九）に寛政改革を風刺した『鸚鵡返文武二道《おうむがえしぶんぶのふたみち》』が幕府にとがめられ、その直後に死去したが、彼のペンネームである恋川春町は、小石川春日町に小島藩の屋敷があったことに由来するという。

今日、富坂は、交通量の多い坂である。江戸時代はもちろんアスファルトの道ではなく、土を固めた坂であった。当時の木立や、空に舞う鳶を想像し、春日局や水戸黄門、さらには恋川春町などをしのびながら坂を上ってみるのもいいかもしれない。

「春の日を一町老女残すなり」（安永八年川柳）

Yushima

湯島（文京区）

開業・昭和四四年（一九六九）一二月二〇日

地下鉄千代田線

地名の由来は温泉？

湯島という地名は、『御府内備考』によると、かつて湯島天神の近辺で温泉が湧き出ていたことから自然とそのあたりを住民が湯島と呼んでいたことに由来するという。また同書によれば、湯島と本郷はもともと一つで、のちに本郷が分かれたという。なお、湯島という地名は、豊島郡《としまぐん》内の郷名として『倭名類聚鈔《わみょうるいじゅしょう》』（九三一～九三八成立）にも記載があり、古くからの地名であったことがわかる。

湯島駅は、学問の神とされる菅原道真《みちざね》（八四五～九〇三）を祀《まつ》った湯島天神の最寄駅である。受験シーズンが近づくと、合格祈願や学業のお守りなどを求める人でひときわ混雑する。

湯島天神は、文和《ぶんな》四年（一三五五）二月、湯島の郷民が霊夢によって古い松の大樹に勧請《かんじょう》したことに始まるとされ、その後、江戸城築城で知られる太田道灌《どうかん》によって文明一〇年（一四七八）に再興された（『御府内寺社備考』）。

ところで天神は本来、天の神であり、雷や雨などと関係がある。その天神と道真の結びつきは、太宰府（福岡県）に左遷された道真が没したのち、京都で頻発した雷火による災害が道真の祟《たた》りとされたことによる。これを鎮めるために京都や太宰府に天満宮がおかれ、道真を祭神とする天神信仰が生まれた。学問の神としての信仰は、道真が『菅家文草《かんけぶんそう》』『菅家後集《かんけこうしゅう》』といった漢詩文集などの著者であり、文人であったことによる。

江戸時代に入ると湯島天神の周辺は、門前町として開け、江戸後期に湯島は六丁目まであった。その中心である湯島天神は、富くじや宮芝居が開かれる歓楽街であった。富くじは現在の宝くじにあたり、湯島天神は幕府から早い段階で公認を受け、谷中感応寺《やなかかんおうじ》（のち天王寺《てんのうじ》）・目黒不動とともに栄えた。宮芝居は、江戸三座（中村座・市村座・守田座）以外に、幕府の許可を受けて神社において一定期間興行するものである。

江戸の町名主斎藤月岑《さいとうげつしん》が江戸内外のできごとを年表体にまとめた『武江年表《ぶこう》』によると、湯島天神での宮芝居は安政二年、六年（一八五五、五九）、文久元年（一八六一）の三回が確認される。また『御府内寺社備考』によると、湯島天神では毎年二月と一〇月の一〇日に祭礼が行われ、その際、砥石《といし》の形をした餅が氏子たちに配られたという。湯島天神は山の手周辺の歓楽街としてだけでなく、地域の住民とも祭礼を通じて密接な関係をもっていたのである。

現在は、泉鏡花《いずみきょうか》『婦系図《おんな》』によって「湯島の白梅」としても知られ、二月には「文京梅まつり」が行われている。

江戸幕府の教育の中心地

湯島は菅原道真のほかにも学問と深いかかわりをもつ。現在、東京医科歯科大学と付属病院の敷地は、江戸幕府の最高学府、昌平坂《しょうへいざか》学問所があった場所である。なお明治・大正時代には、東京高等師範学校(現筑波大学)、東京女子高等師範学校(現お茶の水女子大学)があった。

昌平坂学問所は、もとは上野忍岡《しのぶがおか》の地にあった儒者林羅山《はやしらざん》の家塾であったが、元禄四年(一六九一)、五代将軍徳川綱吉《つなよし》が、同地の聖堂(孔子を祀った祀堂)とともに湯島に移し、湯島聖堂と称されるようになった。しかしその後、寛政改革の一環として寛政異学の禁が行われ、朱子学以外は禁じられ、寛政九年(一七九七)に聖堂は幕府直轄の教育施設となり、昌平坂学問所と改称された。

なお昌平坂学問所は、幕府役人を養成する教育面だけでなく、大名・旗本の系譜集である『寛政重修諸家譜』や武蔵国の地誌である『新編武蔵風土記稿』等を編纂《へんさん》した場所でもある。教育面に関して、元禄期(一六八八~一七〇四)には将軍綱吉自身の講釈が行われ、寛政期(一七八九~一八〇〇)には寛政改革の学問奨励により活況を呈したが、享保期(一七一六~三六)や明和・安永期(一七六四~八一)には次のような話も残されている。

享保期、儒者荻生徂徠《おぎゅうそらい》が八代将軍吉宗《よしむね》に献じた『政談《せいだん》』には、儒者が講釈を行っても、「御旗本の武士等に聴く人たえてなし」とあり、聴講者が少なかったことが記されている。このような状況の背景として徂徠は、学問がなくても知行高《ちぎょうだか》と家筋によって幕府の役人のポストが決定される江戸時代中期ごろまでの社会状況をあげている。

肥前国平戸《ひらど》藩主松浦静山《まつらせいざん》の随筆『甲子夜話《かっしやわ》』には、明和・安永期（一七六四〜八一）作事《さくじ》奉行（建築などの工事を担当した幕府の役職）から、湯島聖堂が「第一無用の長物」であるので取り壊そうとの建言があったことが記されている。この建言を受け入れた若年寄水野忠友《ただとも》は、一〇代将軍家治《いえはる》に言上するよう取次衆に伝えたところ、取次衆は聖堂がどんなものなのかまったくわからなかったという。結局、取り壊しは中止となったが、著者松浦静山は「かかる時節もあればあるものかと、驚《おどろき》入《いり》たることなり」と感想を記している。

以上のことからも、昌平坂学問所が江戸時代において盛衰があったことがわかるが、ただ学問所での学問の経歴は、仕官や出世に一定の効果はあったようである。

明治時代になって江戸幕府諸役人との質疑応答をまとめた『旧事諮問録《きゅうじしもんろく》』には、「つまり仕官のためにあそこへ這入《はい》るのですから」「出世に関係する。あそこを及第すると履歴になりますからな」「二、三年前から試験を受けることにばかり掛っている者があったようです。何でもことごとく暗誦《あんしょう》をしているようです」とある。現代の受験競争を思わせるような話である。

勝どき（中央区） 開業・平成一二年（二〇〇〇）一二月一二日

Kachidoki

地下鉄大江戸線

開け、勝鬨橋！

勝どきの名前の由来は勝鬨橋《かちどき》にちなむ。勝鬨橋は築地《つきじ》—月島《つきしま》間（いずれも中央区）に架けられた隅田川のもっとも河口の橋で、昭和一五年（一九四〇）に完成した。都営大江戸線勝どき駅を出て晴海《はるみ》通りを築地方面に歩くと見えてくるのがその橋である。全長二四六メートル、幅二二メートルの跳開橋《ちょうかいきょう》で、船舶が通過するとき、橋の中央が開閉するようになっている。モデルはシカゴの双葉跳開橋《そうようちょうかいきょう》である。開く角度は約七〇度、一日五回、橋と船とが互いにサイレンを鳴らしあい、光の信号を送って橋は開閉した。その姿はまさに壮観で、隅田川の名物橋となり弁当持ちの見物人まで出たという。

しかし輸送手段が水運から陸運に変わり、橋上の交通量が多くなると橋を開く回数が減り、昭和四五年（一九七〇）以降は開閉しなくなった。「開《あ》かずの橋」となってしまった現在でも、勝鬨橋は隅田川の玄関の名にふさわしい重量感をそなえた見ごたえのある橋である。

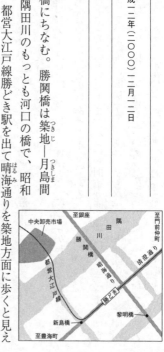

ところで、勝鬨橋はバンザイをするように開くからその名がついたわけではない。勝鬨橋が架かる前、すでにここには「勝鬨の渡し」があった。明治三八年（一九〇五）一月一日、日露戦争において日本軍は激戦のすえ、難攻不落といわれた旅順を攻略した。人々の喜びはたいへんなもので、同月七日に日比谷公園で行われた旅順陥落祝勝会には一〇万人もの人々が集まったという。そのようななか、同月一八日、京橋（当時）区民は旅順陥落を記念して無賃の手漕ぎ渡船を創設した。戦勝にちなんで「勝鬨」と命名。それが「勝鬨の渡し」である。

隅田川には勝鬨の渡しのほかにも多くの渡し場があった。江戸時代に幕府が隅田川の橋の架設にあまり積極的ではなかったためである。その理由として、橋の建設や維持管理に莫大な費用がかかるということや、軍事上の問題が指摘されている。自然、渡し船が発達した。隅田川上流の渡しは歴史的に古いものが多いが、下流の渡しは明治以降に設けられたものが多く、月島の埋め立てや発展と関係している。有名なものに「佃《つくだ》の渡し」（江戸時代から佃島の漁師が日常生活用に使っていたが、定期運行されるようになったのは明治一六年〈一八八三〉）、「月島の渡し」などがある。これらの渡しは月島工業地帯の工場労働者が通勤のために多く利用したという。

広大な埋立地

東京湾は隅田川から流れ出る泥土がたまってしばしば浅くなり、大型船舶が入港できず、貿易港として発展できなかった。東京湾発展のためには浚渫《しゅんせつ》によってこれを深くし、船舶の入港を可能にすることが必要条件であった。そこで、東京湾の浚渫の土を利用して佃島に隣接する新しい埋立地の造成が計画された。それが月島の埋立工事である。埋立竣工年は、月島一号地が明治二四年（一八九二）、二号地が同二七年、新佃島が同二九年、月島三号地が大正二年（一九一三）、四号地（晴海町）が昭和六年（一九三一）で、四四年の歳月を費やして合計面積約六〇万坪もの広大な土地が埋め立てにより出現した。

埋め立てにより誕生した月島工業地帯には、日清戦争の影響で石川島《いしかわじま》平野造船所など造船業に関連した各種鉄鋼所がつぎつぎに建設された。月島は、先に工場が建ち、そこへ工場労働者が集まるという形で発展していった。月島へ渡る交通手段は佃の渡し、月島の渡しのみであったが、明治三六年（一九〇三）、深川と結ぶ相生橋《あいおいばし》が創架され、これにより江東区の工業地帯と結ばれ、月島の工業は急速な発展をみせた。さらに明治三八年には勝鬨の渡しが開通。従来からある渡しとともに、月島工業地帯の労働者の重要な足となった。

月島工業地帯は第一次世界大戦が始まると、工場の設立や拡張が続きますます発展したが、おもに軍需産業により成り立っていたため第二次世界大戦後は生産の転換をはからなければならず、工場の転出も相次ぎ、工場地帯としての性格は薄れていった。

第三章 東郊の駅名（二三区）

浅草雷門をくぐると
仲見世がつづく

浅草（台東区）　開業・昭和二年（一九二七）一二月三〇日

地下鉄銀座線・浅草線　東武伊勢崎線

デパートから発車

浅草松屋デパートの二階にある東武伊《い》勢《せ》崎《ざき》線の起点、東武浅草駅を出発するとすぐ、電車は大きく右にカーブを切り隅《すみ》田《だ》川を渡る。春には桜がみごとな隅田堤である。

浅草駅は、大正一二年（一九二三）九月の関東大震災まで、現在の業平橋《なりひらばし》駅の駅名であった。東武鉄道は震災後、焦土と化した東京市内への乗り入れをはかり、翌一〇月に鉄道大臣に対して、浅草駅（現業平橋駅）から高架線で隅田川を渡って浅草花川戸《はなかわど》町から国鉄（現JR）上野駅に達する三・九キロの延長を申請した。

しかし、当時すでに東京地下鉄道が浅草—新橋間の敷設を計画していたため、東武鉄道の申請は、浅草花川戸までの一・一キロしか許可されなかった。大正一三年一一月に許可が下りたが、監督局長から、「隅田川の東側では、線路は隅田公園内を通過しないこと」「西側では公園

内を通過する際、公園の利用および風致を害しないこと」という条件が付された。

新たに起点となる浅草雷門《かみなりもん》駅（現浅草駅）は、浅草寺《せんそうじ》境内および門前町と隅田川にはさまれた狭い土地につくられることになった。

大正一四年の認可申請は高架駅であったが、東武鉄道の根津嘉一郎《かいちろう》初代社長が「繁華街浅草の象徴となるような立派な駅ビルを建てろ」との指示を出し、急遽《きゅうきょ》設計は変更された。

駅ビルは当時、日本橋や銀座などで人気があったデパートをテナントとすることにし、昭和六年（一九三一）、根津社長が取締役をつとめ、銀座や横浜に出店していた松屋呉服店に決定した。東武ビルディングは、敷地面積四七八六・三平方メートル、建築面積四四二八・五平方メートル、地上七階、地下一階、鉄筋コンクリートづくり、高さ三七メートル、駅正面の大階段の両側に二階乗降場までのエスカレーターが設けられたモダン建築であった。

ビルディングは、昭和四年（一九二九）八月に起工、同六年（一九三一）五月二四日に竣工し、浅草雷門駅が誕生し、翌二五日に営業を開始した。駅内のレールと隅田川橋梁の一部は、半径一〇〇メートルの曲線という構造となった。隅田川沿いに細長くそびえる同ビルは、対岸から見ると巨大な船が川に浮かんでいるようで、その腹部から電車が出る様子は、航空母艦の射出装置カタパルトから航空機が飛び出るさまにたとえられたという（『東武鉄道百年史』、一九九八年）。

昭和二〇年（一九四五）三月九日夜半から一〇日未明の東京大空襲で、浅草雷門駅を含めビルは全焼したが、戦後復旧され現在にいたっている。

この間、昭和二年（一九二七）一二月に、浅草―上野間に日本最初の地下鉄（現銀座線）が開通し、浅草の繁栄は加速した。

地名の由来

さて、この浅草の地は古く江戸時代以前から開けていた。隅田川下流の微高地には古い集落跡があり、浅草寺伝法院《でんぽういん》の庭園には境内で掘り出された古墳時代の石槨《せっかく》（棺を納める石づくりの室）が残されている。『浅草寺縁起』によれば、浅草寺（もと天台宗。戦後、聖観音宗を創立し、総本山）は推古天皇三六年（六二八）に檜熊《ひのくま》（檜前）浜成《はまなり》・竹成《たけなり》兄弟が、隅田川（宮戸《みやと》川）で観音像を網にかけ、主人の土師真中知《はじのまつち》がこれを祀ったのが起源とされる。彼ら三人を祀ったのが浅草寺本堂の東方にある三社《さんじゃ》権現（浅草神社、浅草二丁目）であり、金龍山浅草寺の総鎮守である。この神社の祭礼が三社祭である（『日本歴史地名大系』）。

三人に　すくわれ　万民をすくう（江戸川柳）

天正《てんしょう》一八年（一五九〇）、徳川家康が関東に入国すると、浅草寺は徳川氏の菩提寺となり厚遇され、慶長《けいちょう》一八年（一六一三）には家康から五〇〇石を寄進された。

浅草の地名について、『江戸砂子《すなご》』には、この地はかつて武蔵野からの続きで、四谷大木戸《よつやおおきど》から桜田、牛込《うしごめ》、本郷、湯島付近までは、草深い原であった。一方、浅草付近は平原で、民家もところどころにあり、自然と草も浅かったことから、「浅草」と呼ばれたと記されている。

また、『求涼雑記《きゆうりようざつき》』には、この地域は、かつて武蔵野から続いた野原であり、浅草・浅茅（あさじがはら、『御府内備考』によれば総泉寺門前のこと）など、草にちなむ地名があったという。

このほか、『浅草寺史談抄』には、浅草寺観音像を拾った檜熊一族は、漁猟のかたわら麻を栽培し「麻草」と呼ばれたとする説と、付近にアカザが茂っていたことによるとする説が紹介されている（浜田義一郎監修『江戸文学地名辞典』東京堂出版、一九七三年）。

品川・大森でとった浅草海苔

浅草といえば海苔《のり》が有名である。浅草海苔は、かつて隅田川（大川、荒川、宮戸川ともいわれた）河口でとれた海苔を浅草で販売したことにちなむ。

『江戸図説』によれば、隅田川河口でとれていた海苔は名品で、漁師も多く住んでいた。しかし、やがて彼らは漁を禁じられたために、品川・大森に移った。その関係で、隔年の三月一七～一八日（現在は五月一七～一八日）に行われる三社権現の祭礼には、品川・大森から船を出すことが恒例となったという（『御府内備考』）。

浅草海苔の創始者とされる浅草茶屋町の海苔商人、正木《まさき》四郎左衛門の由緒によれば、同家の先祖は農民であり植木渡世をしていたが、寛永（一六二四～四四）の末ごろに葛西《かさい》中川の海辺の蠣殻《かきがら》や流木についた海苔を搔き取って、当所で干し立て、植木の商いをしながら売り広めた。のちに品川・大森の海中に朶《そだ》を立て、海苔をとるようになった。元禄・宝永（一六八八～一七一一）のころから大いに広まり、家業も拡大し、自然と浅草海苔と呼ばれるようになった。上野寛永寺にも出入りを許され、海苔御用をつとめたという（『御府内備考』）。

『江戸砂子』には、浅草海苔について、以前は浅草近くの入り江でとっていたが、今は品川でとったものを浅草で製しているとある。

すなわち、浅草海苔は、もとは浅草近くの隅田川の河口で漁民たちがとり、浅草で販売していたが、その後、江戸の町の発展とともに、漁民たちは江戸湾の南の品川・大森に移り、海中に朶を立て本格的に養殖を始めたものの、依然販売は浅草で行っていたのである。

『江戸買物独《ひとり》案内』では、浅草の海苔の店を正木四郎左衛門を含め四軒紹介している。この記述によれば、正木四郎左衛門は寛永寺と尾州藩御用、長坂屋伝助は寛永寺御用、永楽町庄右衛門は江戸城本丸、寛永寺、水戸御用、その他に木屋伝兵衛が紹介されている。

さらに、仲見世、茶屋町、並木町、田原町《たわらまち》、諏訪町《すわちょう》（いずれも台東区）など、浅草寺門前の各所に多くの海苔店があったことも知られる。浅草が江戸時代を通じて、全国の人々が集まる盛り場として成長したことから、浅草海苔のブランド名は、全国に広まったのである。

品川を　浅草で売る　海苔の庭
海遠うして　浅草で　海苔を売り
乙姫は　浅草海苔で　鼻をかみ（漉《す》き返した質の悪い浅草紙をかけたもの）
無理な奴　浅草へ願　海苔を断

（『台東区史　通史編Ⅰ』、『江戸文学地名辞典』）

浅草の繁栄と翳り

明治以降、浅草は、庶民文化の中心地、観光地として発展を続けた。明治六年（一八七三）に東京府により、浅草寺境内と周辺が公園地（浅草公園）に指定され、本堂裏（奥山）を中心に見世物小屋が展開し、写真師なども活躍した。

明治一七年には公園地を、第一区浅草寺本堂周囲、第二区仲見世地、第三区浅草寺本坊の伝《でん》坊院《ぼういん》敷地、第四区園内林泉地《りんせんち》、第五区奥山花屋敷《おくやまはなやしき》周辺、第六区興行街の六区画に整備した。特に「六区」（ロック）は大衆娯楽の代表地として広く知られるようになった。

明治一八年には二区に総レンガづくりの仲見世が新築され、一区では浅草寺五重塔が修復された。六区には芝居興行専門の常盤《ときわ》館や人造の富士山がつくられた。

明治二三年には千束町《せんぞくちょう》二丁目（現浅草二丁目）に凌雲閣《りょううんかく》（通称「十二階」）がつくられた。これは、英国人技師の設計による高さ六〇メートルのレンガづくり一〇階と木造二階からなる建物で、日本初の公開エレベーター「ツルベ式昇降装置」があり、大正一二年（一九二三）の関東大震災で倒壊するまで浅草の象徴となった（凌雲閣の模型は現在、江戸東京博物館で見ることができる）。付近には江戸時代以来の見世物や大道芸、玉乗り、射的、パノラマのほか、楊弓《ようきゅう》店、銘酒屋などで大いに賑わった。

明治三六年には、六区に日本最初の活動写真を上映する電気館が建てられた。同四〇年ごろにはつぎつぎと映画館が生まれ、活弁（無声映画の弁士）や浅草オペラの全盛時代を迎えた。

その後、浅草は関東大震災や第二次世界大戦で大きな被害をこうむったが、戦後の復興は目ざましく、昭和三三年（一九五八）に浅草寺本堂が再建され、同三五年（一九六〇）には九五年ぶりに雷門が復元され、同四八年には五重塔が再興されるなど、浅草寺境内は往時の面影を取り戻した。さらに大規模な商店街・飲食街・興行街も形成され、江戸情緒や下町情緒を伝える観光地となっている。

しかし、銀座の台頭、新宿、池袋、渋谷などターミナルの繁栄や都心の西進などにより、浅草の地位は低下した。一九五〇年代を最後に浅草の繁栄は翳《かげ》りをみせ、定住人口の流出、若者の浅草離れなどの傾向が顕著となり、再活性化が課題となっている。

Kuramae

蔵前

（台東区）　開業・昭和三五年（一九六〇）一二月四日

地下鉄浅草線・大江戸線

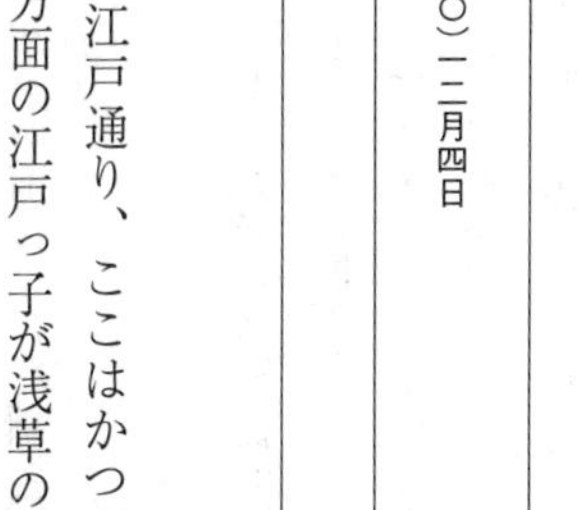

御蔵の前の町

都営地下鉄蔵前駅のすぐ上を走る江戸通り、ここはかつての日光・奥州街道であり、神田・日本橋方面の江戸っ子が浅草の遊楽地に繰り出す際の通り道であった。現在この通りを歩くと、建ち並ぶビルとその交通量の多さに多少辟易《へきえき》する。しかし一つ横道に入れば、由緒ある寺社や旧跡、古きよき時代を思わせる旅館、昔ながらの問屋街に思いもかけず出会うことができる。

蔵前という地名は、この地に幕府の御米蔵《おこめぐら》があったことに由来する。御蔵《おくら》は、江戸の初期には浅草蔵前のほか北の丸、代官町《だいかんちょう》、大手外、和田蔵《わだくら》、谷蔵、雉子橋《きじばし》、鉄砲洲《てっぽうず》、竹橋《たけばし》、浜《はま》などにあったが、享保《きょうほう》一九年（一七三四）に浅草御蔵、本所《ほんじょ》御蔵の二つにまとめられた。全国の幕府領から運ばれてくる年貢米は隅田川に沿ったこの二つの御米蔵に搬入され、浅草御蔵には四〇万～五〇万石、本所御蔵には一〇万～二〇万石が収められた。

将軍直属の家臣団だった旗本・御家人の多くはその給料を米で支給された。俸禄米を受け取り現金化する作業はたいへん面倒なものであったため、代理で行うことを商売とする者が現れた。札差《ふださし》の起こりである。旗本・御家人に代わり俸禄米の受け取りと米問屋への売却を行い、手数料を差し引いて現金を屋敷に届けた。札差という名称は、代理人として蔵米支給手形（札）を蔵役所の順番待ちのわらに差したことからきている。札差に代行を依頼した旗本・御家人は札旦那《ふだだんな》と呼ばれ、しだいに次期支給の米を担保に札差から高利融資を受けるようになった。享保九年（一七二四）、一〇九人の札差が株仲間を公認され知行蔵米の受け取り売却と、旗本・御家人への金融を独占的に行った。江戸の旗本たちの金融を一〇〇人余りで担当したことから、しだいに莫大な富を蓄え、その多くは浅草蔵前付近に店舗を構えた。

札差たちの洒落っ気

弘化《こうか》三年（一八四六）に刊行された『十八大通《じゅうはちだいつう》一名御蔵前馬鹿物語』（以下、『十八大通』）、という読み物がある。これは明和《めいわ》・安永《あんえい》期（一七六四〜八一）に「蔵前者」と呼ばれた人々の逸話を集めたものである。彼らは、吉原通いに芝居通い、ばかばかしいまでの義侠心《ぎきょうしん》と洒落《しゃれ》っ気を持ち、浪費的な、しかしいかにも江戸らしい文化の担い手として活躍した。札差がいちばん活気づいたのは、田沼《たぬま》時代すなわち『十八大通』に描かれた時代である。そのいくつかをみてみよう。

札差大口屋《おおぐちや》治兵衛《じへえ》は暁翁《ぎょうおう》（暁雨《ぎょうう》）と号し、今助六《いますけろく》と呼ばれた人物である。暁翁の吉原通いは、黒小袖小口《こぐち》の紋付きを着流し、鮫鞘《さめざや》の一腰《ひとこし》、一ッ印籠《いんろう》という助六のいでたちで大門《おおもん》に入っていく。すると道の両側の茶屋から女たちが「そりゃこそ福神様の御出」とわやわや出てきたという。また、利倉屋庄左衛門は銀の針金の元結《もとゆい》で蔵前本多《ほんだ》と呼ばれる髷《まげ》を結い、両手を振って下《した》谷《や》広徳寺前を歩いていた。髪結床に集まっていた若者たちがその様子を見て笑ったところ、庄左衛門は髪結床に入って親方がひたすらわびるのも聞き入れず、上げ板をとり店をさんざんに打ちこわしてしまった。その後「この金で普請せよ」と懐中から二〇両という大金を差し出し、あきれる親方を尻目に平然と立ち去ったという。

札差近江屋《おうみや》佐平次《さへいじ》隠居は、洒落《しゃれ》と茶番の名人といわれた。死の床でまわりに一家親類が涙ながらに見守るなか、たった一言、「シニヌルヲワカ」と言って息を引き取ったという逸話が残る。死の間際、まさに命を懸けた茶番劇であった。

旗本・御家人の困窮をよそに繰り広げられる札差たちの派手な生活は、寛政期《かんせい》（一七八九～一八〇一）以降厳しい統制を加えられることになる。松平定信《さだのぶ》による寛政改革では六年以前の債権はすべて帳消しとなる棄捐令《きえんれい》が発布され、天保改革の天保《てんぽう》一三年（一八四二）には株仲間が解散され利子も引き下げられた。『十八大通』の著者三升屋《みますや》二三治《にそうじ》は「今の世は蔵前も商人同前にて、其上《そのうえ》風俗替り、洒落も思い付きも馬鹿者もひとりもなし」と、今の世（弘化《こうか》三年〈一八四六〉には蔵前の商人もただの商人になってしまい、風俗も変わり洒落っ気やアイディアマンも馬鹿者もいなくなってしまったと嘆いている。江戸後期の札差の衰退ぶりが感じられる記述である。

相撲のメッカ

蔵前というと蔵前国技館を懐かしく思い出す人もいるかもしれない。現在の両国国技館が建てられる前、昭和二九年（一九五四）から昭和五九年（一九八四）までの三〇年間、蔵前は相撲興行のメッカであり、栃若《とちわか》時代、柏鵬《はくほう》時代、千代の富士時代と相撲の黄金期を見守ってきた。江戸時代も蔵前では石清水八幡宮《いわしみずはちまんぐう》（浅草御蔵前八幡宮）で相撲興行が行われていた。その回数は宝暦《ほうれき》七年（一七五七）一〇月を始めとして、安永・天明《てんめい》・寛政・享和《きょうわ》・文化・文政の約七〇年間に二三回を数えたという。江戸の相撲は寺社境内に小屋をかける勧進《かんじん》興行の形をとっていたが、江戸の町名主斎藤月岑《さいとうげっしん》により著された『東都歳時記』によると、江戸の勧進相撲は春冬二度、晴天の一〇日間行われた。夏は京都、秋は大坂で興行し、しめて四季ごとに一度、年に四度の興行である。本所回向院《えこういん》での興行がもっとも多く、そのほか茅場町《かやばちょう》薬師・深川八幡宮《ふかがわはちまんぐう》（富岡八幡宮）・芝神明宮《しばしんめいぐう》（芝大神宮）などでも行われていた。

昭和二六年（一九五一）、石清水八幡宮は蔵前神社と社名を改め現在にいたっている。境内を囲む石玉垣《いしたまがき》には、往時の横綱鏡里《かがみさと》や千代の山、大関時代の栃錦《とちにしき》の名前が刻まれている。

Minowa

三ノ輪（台東区）　開業・昭和三六年（一九六一）三月二八日

地下鉄日比谷線

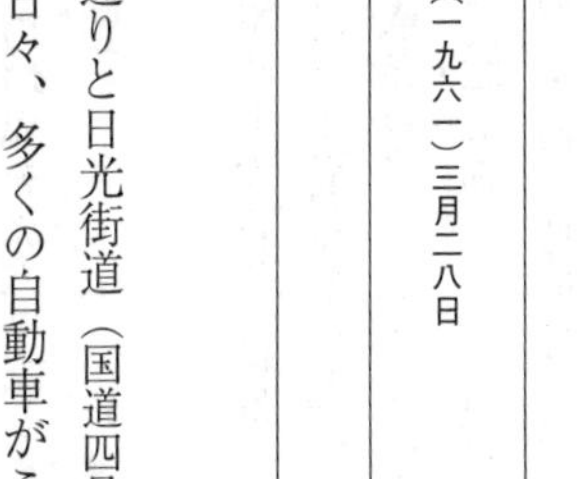

交差点の今昔

台東区と荒川区の区境に近い明治通りと日光街道（国道四号線）の交差点付近の地域が三ノ輪である。日々、多くの自動車がこの町を通り過ぎる。地下鉄日比谷線三ノ輪駅もまたこの交差点の下に設置されている。区をまたいで荒川区には都電荒川線の停留所「三ノ輪橋」がある。

江戸時代の三ノ輪も大きな交差点を形成していた。一つは奥州街道の筋街道であり、もう一つは日本堤《にほんづつみ》である。南北に細長い形をしている三ノ輪町は奥州街道の筋街道沿いに町が発達したことに由来している。日本橋から陸前・陸中・陸奥・羽前・羽後へと続く奥州街道の賑わいは、この町に繁栄をもたらした。

三ノ輪の地名の由来ははっきりしないが二説ある。一つは「三の輪とは水の輪の義である」とする菊池山哉『五百年前の東京』の説である。これは往古、海中に岬が突出していたことを

踏まえての説である。もう一つは、南・東・北の岬が海に突出し、入り江を形成していた往古の地形の状態を踏まえ、水の鼻(端)から三ノ輪と転じたという説である(『消えゆく東京の地名』)。

元和《げんな》六年(一六二〇)、音無川《おとなしがわ》の下流山谷堀《さんやぼり》に沿って築かれた堤を日本堤と称した。日本堤の由来については三説ある。①もともと二条の堤があったということで二本堤が転じたという説、②日本六十余州諸侯の普請によってできたためという説、③普請の日数が六〇余日でこの堤(土手)が完成したため日本六十余州にひっかけて日本堤と呼んだという説である。また、三ノ輪から聖天町《しょうでんちょう》までの堤の上に道がつくられていた(『三ノ輪町史』)。

三ノ輪の奥州街道筋街道と日本堤の交差点の北側には音無川が流れ、そこに架けられていた三ノ輪橋を渡ることで江戸府内と府外の境界を旅人は感じたとされる(『下谷浅草町名由来考』)。

遊廓新吉原の誕生

明暦三年(一六五七)正月一八日に発生した火災(明暦の大火)は翌一九日もやまず、江戸城本丸を含め江戸市中を焼き払った。幕府は復興対策のために府内の整備拡張に努め、日本橋にあった遊廓(葭原《よしわら》、吉原)を浅草の浅草寺《せんそうじ》の北にある三ノ輪地区に代替地を与えて移転させた。この遊廓をもとの吉原《よしはら》に対して「新吉原」と呼んだ。新吉原への移転承諾にあたり、遊廓の主人たちは、当時浅草が市中からの交通が不便な地域であったことから幕府に対して敷地の五割増を要求し、さらに、昼夜営業の許可、町役御免、引越料の取りつけ、さらには吉原の営業をおびやかす私娼湯女《ゆな》の撲滅という条件をつけた。

開府以来、江戸は男女人口比が常に男子が高い状態が続いていた。将軍直属の旗本・御家人の他、参勤交代の大名に従ってやってくる家臣や、都市整備に不可欠な土木事業への労働者が江戸に満ちていた。幕府は江戸の治安・風紀・秩序を維持するために遊廓の必要性を認め、保護してきた。日本堤の中ほどにできた新吉原は江戸の名所の一つとなったが、それは薄幸な遊女たちの犠牲のもとに成り立っていた。

生れては苦界、死しては浄閑寺（花又花酔の句）

浄閑寺《じょうかんじ》は栄法山清光院浄閑寺と号し、増上寺の末寺であった。俗にこの寺は「投げ込み寺」「無縁寺」と呼ばれる。寺の開基は明暦元年（一六五五）で、開山は天蓮社晴誉順波和尚である。寺は開基後二年で明暦の大火と遭遇することになった。以後、移転してきた新吉原の創業から廃業までの間に浄閑寺は身寄りがないまま亡くなった遊女たちを葬ってきた。葬り去られた遊女とその関係者は二万五〇〇〇人余におよぶ。身を売ることになった遊女は、同時に宗門人別帳から外された。過去帳に記された遊女の本名や年齢、生国などを調べることは難しい。過去帳には法名と死亡年月日、何屋の売女、女郎、遊女の文字だけが残されている。

安政二年（一八五五）一〇月二日に起きた震災によって多数の遊女たちが圧死、焼死した。その遊女たちを投げ込むように穴を掘って葬ったことが「投げ込み寺」と呼ばれる由来である。

この際の過去帳が別冊として残されており、遊女だけでも一〇〇〇名近くが死亡したことが記録されている（『浄閑寺と永井荷風先生』）。

三ノ輪永久寺の目黄不動尊

徳川三代将軍家光の時代に、天台宗の僧天海が江戸城の鬼門除けとして江戸府内の不動尊から五ヶ所を選んだのが五色不動である。目黒・目白・目赤・目青・目黄の名前で呼ばれていた。現在でも目黒や目白は地名となって残っているが、世田谷区教学院《きょうがくいん》の目青不動尊・三ノ輪の目黄不動尊（江戸川区の最勝寺も目黄不動と称する）は慈覚《じかく》大師の作と伝えられる。これらの不動尊は語感が悪いためか忘れられがちであるが、目黄不動尊は永久寺《えいきゅうじ》に安置され、関東大震災や第二次世界大戦の際にも焼失を免れている。台東区ではこの不動尊を文化遺産として保護し、講中を中心とする地域の信仰も続いている。

越中島

Ecchujima

（江東区）　開業・平成二年（一九九〇）三月一〇日

JR京葉線

榊原越中守の拝領地

越中島駅、この名前を初めて聞いて東京の東の端のほうにある駅を想像することは難しい。名前の初めにつく越中の文字を見ると北陸のことがまず思いうかぶ。なぜ東京の、それも東のはずれに越中島という地名があるのか。

そもそも越中島は、隅田川河口にあった洲が何度か埋め立てられ、現在の姿へと変貌してきたものである。江戸時代初期、参勤交代にともない大名たちは江戸に屋敷を構えることになった。この洲を与えられ屋敷を構えたのが、当時家康にゆかりの深い久能山《くのうさん》（静岡県）と東照宮（栃木県）の警護を命ぜられていた榊原越中守照清《さかきばらえっちゅうのかみてるきよ》であった。これ以降、榊原越中守にちなみ洲を越中島と呼称するようになったと伝えられる。

越中島の名の起源ともなった榊原家は、明暦《めいれき》から万治《まんじ》年間（一六五五〜六一）に屋敷を構えていたのだが、その後、幕府に江戸屋敷と領地の返還を申し出て、認められている。これは土地

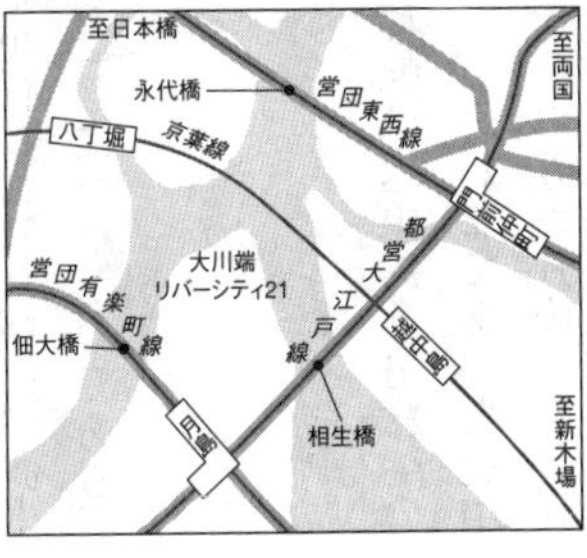

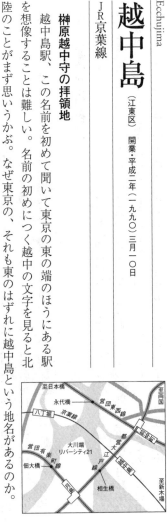

が低く毎年のように洪水にさらされたためといわれる。洪水にさらされた越中島に再び人が住むには、元禄年間《げんろく》（一六八八～一七〇四）に行われる永代島上総澪通り《えいたいじまかずさみお》（隅田川河口にある水路で江戸への入り口）の澪浚い《みおさら》（港湾や川で水路の深さを保つために水底の土砂をさらうこと）を待たねばならなかった。正徳元年《しょうとく》（一七一一）、越中島の地に御家人四三人が拝領屋敷を与えられ越中島町が成立する。『新編武蔵風土記稿』によると越中島に開かれた新田は東西八〇間（約一四五メートル）余、南北四〇間（約七二・五メートル）余、村高四三石というたいへん小規模なものであった。

さて、越中島は享保《きょうほう》一五年（一七三〇）七月に永代町築地に代わって江戸市中のゴミ捨て場となり埋め立てられ、江戸の土捨て場としても機能した。江戸で川浚いが行われるたびに、泥土は越中島に運ばれ捨てられた。越中島は、しだいに陸地が広がっていくことになったのである。

海防の要所から調練所へ

天保一四年（一八四三）二月、武蔵忍藩邸《おし》が目白台《めじろだい》（現文京区）から移ってきたことで越中島に大きな変化が訪れる。忍藩は当時幕府の海防を担当しており、この移転は越中島を房総への補給基地へ転換させ、府内海防の一角を担わせる意図があったとされる。それまであった越中島町は町の半分を忍藩へ引き渡すためわずか二カ月で取り払われ、またその五カ月後には残り半分も大垣《おおがき》藩へ引き渡すために取り払われ消滅した。また幕府はペリー来航以降の安政《あんせい》二年（一八五五）、越中島に砲術調練所を設け砲術の実弾調練を行っている。それまで幕府は江戸市中での実弾調練を禁止していたが、幕府があえて実弾調練を認めたことにより、越中島の重要度が増したといえる（『江東区史』）。翌三年（一八五六）には武術調練場を設け、同五年（一八五八）には講武所付調練場が設置され、諸兵の調練が行われた。

明治維新以後、越中島調練所は軍とともに発展を遂げていく。明治天皇も何度か調練場へ臨席し、練兵天覧が行われた。明治三年（一八七〇）の閲兵の際には、イギリス公使館の軍楽長フェントンが編曲した「君が代」を西謙蔵が指揮し、これが「君が代」の初の公式演奏とされている。

その後、越中島調練場は練兵場と名を変え、明治中期まで存続していく。だが、軍の師団制移行に際し、それまで練兵場で行われていた訓練は関東平野の大規模な地域で特別大演習として行われるようになった。練兵場跡地は陸軍糧秣本廠《りくぐんりょうまつほんしょう》や憲兵隊施設、東京商船学校などの施設へとさま変わりする。陸軍糧秣本廠は兵士の食料や軍馬の飼料を貯蔵し戦地に補給するための施設であるが、糧秣の単なる貯蔵だけでなく品質管理、製造、保管、追送など幅広い意味での管理を一手に引き受けていたようだ。なお東京商船学校は現在、東京商船大学となっているが、陸軍糧秣本廠と憲兵隊施設は宅地や公共施設となっている。

Kinshicho

錦糸町（墨田区）開業・明治二七年（一八九四）一二月九日

JR総武線（総武本線）（二〇〇三年三月地下鉄半蔵門線が延長）

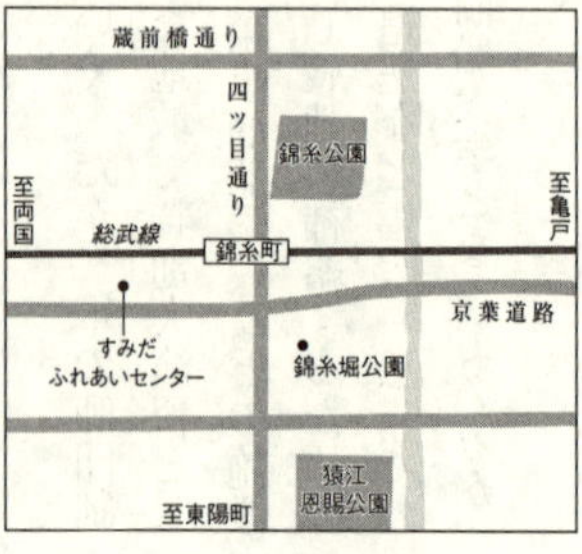

錦糸堀と本所七不思議

錦糸町の名は明治五年（一八七二）につけられたが（昭和四二年に錦糸と改名）、江戸時代は錦糸堀と俗称されていた。現在はほとんど埋め立てられているが、当時この周辺にはたくさんの堀があり、町名はその一つの錦糸堀に由来する。錦糸堀は亀沢《かめさわ》（墨田区）から横川《よこかわ》と交差し横十間川《よこじっけんがわ》までの間を東西に流れていた南割下水《みなわりげすい》のうち、横川から東側の部分についての俗称である。

『東京府志料』によれば、万治《まんじ》二年（一六五九）には南割下水の真ん中で交差する横川の吐水のための堀であった。錦糸堀の俗称についても、岸堀がなまったとか、琴糸の糸をつくっていたから名づけられたなど諸説ある。

錦糸町を含む本所界隈《ほんじょかいわい》には、本所七不思議の話が残されている。その一つに「おいてけ堀」という話がある。掘割がたくさんあった本所あたりではこの堀の場所も定かではないが、錦糸堀がおいてけ堀に擬せられている。おいてけ堀では魚をたくさん釣ることができたが、釣り人が帰ろうとすると、堀から「おいてけおいてけ」と声がする。そのまま帰ろうとすると、途中で釣った魚がなくなっているという話である。現在ではこの声の主はカッパとされ、錦糸堀公園（現江東橋四丁目）にカッパの像が建てられ、カッパ祭りが開かれ町おこしに一役買っている。

錦糸町北口遺跡と大嶋雲四郎家

錦糸町駅の北側は再開発され、現在はホテルや商店やオフィスが入った高層ビルが建ち並んでいる。その建設工事の前に緊急発掘調査が行われ、『錦糸町駅北口遺跡ⅠⅡ』として、報告書が出されている。報告書によれば、二〇〇〇石の旗本大嶋雲四郎の屋敷地は現在のアルカウェストのビルにあたる。当時北側は南割下水に面し、西側は道路を隔てて横川に面する角地であった。

大嶋家の知行所二〇〇〇石は一般の旗本と同じ相給《あいきゅう》（一村を多数の領主で分ける）・分散（知行地が離れている）の形をとっていた。摂津国豊島郡《としまぐん》洲到止《すどうし》村・同郡島田村・同郡庄本村（いずれも現大阪府豊中《とよなか》市）の一部、美濃国蓆田郡《むしろだぐん》上之保《かみのほ》村（現岐阜県糸貫町）の全村と、同国加茂郡下迫《しもはざ》間《ま》村（現岐阜県関市）の一部の合計五カ村で、二カ国三郡に散在している。大嶋家はこれらの江戸から遠く離れた村々からの年貢で生計を立て、小姓組番などの幕府の職をつとめていたのである。大嶋家は年貢徴収・管理や江戸への物資輸送などは地元の有力者である地代官に任せていた。地代官をつとめた上之保村の堀口家には文書が残されており、その一つによれば、御膳米、塩松たけ、茶、莚《むしろ》、挽麦《ひきむぎ》などを江戸の屋敷へ、毎年廻船問屋《かいせんどんや》と思われる「尾州岐阜屋佐兵衛」を通して舟で送っていたことがわかる。大嶋家屋敷前の横川には「大嶋雲四郎揚げ場」という大嶋家独自の揚げ場があり、ここで知行所からの荷物が荷揚げされ屋敷に運び込まれていたと思われる。この堀に面した屋敷の場所は、船運に好都合だったのである。

勝小吉と岡野孫一郎家

線路の南側、現在の墨田区立江東橋保育園・すみだふれあいセンター（緑《みどり》四丁目）付近には一五〇〇石の旗本岡野孫一郎の屋敷があった。この屋敷は、子母沢寛《しもざわかん》の小説『父子鷹《おやこだか》』の舞台である。『父子鷹』は勝小吉・麟太郎父子をモデルにした小説で、勝小吉が子孫への戒めとして自分の放蕩を書いた自伝『夢酔独言』に取材したものだが、勝父子が岡野家に住んでいたときの様子が描かれている。麟太郎（海舟）は、岡野の娘たみと夫婦となっている。『夢酔独言』によれば、家主の岡野は金使いが荒く、小吉が岡野のために金策をしていたようである。

岡野も知行所は摂津国川辺郡御願塚《ごがづか》村（現兵庫県伊丹市）、近江国蒲生《がもう》郡北脇村（現滋賀県蒲生郡日野町）、相模国高座《こうざ》郡淵野辺《ふちのべ》村（現神奈川県相模原市）、武蔵国幡羅郡上須戸《かみすど》村・弥藤吾《やとうご》村（い

ずれも現埼玉県大里郡妻沼町《めぬま》）と、四カ国にわたって相給・分散の形をとっていた。

小吉が金策のために、この岡野の知行所の一つ御願塚村に出向いたことが『父子鷹』に描かれている。これによれば、岡野は五〇〇〇両の借金があったころ、不行跡のあった用人大川丈助を罷免した。しかし、大川は岡野のために金を立て替えていたと老中へ訴えた。結局、小吉の活躍で岡野が大川に返金することで事件は収まり、この返金の工面のために小吉ははるばる摂津国の御願塚村まで行くことになった。江戸周辺の知行所は何度も金を出していて、もう岡野には鐚一文《びたいちもん》出したくないという状況であったからである。

しかし、小吉も路銀がないので、岡野ではなく小吉が借りるという名目で、武蔵国弥藤吾村の名主次左衛門から四〇両を借りて出発する。中山道を通って御願塚村に到着すると、こちらの村も多く金を出しているので、なかなか渋っている。そこで、小吉は葵《あおい》の御紋服を着たり、大坂町奉行の堀伊賀守利堅に行列を出させ肴を届けさせたりして、村の百姓を驚かしたり、脅かしたりする。しまいには小吉が白装束を着て、金を出さないのなら、切腹するという大芝居を打って五〇〇〇両を出させたのである。

武士の視点から一方的に描かれているものの、小吉の太っ腹な性格を示す話となっている。

以上のように、「江戸切絵図」で見ると小さな屋敷で、大名に比べれば微禄の旗本たちも江戸に住みながら、全国に散らばる知行所とやり取りをして生計を立てていたのである。

Kameido

亀戸 (江東区) 開業・明治三七年(一九〇四)三月二九日

JR総武線　東武亀戸線

藤の花に誘われて

例年四月下旬から五月上旬にかけて亀戸《かめいど》天神(天満宮)では藤の花が咲きそろう。長さが三〇センチ以上もある房に咲きそろった藤の花がさわやかな風に揺られてたなびく。毎年、この藤の花を見るためにたくさんの人々が訪れる。

亀戸は江東区の北部に位置し、江戸前期から開けていた。『新編武蔵風土記稿』では、江戸からの行程一里ほどの葛飾《かつしか》郡西葛西《かさい》領の亀戸村として紹介されている。寛文《かんぶん》四年(一六六四)、村内の人々が願い出て百姓商店(町屋)が成立した。町屋とは、個々の建物ではなく、町屋敷の集まりを意味し、商人や職人など一般庶民の居住地である町地と同様の地域のことである。さらに、元禄《げんろく》一〇年(一六九七)には家作改め御免が認められて町並地となった。

町並地とは、人別は町奉行、年貢は代官の支配を受ける地域のことである。江戸周辺地域は

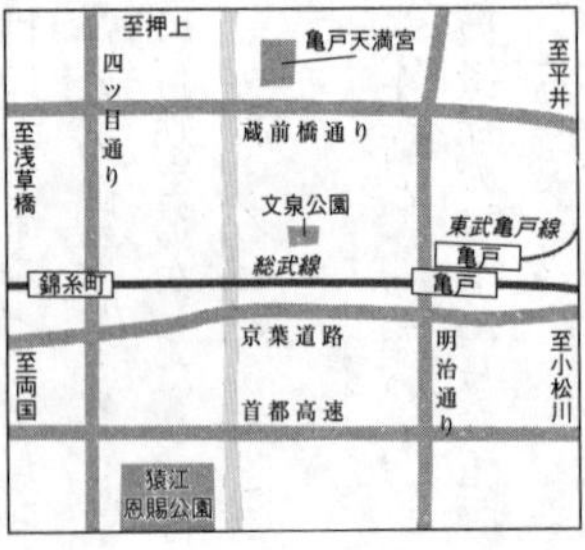

江戸の発展の中で市街地化していった。ところが、江戸周辺部の百姓地は本来、町奉行の支配下ではなく、代官支配地であったため、江戸から町並が続いているにもかかわらず、町方役人が手出しできないという取り締まり上の問題が起こった。そのため、年貢上納など地方《じかた》の事務は代官支配のままで、住民の人別支配はを町奉行のもとに置くことにしたのである。亀戸周辺では亀戸町、清水町《しみずちょう》、境町《さかいちょう》の三つの町が成立し、正徳《しょうとく》三年（一七一三）以後、町奉行と代官の支配を受けている（『新編武蔵風土記稿』）。

亀戸という地名の由来については二説ある。一つは村内に亀ヶ井という名水があったことによる。もう一つは亀戸香取神社の神主の家伝「旧記」によるもので、往古、この地は海中の孤島であり、その形が亀に似ているところから亀島と呼ばれていた。その後、陸続きになって村落を形成した際に、亀村と名づけたが、のちに亀ヶ井と混同して亀井戸と呼ばれ、それを中略して亀戸と呼ばれるようになったという（『江戸東京地名事典』）。

亀戸天神のお膝元

亀戸天神（天満宮）は、太宰府天満宮の神職であった大鳥居《おおとりい》信祐《のぶすけ》が村の中ほどにあった小祠を修造し、寛文二年（一六六二）に太宰府天満宮の神木である飛梅で菅原道真像をつくり、安置したのが起源とされている。翌三年には神殿以下、反橋、心字の池などにいたるまですべてを太宰府天満宮に模して整備が進められた。寛文九年（一六六九）には、後水尾《ごみずのお》法皇より宸筆《しんぴつ》を賜るなど朝廷からの援助も受け、人々の信仰を大いに集めて繁栄するようになった。こうして『江戸名所図会』にみられるような広壮な社殿と藤棚をもった亀戸天神（天満宮）が成立した。

亀戸は幕府の銭座《ぜにざ》が置かれていたことでも知られる。昭和四一年（一九六六）に寛永通宝銭と鋳造具が発掘されている。亀戸天神の南方に置かれた亀戸銭座では寛文八年（一六六八）から天和三年（一六八三）までは銅銭の背文銭《はいぶんせん》（「寛永通宝」の裏側に「文」の文字が入ったもの）を鋳造した。明和五年（一七六八）に鋳造された真鍮《しんちゆう》四文銭は裏に二一本の波模様が彫られていることから二一波銭と呼ばれている。銭座は常設の金座や銀座とは異なり、鋳造の予定枚数になれば閉じられる。亀戸銭座では寛永年間（一六二四〜四四）、元禄四年（一六九一）、正徳年間（一七一一〜一六）、宝永五年から正徳四年（一七〇八〜一四）、元文二年（一七三七）、明和二年から四年（一七六五〜六七）にかけて断続的に鋳造が行われた（『江東区史』）。

憩いの街へ

水運の発達した亀戸には明治以降、工業化の波が押し寄せた。その発端は江東区を流れる小《お》名木川《なぎがわ》、竪川《たてかわ》沿いにまずセメントや紡績、製材、肥料、製糖工業が進出し、のちに鉄工業、重工業、重化学工業などの諸工業が操業を始めた。

明治四〇年（一九〇七）には日清紡績亀戸工場が操業を開始した。この場所はもと亀戸銭座のあった場所である。同工場は多くの輸出製品をつくり出した。戦後、この日清紡績操業旧地は野球場に、昭和四二年（一九六七）には日本住宅公団の団地となった。現在、一文銭《いちもんせん》をもじって近くの区立公園には「文泉《ぶんせん》公園」（現亀戸二丁目）と名前がつけられ、人々の憩いの場所となっている。

亀戸天神は学問の神様として今も広く信仰を集めている。そして、道真にちなんだ筆塚や歌碑なども多く残されている。また、マッチ製造をはじめた実業家清水誠のマッチ碑や、ルソーの『民約論』を世に紹介した自由民権論者中江兆民《なかえちょうみん》の碑も残っている。人々の人気を集める祭礼行事として、毎年一月二四～二五日に「うそ替え神事」が行われる。これは前年いただいた檜《ひのき》の一刀彫りのウソ鳥を天神に納め、新しいウソ鳥を求めて、今までの不幸をウソにして幸にトリ替えるという行事であり、毎年多くの人々で賑わっている。

Kitasenju

北千住（足立区）　開業・明治二九年（一八九六）一二月二五日

JR常磐線　東武伊勢崎線　地下鉄日比谷線・千代田線

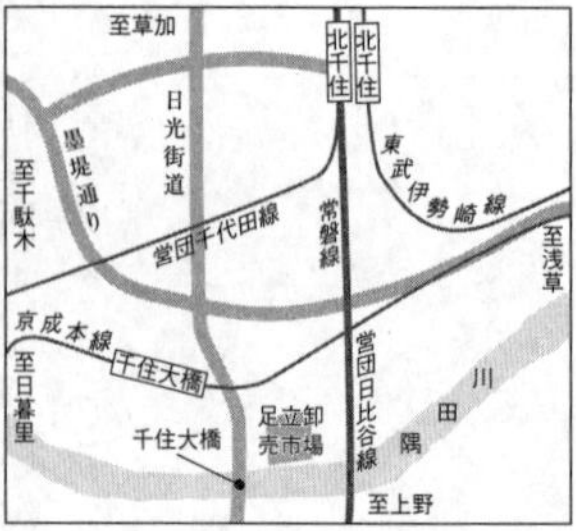

北国への出発点

元禄《げんろく》二年（一六八九）、松尾芭蕉《ばしょう》は『奥の細道』の旅に出る。芭蕉は前夜から見送りに来ていた親しい人たちとともに深川《ふかがわ》から隅田川を舟でさかのぼり、千住で船をおり、「前途三千里のおもひ」に胸をいっぱいにして、「幻のちまたに離別の泪をそそ」いだ。そこで一句。「行く春や鳥啼《な》き魚《うお》の目は泪」。この句を矢立ての初めとして『奥の細道』へ旅立っていった。

千住宿《じゆく》は江戸から東北諸国へ向かう日光街道・奥州街道の最初の宿場であり、品川《しながわ》宿、板橋《いたばし》宿、内藤新宿《しんじゆく》とともに江戸四宿《ししゆく》といわれ、江戸の玄関口の一つであった。

千住の発展に大きな役割を果たしたのが、千住大橋である。この橋は長さ六六間（約一二〇メートル）、幅四間（約七・二メートル）、徳川家康が江戸入国後、東北方面への行き来を自由にするために文禄《ぶんろく》三年（一五九四）、伊奈忠次《いなただつぐ》を普請奉行に命じて創架した（『新編武蔵風土記稿』）。

千住大橋創架後、千住は江戸と奥州を結ぶ交通の要衝となった。その後、千住宿は慶長《けいちょう》二年（一五九七）、人馬継立《つぎたて》を命じられ、日光東照宮造営や、大名の参勤交代により大量の物資と人々が行き来し、本宿（現千住一～五丁目）を中心に発展していった。その後、万治《まんじ》元年（一六五八）には掃部《かもん》宿・川原《かわら》町・橋戸《はしど》町が加えられ、同三年（一六六〇）に橋を渡った南側の小塚原《こづかはら》町・中村町《なかむら》（いずれも荒川区）が加わりこれらをまとめて千住宿といわれるようになり、範囲も規模も拡大していった。

ところで、千住の地名の由来は諸説ある。『新編武蔵風土記稿』によれば嘉暦《かりゃく》二年（一三二七）、新井図書政次が荒川で千手観音を拾得したからという説や、足利義政の愛妾千寿《せんじゅ》御前が生まれた土地であるからという説がある。もっとも『新編武蔵風土記稿』は千寿御前の説はあとから付け加えられたものだろうとしている。また『足立区史』によれば千葉氏が住んでいたので千葉住村といわれていたのが千住村になったという。どの説が正しいとはいえないが、古くからの地名であることは確かなようである。

宿屋の飯盛女

千住宿の繁栄には飯盛《めしもり》女《おんな》の存在が大きい。飯盛女とは街道の宿屋で給仕や雑用に従事し、遊女としての役割も果たしていた女性である。旅人はもちろんのこと、近郷の住人や助郷《すけごう》役などで来ていた百姓なども多く接待した。宿場は公儀御用の継立《つぎたて》を円滑かつ迅速に行うために財政を豊かにする必要があり、その方法としては飯盛女を置くことがもっとも手っ取り早く効果的であった。宿場役人は飯盛女の許可嘆願書を提出し、幕府は宿屋一軒につき二人までの範囲で飯盛女の召し抱えを許可した。しかしその定員は守られず、やむなく幕府は明和《めいわ》元年（一七六四）に飯盛女の定員を品川・板橋・千住にかぎって増員することとし、安永《あんえい》元年（一七七二）には右の三宿に内藤新宿を加えた江戸四宿にかぎり宿場単位で定員を定めた。品川宿は五〇〇人、板橋・千住・内藤新宿は一五〇人とされたが、この枠もほとんど守られず、定員をはるかに超えた飯盛女が抱えられていたという（『飯盛女—宿場の娼婦たち』）。

飯盛女のいる宿には大勢の客が宿泊し、千住宿もやはり飯盛女の存在により発展していった。

やっちゃ場

千住は神田《かんだ》・駒込《こまごめ》とともに公儀御用達《ごようたし》の三市場の一つとして蓮根・くわい・芋類などを幕府に上納していた。また、青物市場として近郊農村でとれた新鮮野菜を江戸市中に供給する役割を果たし、俗に「やっちゃ場」といわれた。せりの掛け声が「やっちゃ、やっちゃ」と響き渡るため、そう呼ばれるようになったという。

千住は「武蔵野の沃野を流れる荒川に沿い、ただ点々と人家が散在するだけで、農家と漁師が野菜と川魚を交換している一集落ともいえないような寒村であった。それが千住大橋創架後は野菜、川魚の集散が夥《おびただ》しくなり、奥州街道・日光街道の要衝にもなったので次第に賑わうようになっていき、正保《しょうほ》・明暦《めいれき》年間（一六四四～五八）にはすでに市場を営みはじめ、享保《きょうほう》年間（一七一六～三六）に至っては一区画をなしていた」（『南足立郡誌』および『足立区史』）とあり、市場が発達した様子がわかる。『新編武蔵風土記稿』にも「享保の頃より毎朝市をたて、五穀野菜或いは川魚をひさぐものの日に盛んなり」とある。米や野菜はおもに現在の足立区周辺や埼玉からのものであり、魚は中川沿岸から江戸川でとれたものであった。「やっちゃ場」は江戸市民の食生活をまかなう流通の拠点だったのである。

旧日光街道「やっちゃ場」跡を歩くと、街道沿いの家々の門先には、屋号やかつてどのような商品を扱う問屋だったのかを解説する案内板、また問屋の配置図や千住宿の町並みの歴史などの案内板が設置されており、当時の風景に思いをめぐらせることを容易にしてくれる。

「やっちゃ場」は名前こそ中央卸売市場足立市場と変わったものの、今でも東京都民の食生活を支える役割を果たしていることに変わりはない。足立市場は現在、青果部が昭和五四年（一九七九）に区内北部の入谷《いりや》に移転したため水産部のみの単独市場となり、築地《つきじ》（中央区）・大田《おおた》（大田区）市場とともに水産物流通の拠点となっている。青果部は北足立市場と姿を変えて整備され、昭和六三年（一九八八）にはこれにあわせて都で初の花卉《かき》部が開設されている。

東向島（墨田区） 開業・明治三五年（一九〇二）四月一日

Higashimukoujima

東武伊勢崎線

花と水の歓楽街

向島《むこうじま》という地名は、江戸時代初期、将軍が鷹狩や隅田川での狩猟の際に立ち寄った隅田川御殿から関屋《せきや》川を隔てた向こう側であることに由来するという（『明治東京名所図会』）。隅田川の河口近くに位置するこの地域は、江戸時代以前は海浜地帯であったため、須《す》（州）崎《さき》、請地《うけじ》（浮地）、隅《す》（州）田《だ》、庵崎《いおざき》、牛島《うしじま》、寺島《てらしま》など、古来、州《す》や島があったことをしのばせる地名が多く残っている（『東京府志料』）。このことから、隅田川の西側からみて、この地域を向島と総称したことが始まりだともいう（『明治東京名所図会』）。

向島地域は江戸に蔬菜《そさい》類を供給する農村である一方で、隅田川堤に植えられた桜によって花と水の歓楽街となる。桜が植樹されたのは享保《きょうほう》二年（一七一七）のことで、それ以降、文化、天保《てんぽう》、弘化《こうか》、安政《あんせい》期に向島の庄家や植木師が植樹したため、幕末には木母寺《もくぼじ》から小梅《こうめ》村の三囲《みめぐり》稲荷社まで桜が堤上を連鎖して覆うようになったという（永井荷風「向島」）。

向島の花は桜だけではない。文化元年（一八〇四）、商人だった佐原鞠塢《さはらきくう》は、寺島村の多賀氏の屋敷跡に花園を開くために、文人たちに梅の木の寄付を求めたところたちまち三六〇本が集まり、萩、桔梗《ききょう》、尾花など四季折々の花々も持ち寄られた。文人たちは、この花園で日ごとに遊覧し詩文に興じ、文人の大田南畝《なんぽ》（一七四九〜一八二三）は「花屋敷」、画家の酒井抱一《ほういつ》（一七六一〜一八二八）は「百花園」とそれぞれこの花園をたたえた。この百花園はたちまち向島の名所となり、将軍が御成の際に立ち寄るほどであった（『日本歴史地名大系』）。

川岸には料亭や茶屋が建ち並び、隅田川には屋形船が浮かぶ。舟遊びをする者、白魚を釣る者、宴会に興じる者、江戸時代の向島は水と花にあふれた行楽地であった。

旧幕臣の文化サロン

江戸—東京にわたって向島を愛し、明治維新後、江戸文化の名残を求めて向島に住んだ旧幕臣に成島柳北《なるしまりゅうほく》と榎本武揚《たけあき》がいる。

成島柳北は幕府儒者の家に生まれ、将軍侍講《じこう》をつとめたのち英学を学んで幕府騎兵頭となる。成島家は代々将軍の侍講をつとめる儒者の家柄で、柳北の祖父司直《もとなお》は、文化六年（一八〇九）に『東照宮実紀』の編纂を命じられて以来、歴代将軍の『（徳川）実紀』の編纂にあたった。柳北も祖父とともに『徳川実紀』編纂に従事し、安政五年（一八五八）の完成に立ち会っている。柳北は、多忙な公務の合間をぬって頻繁に柳橋《やなぎばし》や向島へ繰り出した。文才に恵まれた柳北は、芸妓《げいぎ》との色恋に身を焦がす体験を自ら冷静に観察し、安政六年に『柳橋新誌《りゅうきょうしんし》』を著した（前田愛『成島柳北』）。

榎本武揚は御家人の家に生まれた。長崎海軍伝習所を卒業し、幕府派遣留学生としてオランダに留学。戊辰《ぼしん》戦争を目前にした慶応三年（一八六七）に、幕府が購入した軍艦開陽丸とともに帰国し、軍艦奉行・開陽丸の艦長として幕府海軍を率いた（加茂儀一『榎本武揚』）。

戊辰戦争敗退後、徳川家が朝廷に対して恭順すると決定した慶応四年（一八六八）正月中旬に、榎本と柳北は勝海舟を中心とする徳川敗戦処理内閣において、海軍副総裁と会計副総裁にそれぞれ任じられる。柳北は江戸城の明け渡しを見届けたのち、会計副総裁を辞して向島の須崎村（墨田区）の松菊荘という屋敷に隠棲する。柳北はそのときの感慨を「余、官を失い家を喪う。妻児と琴書を携え、来たりて墨東柳圃《りゅうほ》の荘に寓す」「真に天地無用の人となれり。故に世間有用のことを為《な》すを好まず」と記している。主君を失い「無用の人」となった柳北にとって、帰るべき場所は慣れ親しんだ向島だったのである。

その後、維新政府からの出仕要請を断りヨーロッパを旅行したのち、明治七年（一八七四）に『朝野《ちょうや》新聞』局長となって反政府ジャーナリストの急先鋒となり二度の禁固刑を経験する一方、『柳橋新誌』の続編や雑誌『花月新誌』では江戸から東京へと変わっていく花柳界の内幕や風流を描き、多くの読者を得ることになる。そして明治一七年（一八八四）に向島須崎の自宅で没する（『成島柳北』）。

柳北が早々と隠棲したのに対し、榎本は江戸城開城後も東北・箱館と旧幕府主戦派の中心として転戦する。箱館を占領したのち、独立政権を樹立し、投票によって総裁に任じられ、五稜郭《ごりようかく》を拠点に政府軍と対峙《たいじ》した。明治二年（一八六九）の政府軍の総攻撃によって五稜郭は落城し、榎本は切腹を試みるが阻止され、政府軍の黒田清隆《きよたか》の勧めにしたがって降伏した。この際、貴重な本が失われないようにと榎本がオランダから持ち帰った「海律全書《かいりつぜんしよ》」を黒田に託したことに、黒田が感銘を受けたことがその後の榎本の運命を大きく変える。二年半の獄中生活を経て、黒田清隆の懸命な助命活動によって罪を赦《ゆる》されたのち、榎本は北海道開拓使に出仕を命じられ開拓使次官黒田清隆の片腕として北海道の開拓に従事する（『榎本武揚』）。

開拓使出仕後、榎本は海軍卿、逓信・農商務・文部・外務の各大臣を歴任し鹿鳴館文化のただなかにいる一方で、べらんめぇ調の語り口から明治の江戸っ子の代表となる。榎本が向島でさかんに遊ぶようになるのは明治維新後で、特に百花園をよく訪れ、江戸時代に将軍の御成座敷であった座敷で酒を飲みながら梁川《やながわ》と号して詩吟に興じたという（『榎本武揚』）。

明治の向島は、旧幕臣を中心とする江戸文化を愛する者が集まる文化サロンだったのである（山口昌男『敗者の精神史』）。

荷風の明治・大正・昭和

永井荷風は明治一二年（一八七九）、もと尾張藩士の永井久一郎の長男として生まれた。若くしてアメリカとフランスに留学した荷風は、明治政府が文明開化の名のもとにつくり出した欧米の模倣文化を嫌悪し、当時の文化を鋭く批判する作品を発表する一方で、維新政府の「文明」が破壊してしまった江戸文化に深く傾倒する。荷風にとって東京の中でもっとも江戸文化の名残を感じさせるのが向島であり、そこで暮らす「江戸」の住人の文化であった。荷風は、「成島柳北の紀行随筆の類は余が青年の頃より今に至るも読んで猶《なお》飽かざるものなり」と述べるように成島柳北を深く敬愛していた（「隠居のこごと」）。荷風は大正六年（一九一七）から死の直前の昭和三四年（一九五九）までの間『断腸亭日乗』と題する日記をつけるが、その文体は柳北のそれに倣《なら》ったものだという（川本三郎『荷風と東京』）。

荷風の向島に対する愛着と柳北に対する敬慕の念はやがて『濹東綺譚《ぼくとうきたん》』として結実する。舞台となった寺島（現墨田区）の玉《たま》の井《い》は現在、東向島駅のある場所で、大正七、八年（一九一八、一九）ごろから開けた、私娼の町で、「玉の井御殿」と呼ばれる銘酒屋を中心に栄えていた。二・二六事件が起こり、世間が軍国主義への傾斜を強める昭和一一年ごろから、荷風は玉の井に足しげく通うようになる。そして翌昭和一二年、玉の井での体験をもとにした『濹東綺譚』

を発表する。成島柳北が花街の様子を『柳橋新誌』で観察的に描いたのに対し、荷風はその様子を詩的に描いたという。向島の住人で「江戸」の住人でもある幸田露伴《こうだろはん》（幸田露伴は幕府御城坊主の息子で慶応三年〈一八六七〉生まれ）は『濹東綺譚』を読んだ感想を「この土地をこうも哀れ深く見てくれる人があろうとは。人も土地も事柄も哀れだ」といったという（『荷風と東京』）。

昭和一〇年代も後半に入り、世間が戦時下になっても荷風は向島を散策し、玉の井に通い、日記をつけ続ける。しかし戦火は空襲となって荷風の愛した町を襲う。その様子を日記で「昨夜猛火は殆《ほとんど》東京全市を灰になしたり（中略）本所深川《ほんじょふかがわ》の町々、亀戸《かめいど》天神、向島一帯、玉の井の色里《いろざと》凡《すべ》て烏有《うゆう》となれりという」と記す。そして荷風の住居の偏奇館《へんき》も昭和二〇年（一九四五）の空襲によって焼失し、荷風は家も蔵書もなき身となる。戦後再び向島を訪れた荷風はその感慨を「午後玉の井の焼跡を歩む。震災後二十年間繁華脂粉の巷《ちまた》今や荒れ草瓦礫《がれき》の地となる。濹東綺譚執筆の当時を思えば都て夢の如し」と記すのである（『荷風と東京』）。

現在向島の木母寺の境内には榎本武揚の銅像が建ち、須崎の長命寺には成島柳北の半身像を浮き彫りにした石碑があり、江戸時代に桜の名所であった墨堤沿いの寺や神社には江戸の文人が桜をめでた歌碑や詩碑が建てられている。そして東向島駅のすぐそばには「玉の井御殿」の石塀跡が残されている。寺門静軒《てらかどせいけん》、成島柳北、幸田露伴、永井荷風……江戸・東京を彩る文人たちの愛した向島には、今も花を愛する人々がつどう。

Ohanajaya

お花茶屋

(葛飾区) 開業・昭和六年(一九三一)一二月一九日

京成本線

駅名が先に「出発進行」

お花茶屋という名称は、この地の伝説にちなみ、京成電鉄が昭和六年(一九三一)に京成上野線を開通させる際に駅名として採用した。その後、昭和三九年(一九六四)になって上千葉町《かみちば》、下千葉町《しもちば》、亀有《かめあり》一丁目、本田宝木塚町《ほんでんほうきづか》の各一部が統合されて駅名と同じ「お花茶屋」という町名が誕生した。

江戸時代この地は将軍家の鷹場であり、毎年秋から冬にかけて「鶴御成《つるおなり》」と称し、鷹狩が催されていた。駅名の由来にはこの鷹狩とかかわる二つの説がある。

一つは、ある年の冬に三代将軍家光が鳥追いに興じていた際、にわかに腹痛を起こし近くの茶屋に身を寄せた。この茶屋は新左衛門茶屋(現宝町《たからちょう》二丁目石井氏宅)であった。当主の新左衛門は先祖伝来の銀の茶釜で湯を沸かし、宝小町といわれた娘・お花の手で薬湯をつくらせ、看病させたところ、たちまち病が治った。家光はこのお礼として店の名前を「お花茶屋」と名づ

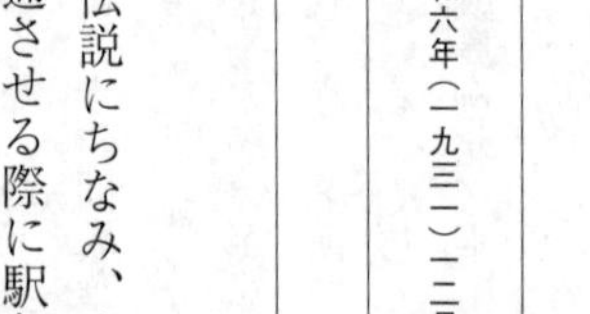

けたという説である。現在は紛失しているが、かつて石井家には将軍から賜った鷹の絵、「公方助け釜」が残され、由緒書があったと伝えられている（『葛飾区史跡散歩』）。もう一つは家光ではなく八代将軍吉宗が、同じく鷹狩の際に腰痛を起こし、この地にあった茶屋の娘・お花の介抱を受けたことから、この茶屋を「お花茶屋」と名づけたという説である（『東京の地名を歩く』）。

引舟の出現

この地には本所上水《ほんじょ》（亀有上水ともいわれる）と葛西用水路が昭和三〇年代まで並行して走っていた。東側の流れは葛西用水路で、西葛西領十数カ村の灌漑《かんがい》用水として利用されていた。西側の流れは本所上水で『御府内上水在絶略記』によれば、明暦の大火（一六五七）以後の本所・深川《ふかがわ》地域の開発にともなって万治《まんじ》二年（一六五九）に開設された（『明治以前日本土木史』）。この流れは埼玉郡八条領瓦曽根《かわらそね》（現埼玉県越谷市《こしがや》）の溜井《ためい》から引水し、北足立郡を経て亀有にいたり、本所一帯に給水した。天和《てんな》三年（一六八三）に一時中絶されたが、元禄元年（一六八八）の本所の開発の際に再開された。しかし、上水が宝永元年（一七〇四）の洪水によって埋まり機能しなくなっていたため、享保七年（一七二二）に廃止された。廃止されたのち、本所小梅村《こうめむら》（現墨田区向島一丁目）以南の水路は埋め立てられ、伏樋は撤去されたが、同村以北の上流の水路はそのまま残され、西葛西領の村々の農業用水として利用された。今に残る曳舟川《ひきふね》は当時、小梅村より四ツ木村（現葛飾区四ツ木）を経て亀有村（葛飾区）にいたる水路のことで輸送用の引舟の水路に利用されていた。

上水が廃止されて間もなく、四ツ木村から亀有村の旧水戸街道まで二八町（約三・一キロ）の水路に舟が用意された。『新編武蔵風土記稿』では篠原《しのはら》村（現四ツ木四丁目付近）二艘《そう》、四ツ木村三艘、亀有村七艘、都合一二艘と記されている。舟を引いている様子を描いた「四ツ木通引舟道」（『絵本江戸土産』）では、上流、下流へ向かうそれぞれの舟に旅人を乗せ、一人で肩で綱を引いている様子が見られる。船賃はその時々によって一定しないが「一人廿四（二四）銭」（『嘉《か》陵紀行《りょうきこう》』）とある。ただし、雨の日には運行されなかったようだ。

曳舟川沿いには西光寺《さいこうじ》、葛西三郎清重の墓、客人大権現《まろうどだいごんげん》（白鬚《しらひげ》神社）、浄光寺《じょうこうじ》（木根川《きねがわ》薬師）の杜若《かきつばた》や桜並木、堀切《ほりきり》の菖蒲《しょうぶ》園など『江戸名所図会』で紹介されている名所がある。亀有村から進んで新宿《にいじゅく》、飯塚《いいづか》の浅間神社、夕顔観音、半田《はんだ》稲荷、葛西神社、柴又帝釈天《しばまたたいしゃくてん》などの名所も散在している。江戸時代、これらの地は人々の行楽地として人気を集めた。

曳舟川の引舟や、川沿いの道はこれらの名所をつなぐ役割を担っていた。曳舟川は本来の用水としての役割だけではなく交通路として存在し、行楽に向かう旅人たちにとって欠かせないものになった。

親水公園の誕生

明治に入り、菖蒲園への行楽が盛んになると、それにともない交通手段も発達した。車や人力車、鉄道がつぎつぎに普及し、曳舟川にも橋が架けられた。このため、引舟は衰退していく。さらに大正期になると、この地の景観は大きく変わった。東京を水害から守るための政府による荒川開削事業である。このため、曳舟川の西方には土手がつくられ、視界が狭くなった。大正一二年（一九二三）の関東大震災はこの変化に拍車をかけた。罹災《りさい》して家屋を失った人々や工場の進出により、曳舟川沿いの土地はつぎつぎに宅地化、工場用地化されていったのである。

昭和三〇年代までは灌漑《かんがい》用水として使われていたが、昭和四〇年代に入ると宅地化が進み田畑が激減し、曳舟川は灌漑用水から排水路にその姿を変えていった。川底はU字のコンクリートで固められ、川べりには金網のフェンスがつくられた。夏場には悪臭が問題となった。

そこで、新しいまちづくりの一環として昭和六一年（一九八六）、「曳舟川親水公園《しんすいこうえん》整備計画」（『葛飾区第二次基本計画』）が始まった。この計画により、曳舟川の暗渠《あんきょ》化が進められ、緑道公園が設置された。平成一四年には、お花茶屋と宝町（葛飾区）の間の工事が終了し、曳舟川親水公園が完成した。動植物の生息する景観水路や水遊びの広場、曳舟川の歴史をしのばせる展示が設置され、人々の新たな憩いの場所となっている。

亀有

（葛飾区）開業・明治三〇年（一八九七）五月一七日

JR常磐線

亀「無」から亀「有」へ

今日、亀有駅周辺の商店街は、葛飾《かつしか》区の中でも指折りの賑わいをみせている。

そもそも、この「亀有」という地名は、江戸時代につけられたものであり、江戸時代以前の中世までは、「かめなし」という地名であった（『角川日本地名大辞典』）。なぜ「かめなし」なのか理由は定かではないが、応永《おうえい》五年（一三九八）の『葛《か》西《さい》御《み》厨《くりや》注文《ちゅうもん》』や永禄二年（一五五九）の『小田原衆所領役帳』には、「亀無」や「亀梨」とある（『葛飾区史』）。

江戸幕府は正保《しょうほう》元年（一六四四）、全国の国絵図を作成するが、その際、「かめなし」から「かめあり」に変わったと考えられている。『新編武蔵風土記稿』では、そのように名前が変わった理由として、「梨の実をありの実などいいかえし事もあり、これは全くなしの言葉を忌嫌いてかくいえるなるべし」と、梨の実を「ありの実」というのと同様に、「なし」の言葉を忌み嫌

って改められたとしている。
いずれにせよ亀有は、中世室町時代からの古い土地であることは事実のようである。

鳥見屋敷のあった場所

天正一八年（一五九〇）、徳川家康は豊臣秀吉より関八州を与えられ、江戸に入府した。家康は江戸を拡大発展させるために、田畑の開墾、治水、交通整備などさまざまな政策を進めたが、同時に江戸周辺に鷹場を設置した。特に葛西地域は、河川や葭芦《あし》が生い茂る湿地帯が多く、鷹狩を行うには絶好の場所であった。『徳川実紀』には将軍を退任したのちも家康がこの地域で鷹狩を行った記事が見られる。

亀有村も鷹場に指定された。ここには鳥見屋敷が置かれ、鳥見役人が常住することになった。鳥見役人は狩猟地の視察、鳥の所在追跡、地域内の樹木の伐採など鷹場を管理する役職であった。『新編武蔵風土記稿』によると、享保《きようほう》年間（一七一六〜三六）に幕府の鳥見屋敷が建てられ、鳥見役人の田名瀬伊織《たなせいおり》が常住していたことが記されている。

鳥見屋敷と亀有を結びつける話題はほかにもある。江戸時代後期、亀有方面の井戸水は非常に水質が悪く、「砂こし」をしなければ飲むことができなかった。当時の鳥見役人水谷又助は、かねてから井戸掘りのため苦心を重ねてきた亀有在住の山崎玄恵という老人に指示を仰ぎ、文化二年（一八〇五）正月に、鳥見屋敷内で井戸を掘り当てた。村人たちはこの事業に大いに感激したという（『葛飾区史』）。

この井戸はのちに山崎玄恵の名をとって「玄恵の井」と名づけられ、一〇〇年余の間、村人の飲料水として使われることになった。現在ではこの「玄恵井の碑」が、香取神社（亀有三丁目）境内に建てられ、区の文化財に指定されている。

水戸街道の通る村

家康は江戸を中心に、五街道（東海道・中山道・日光道中・奥州道中・甲州道中）を整備し、この他に脇往還《わきおうかん》（佐渡路・伊勢路・水戸街道など）を設けた。各街道の宿場には駅を置き、問屋場《といやば》を設けて人馬を常置し、旅行者の休泊の便をはかった。また里程を正確に示すため一里塚を築き、警備上の目的から要所には関所を設けたのである。

亀有（亀有村）は脇往還の一つ、水戸街道が通っており、一里塚も築かれていた。水戸街道は江戸日本橋から水戸までの二一駅で、『遊歴雑記《ゆうれきざつき》』によれば、亀有は当時交通の要所であった千《せん》住《じゅ》と新宿《にいじゅく》（葛飾区）の間に位置した。脇往還とはいえ、水戸街道は参勤交代で江戸と領地を往復する諸大名の利用度も高く、往時はかなり賑わっていたようである。

さて、水戸街道を利用した大名の中に水戸藩があった。水戸藩といえば、徳川御三家の一つである。水戸藩の藩士は、他家や他領民に対して御三家の威光を振りまわす気風が強く、町人や百姓に乱暴を働く者も少なくなかったと伝えられる。そのため諸大名やその家来たちは、水戸家の行列に出会わぬよう見張りを出し、用心したという。また道中の宿場では、水戸家通行のときは特別に念を入れて宿中を清掃し、本陣では通行三日前から他家の休泊を断っていたともいう（『水戸市史』）。

その水戸藩は、「定府《じょうふ》」といって参勤交代の義務はなく、江戸に在住することが決められていた。領地におもむくときは、保養などの名目で幕府から「御暇」をもらう必要があったのである。水戸藩歴代の藩主の中で国元に帰った事例をみると、水戸黄門として有名な二代光圀《みつくに》が一一回と最も多く、六代治保《はるもり》・七代治紀《はるとし》・一〇代慶篤《よしあつ》は一回、八代斉脩《なりのぶ》は一度も国元に帰っていない。このように、水戸藩は水戸街道の利用回数が少ないにもかかわらず、先述のごとく、他家や他領民に対して評判が悪かったのであった。

いずれにせよ、これら諸大名や旅行者などの往来の中で、亀有は隣接する千住や新宿の繁栄と相まって相応に栄えた街道筋の農村だったのである。

Kasai

葛西 （江戸川区） 開業・昭和四四年（一九六九）三月二九日

地下鉄東西線

葛西という地名

西という地名が入っているにもかかわらず、東京でもっとも東に位置する東西線の駅が葛西駅である。『葛飾区史』によると、そもそも葛西とは江戸川を境として葛飾の東を「葛東」、西を「葛西」と呼称したことに端を発するようだ。

葛飾という地名自体の成立は古い。景行《けいこう》天皇が安房《あわ》浮島《うきしま》へおもむいた際、葛飾（餝）野で狩りを行ったという伝承がある。養老五年（七二一）の下総国葛餝（飾）郡大島郷戸籍が残っている。葛西自体はいつごろからこの呼称が定着したか定かではないが、文永六年（一二六九）仙覚《せんかく》律師の『万葉集抄』に「葛飾郡中有大河《たいがあり》」という記述があることから、一三世紀にはすでに地名として認識されていたといわれている。

葛西の支配の実態は鎌倉初期までさかのぼることができる。このころ葛西・葛東の一帯は葛西清重によって葛西御厨《かさいみくりや》として伊勢神宮（内宮）へ寄進されるが、その後関東管領《かんれい》上杉氏、小田原北条氏によって奪われた。そして天正一八年（一六〇〇）、徳川家康の関東入府とともに大部分が直轄領とされ、関東代官の支配下におかれたのである。

葛西城

葛西という地名を冠した城が葛飾区にあったのは室町時代の初期から中期にかけてと推測されている。すなわち、環状七号線の建設にともない調査が行われ、現在の葛飾区青戸《あおと》七丁目で中世の遺構が発見され、その後の調査を経てこの遺構は葛西城であると推測されたのである。城を囲む堀からは木製品類をはじめとした陶器・土器類、素焼きのカワラケといった生活用品など、また食料の食滓（食べかす）として大麦・稲・桃・瓜などの種、獣・鳥などの動物、ハマグリなどの貝類も出土している。また嗜好品として中国から輸入された青磁・白磁や瀬戸・美濃産の天目《てんもく》茶碗・茶壺など茶の湯の道具や、将棋の駒・羽子板・サイコロ等の遊具も出土している。残念ながら遺構の多くはその後の工事によって姿を消してしまった。

葛西城には関東管領上杉憲実《のりざね》の家人として活躍した大石憲重《おおいしのりしげ》が在宿していた。この大石氏は武蔵の多摩、入間《いるま》などを拠点とし、その遠祖は木曾義仲から出たという名族である。ただし葛西城自体が大石氏によって築かれた城なのか、あるいはそれ以前から存在したものなのか、また築城の理由は何であったのかなどは不明である。一方、『葛飾区史』によると青戸ではなく上《かみ》千葉《ちば》（現西亀有三丁目）に葛西城があったとする説もあり、いまだその全貌は明らかにされていない。いずれにしても城の規模は通常城郭と呼ばれているものと違い、おそらく「砦」や「館」程度の小規模のものであったと『葛飾区史』は推測している。

地下鉄博物館

葛西駅の改札口をくぐり階段を下りると、そこにはもう一つの改札口がある。これは昭和六一年（一九八六）七月に完成して以来、多くの鉄道ファンや子どもたちをひきつけてきた地下鉄博物館の入り口である。入場券は自動券売機で切符を買い、入り口は自動改札機を通り入館する。まさに地下鉄博物館ならではの工夫が凝らされている。ここでは数多くのパネルや模型などにより地下鉄の歴史や技術、沿線の観光スポットなどを余すところなく説明している。

さて、なぜこの地下鉄博物館が葛西の地に建てられたのか。博物館の学芸員の話によると三つの理由がある。一つ目は小・中学校生などを対象にした地下鉄の歴史や様子を学ぶ場所を建設してほしいという声が地域であがったことである。二つ目は高架下の土地の有効活用である。葛西駅は営団地下鉄東西線の駅だが、西船橋—南砂町《みなみすなまち》間は地下を走らずに高架を走っている。また快速電車の通過待ちをするため、通常の駅に比べ二本レールが多い。この広大な土地をそのまま置いておくのではなく「何か社会のために役立てるものを」として博物館が考えられたようである。三つ目として交通の利便性があり地下鉄以外の方法でも来場できる場所が望まれたということである。

現在、葛西駅の前には複数の駅を結ぶバスのロータリーが広がっている。地下鉄にふだんなじみがなくとも気軽に来場できるよう配慮したとのことである。以上のことより、数カ所あった候補の中でもっとも適した場所として葛西が選ばれたという。

Ouji

王子（北区）開業・明治一六年（一八八三）七月二八日

JR京浜東北線　地下鉄南北線　都電荒川線（王子駅前）

王子様を祀った神社？

某テレビ番組で「王子様を探せ」という企画があり、制作会社の人たちが北区にある王子神社について調査した。はたして王子神社の「王子」とは、王子様という意味なのだろうか。

現在の王子駅周辺は、江戸時代には王子村にあたり、『新編武蔵風土記稿』によると、荒川《あらかわ》の岸部にあったために初めは「岸村」と呼ばれていたが、「若一王子」勧請《かんじよう》後に「王子村」と改められたという。

江戸時代に刊行された名所記や地誌には王子権現の由来について次のように記されている。

「豊嶋郡王子村禅夷山金輪寺東光院の社ハ若一王子の宮なり、これ熊野権現の別宮たり、元亀元年に熊野を此所にくハんしやう（勧請）あり」（『江戸名所記』）。王子神社は、現在の王子駅の南西すぐに位置し、元亀《げんき》元年（一五七〇）に、当時「蟻《あり》の熊野詣《もうで》」と表現されたような熊野信仰の流行を受け、遠隔地から熊野を拝するための遥拝所《ようはいしょ》として勧請された。王子権現の「王子」が王子様かどうかは、「若一王子」について調べれば判明しよう。

若一王子は熊野一二所権現の一つであり、証誠《しょうじょう》権現、中権現、西権現の三所権現に次ぐ位置を占め、また五所権現の第一に置かれている。祭神は天照大神《あまてらすおおみかみ》や泥土煮尊《ういじにのみこと》などの説がある（吉川弘文館『国史大辞典』）。王子信仰とは、神が王子（尊貴な児童）の形をとって顕現するという信仰（大塚民俗学会『日本民俗事典』）であり、若一王子は少女の形をとった王子神《おうじがみ》である。

王子神社の「王子」は、某テレビ局がイメージした王子様とはいいがたいが、高貴な存在としての「王子」を意味していることには違いない。

金輪寺の文化的活動

金輪寺《きんりんじ》は王子神社の別当寺である。現在、金輪寺住職であった大岡家の所蔵文書には多数の典籍類が確認できる（『大岡家文書調査報告書Ⅰ』）。そのほとんどが江戸時代のものであり、当時から多くの典籍を収集していたと考えられる。このような金輪寺歴代住職の文化的活動の一端をみることにする。

戦国時代や近世の研究者によく利用される『小田原衆所領役帳』という史料があるが、この史料は写本しかなく、現存の史料はすべて元禄《げんろく》五年（一六九二）の金輪寺住職宥相《ゆうそう》の写本（のち焼失）である（『南向茶話追考《なんこうちゃわついこう》』）。

宥相は、金輪寺の中興開山宥養《ちゅうこうかいざんゆうよう》（元和《げんな》八年〈一六二二〉没）を初代とすると、第五代にあたり、享保《きょうほう》八年（一七二三）に没している。宥相がどのように写本を作成したのかは確認できないが、高野山はいわずと知れた真言宗の本拠地であり、金輪寺は高野山無量寿院を本寺とする古義真言宗高野山学侶《がくりょ》方に属していた。金輪寺は関東五カ寺という扱いを受け、江戸時代を通して高い寺格を有していた。また、第六代宥衛は高野山の学僧であったときに紀州藩時代の吉宗の知己を得ていたといわれる（松浦静山《まつらせいざん》『甲子夜話《かっしやわ》』）など、写本を作成することが可能な立場であったといえる。

次に、文政《ぶんせい》一二年（一八二九）版『江戸当時諸家人名録』という史料がある。この中に第一一代の住職である宥欣《ゆうきん》が、「聞人《ぶんじん》」つまり世間によく名のきこえた人、名高い人、と記されている。また、同様の史料である『江戸現存名家一覧』には書家として「釈宥欣」の名があり、宥欣が当時、全国から門人をとるような知識人であったことがわかる。

この他にも、この寺では万病に効くという「五香湯《ごこうとう》」の販売を行っていた（『続江戸砂子温故名跡志』）。購入のさい、客が小声で薬を求めると、弟子が私腹を肥やすために、住持の目の届かぬところで、自分で調合した薬を渡すので効果がなく、本物の五香湯を望むのならば大声を出して住持に聞こえるようにしなくてはならないというのである。

また、神仏分離政策後に王子神社の神職となった大岡清利の養子で、のちに神職となった家等《いえとし》は、明治一〇年（一八七七）に荒川小学校（のち王子小学校と改称）の世話掛に任命され、同一二年（一八七九）以後、王子村の学務委員をつとめている。

王子田楽

王子田楽《でんがく》は王子神社の例祭にともなって奉納される民俗芸能である。現在はおおむね八月の第一日曜日に行われるが、江戸時代には七月一三日（旧暦）に行われ、貴賤群集して見物したという。

田楽とは、五穀の豊穣を祈って催される農事に関する芸能である。古風を残す田楽は「南都《なんと》（奈良）、京の比叡、紀伊の若山」に伝えられていたが、江戸に住む人には容易に見物することができず、また関東では常陸《ひたち》の金砂田楽と王子田楽が知られていたが、比較的に江戸から近い王子には数多くの文人や一般庶民が見に来た（『北区史　通史編』）。

編木《びんざさら》や田楽太鼓を持った田楽法師《ほっし》が華美な衣装をまとい、田楽踊を一二番行った。田楽踊の第一二番の途中か、終わってから、田楽法師が被《かぶ》る花笠の奪い合いが始まる。これは一八世紀後期に始まったものであり、それを防ぐため舞台の周囲には竹槍が組まれるようになった。

鉄道開通による変化

王子村は、近世初期は人家も少なく、花の時節以外は訪ねる人もなかった(『紫の一本』)。しかし、そののち地誌・案内記で名所とされた王子権現、金輪寺、関東の稲荷明神の棟梁であり、毎年一二月晦日夜に関東中の狐が集まり狐火を灯《とも》すといわれる王子稲荷社などに加え、享保期(一七一六～三六)に飛鳥山《あすかやま》に桜が植樹され名所化されてからは多くの行楽客で賑わうようになった。また、この地には日光御成道が通っており、これら行楽客や通行者を相手とする店が建ち並んだ。現在の北区発展の基礎として、王子周辺の信仰を中心とする行楽地化の意義は大きかったといえよう。

日本鉄道会社が建設中であった東京―青森間のうち、明治一六年(一八八三)に仮開業した第一線区、上野―熊谷《くまがや》間の鉄道敷設に際して王子駅がつくられた(当時の停車駅は上野・王子・浦和・上尾《あげお》・鴻巣《こうのす》・熊谷)ことも、以上のような王子の名所化、繁栄の結果といえよう。

また、鉄道の開通は、農産物の出荷、陸軍工兵隊転入にみられる軍事施設拡充など、地域住民の生活環境にも大きな影響を与えた。一八九〇年代の鉄道敷設の願書では、王子地域が印刷局(現財務省印刷局)抄紙部の工場や王子製紙会社、関東酸曹会社などが集中している一大工業地であることから、小石川・本郷両区との交通網整備を訴えている。

Akabane

赤羽

（北区）　開業・明治一八年（一八八五）三月一日

JR東北本線・京浜東北線・埼京線

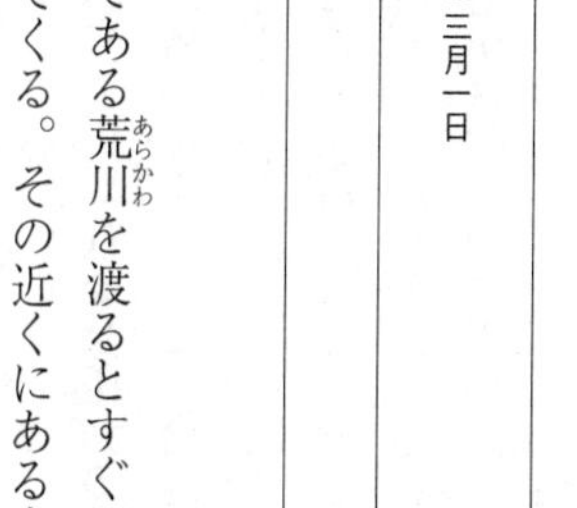

建設された火薬庫

さいたま市方面から東京との県境である荒川《あらかわ》を渡るとすぐに、マンモス団地の公団赤羽台団地が見えてくる。その近くにある赤羽駅は、ここで暮らす人々と、埼玉から新宿方面を行き来する人々にとって、なくてはならない駅となっている。

赤羽という地名の由来は、関東ローム層の赤土を赤埴《あかはに》と呼び、これが赤羽根に転じたという説が有力であり、江戸時代までこの赤羽根で通っていたが、明治五年（一八七二）に、東京府に所属すると同時に赤羽となったという（『角川日本地名大辞典』）。

赤羽は、現在においては赤羽台団地に代表されるような住宅地となっているが、明治・大正期にはその様子がまるで異なっていた。

明治維新によって誕生した明治新政府は、国の内外に不安を感じていたために、まず軍事的

基盤の確立と強化をはかった。このため、小石川《こいしかわ》にあった水戸藩邸を造兵司（武器・弾薬を製造する役所）のための用地とし、その付属施設として、板橋に板橋火薬製造所を、そして赤羽には製造した火薬を保管するための赤羽火薬庫を明治五年（一八七二）に建設したのである。赤羽はこの後もますます軍用地が拡充され、緊張を高めていった。

「軍都」化する赤羽

明治二〇年（一八八七）には、有楽町《ゆうらくちょう》の旧土佐藩山内《やまのうち》邸にあった近衛工兵大隊が、次いで第一師団工兵第一大隊が、赤羽へ移転してきた。このように赤羽に工兵隊が移転してきたのはそれなりの理由があった。

まず一つに、荒川が近かったために、工兵の重要な任務の一つである架橋訓練が簡単にできたことがある。また、赤羽台という地名が示すように、台地上にあり、周囲は一面畑地と林であって、地形もやや複雑なために人家と隔絶していたことが、爆薬などを扱う工兵隊の兵営としては、適当だったのである。周辺に娯楽施設がなく、兵士が訓練に専念できることも理由に含まれるかもしれない。あまりに不便であったために、それを嫌う兵士が放火未遂事件を起こすことさえあった。以上のような理由から、赤羽に軍事施設が集中していき、軍の要地の一つになっていったのである。

さらに、陸軍の被服廠《ひふくしょう》が移転してきたことも注目される。被服廠とは、被服諸品の保管出納を行う機関である。明治二四年（一八九一）、まず被服倉庫が設置された。これをきっかけに、大正八年（一九一九）、被服廠の全機関が移転してきた。こうして赤羽は「軍都」としての性格をいっそう強めたのである。

以上のように、赤羽はそれまで田だった土地が、明治・大正期に軍の主要な土地に変わっていったわけである。まず、工兵隊が来たことにより、休日になるとその兵隊たちが外出するので、兵隊相手の商店ができ、農村色の強かった赤羽が、町へ転換していく契機となったのである。また、農家にとっては工兵隊が下肥《しもごえ》の供給源となったり、兵営へ野菜や漬物を供給することによって、潤ったりもした。そして、日清・日露戦争では、工兵隊の働きを通じて、赤羽の名がしだいに広まっていったのである。

なお、はじめに述べた公団赤羽台団地は、実は陸軍被服本廠跡地である。軍関係施設の跡地は、戦後、住宅地・学校・公園用地に転用されたのである。明治・大正期の「軍都」化がなければ、現在の赤羽の風景はなかったかもしれない。

第四章 西郊の駅名（二三区）

等々力不動尊の境内

Shinsen

神泉（渋谷区）開業・昭和八年（一九三三）八月一日

京王井の頭線

霊験あらたかな泉

神泉は井の頭線で渋谷の隣りの駅で、渋谷から道玄坂《どうげんざか》を歩いて一〇分ぐらいの場所である。駅名の由来は、『江戸砂子《すなご》』の「神仙水」の項に「昔空鉢《くうはつ》仙人此《この》谷に来《きた》り、不老長生の仙薬をねりたりと云《いう》霊水也。此所を神仙谷という」とあるように、空鉢仙人が不老不死の薬をつくるときに使用した霊泉があったためとされる。

幕府編纂の地誌である『新編武蔵風土記稿』の中渋谷村の項では、この涌泉付近の小名《こな》（字《あざ》）を「神泉ヶ谷」としている。この霊泉は、江戸時代から明治二〇年（一八八七）まで村の共同浴場となって、弘法湯と呼ばれていた。弘法湯の名については、空鉢仙人が弘法大師に変わったという説と、浅草吾妻橋《あずまばし》に住む今弘法という僧が弘法大師の像を背負ってここに来て、浴場をつくり薬湯の治療をしたという説とがある。

大正時代の『風俗画報』の増刊として発行された『東京近郊名所図会』に「弘法湯は神泉谷

高級住宅地のなかの鍋島松濤公園

に在り。神泉館と号す。浴場の外《ほか》料理、旅館、下宿を兼ぬ」と当時の状況を伝えている。このように、弘法湯が道玄坂界隈《かいわい》の繁栄を築く出発点であった。現在では弘法湯があったことを示す道標だけが残されている。

関東大震災と百軒店

大正初期には道元坂上に円山《まるやま》花街が形成されて、遊客が来て賑わった。

関東大震災後、道玄坂を上っていく途中の円山町に下町の名店が出店した百軒店《ひやっけんだな》が成立する。のち西武の経営者となる箱根土地会社の堤康次郎《つつみやすじろう》が円山町あたりの土地を買収していたが、関東大震災のために、被害を受けた下町の老舗などに分譲し、いわゆる百貨店を都市空間に再現しようと試みた。資生堂、山野楽器などの店が集まり、映画館やカフェもでき、渋谷の浅草と呼ばれるほどの繁華街となった。しかし、震災の復興とともに有名店はもとの場所に引き上げて百軒店を去っていき、その後は飲食店街となっていく。一時的な繁栄をした名店街であった。

この通りには商売繁盛の千代田稲荷も震災後に移ってきており、その鳥居がこの名店街とミスマッチしていたともいわれる。この地域は戦後にまた繁栄し、奥野信太郎『随筆東京』で昭和二五年（一九五〇）ごろのことを、「この百軒店はキャバレーと映画館を中心にして、ここもまた戦前以上の大繁盛である」と記している。

茶園の名前の住宅街

神泉駅から松濤《しょうとう》の閑静な住宅地を通りながら北上すると、鍋島松濤《なべしましょうとう》公園がある。ここは江戸時代の御三家の一つ、紀伊徳川家の下屋敷《しもやしき》があった場所である。明治九年(一八七六)に肥前の鍋島家が買い取り、茶園「松濤園」を開き狭山《さやま》茶を栽培した。「松濤」とは、茶の湯の釜のたぎる音を、松風と潮騒にたとえた号である。茶の銘柄も松濤として広く売られたが、東海道線の開通以後は宇治茶におされ閉園となった。鍋島家は大正以後、この地を住宅地として分譲した。やがて華族や軍の将官、大学教授らが住みはじめ松濤町はお屋敷町となっていった。

また、鍋島家は大正一三年(一九二四)に、松濤園にあった湧水池に児童遊具施設を備えて「鍋島遊園地」として一般に公開し、さらに昭和七年(一九三二)には東京市に寄付した。現在では渋谷区立の鍋島松濤公園として、渋谷の雑踏とは一線を画し、静かな空間が広がっている。

付近には渋谷区立松濤美術館があり、絵画・彫刻など、あらゆる分野の特別展を年五回程度開催している。第二展示室は喫茶も注文できるユニークな展示室となっていて、飲食をしながらゆっくり作品に親しむことができる。館の建物自体も噴水を設けた吹き抜けや、石づくりの外観を持ち、松濤町の雰囲気によく調和している。

Komabatoudaimae

駒場東大前

（目黒区）　開業・昭和四〇年（一九六五）七月一一日

京王井の頭線

駅名の変遷

京王井の頭線、駒場東大前のホームから東京大学教養学部の時計台が見える。駒場は、閑静な住宅街の中に、日本近代文学館、日本民芸館、留学生会館、国際教育会館、東京大学先端科学技術研究センター、大学入試センターなど、さまざまな教育・研究機関が集中する教育・文化の町である。

ただし、駒場東大前駅は、昭和八年（一九三三）の帝都電鉄株式会社、井の頭線の渋谷―井の頭公園間の開通時からあったわけではない。当初は、「東駒場」と「西駒場」の二駅が開業した。このうち「東駒場」は、昭和一〇年（一九三五）に一高（第一高等学校、もと東京大学予備門、現東大教養学部）が文京区本郷から移転してきたことにより「一高前」と改称され、その後昭和二四年（一九四九）に東大教養学部が開設されたことから昭和二六年に「東大前」と改めた。

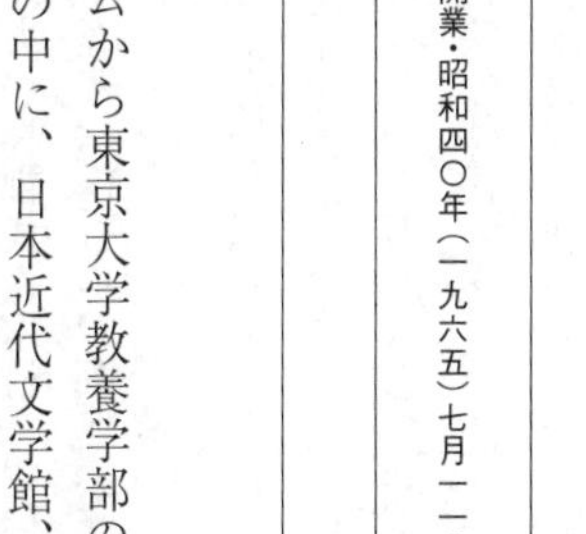
旧前田邸は土日祝に公開

一方、「西駒場」は昭和一二年に「駒場」と改称された。その後、昭和四〇年（一九六五）に

「駒場東大前」が新設されたため、「東大前」と「駒場」の駅はともに廃止されたのである。

将軍吉宗にかかわる町

駒場の名の由来は、もとこのあたり一帯が草深い野原で、馬の放牧がさかんに行われたことによるという。『江戸名所図会《ずえ》』には、「道玄坂より乾《いぬい》の方《かた》十四五町ばかりを隔てたり、代々木野に続きたる広原にして、上目黒村に属す、雲雀《ひばり》・鶉《うずら》・野雉・兎の類多く、御遊猟の地なり」と、広い野原で将軍の狩場であったことが記されている。

駒場が将軍の狩りの地となったのは、江戸幕府八代将軍徳川吉宗のときである。『新編武蔵風土記稿』の上目黒村の項には、村の北方豊島郡代々木村（現渋谷区）の境まで広がる駒場野一五万坪の土地は諸役免除地であり、毎年春と秋に将軍の遊猟（鷹狩）が行われ、駒場内に設置された御用屋敷がこれを担当したと記されている。

この御用屋敷は、もともとは村の名主加藤定右衛門の先祖の土地であったものを寛永三年（一六二六）に五万八〇〇〇坪を伊達《だて》遠江守秀宗（政宗の子、伊予宇和島一〇万石）が抱地《かかえち》とした。その後、寛文《かんぶん》二年（一六六二）にそのうちの五万四八〇〇坪を子の宗利《むねとし》の別荘とした。以後も代々伊達家が所持してきたが、将軍吉宗の時代の享保《きょうほう》年間（一七一六〜三六）に幕府の土地となり御用屋敷ができた。御用屋敷内にある駒場薬園は、同じく享保年間に植村《うえむら》左平次《さへいじ》政勝《まさかつ》が吉宗の命を受けて開いたものと記されている。

薬園預り植村政勝の活躍

駒場薬園預りをつとめた植村政勝は、もとは伊勢国飯高郡大津《いせのくにいいたかぐんおおつ》村の枝郷の杉村（現三重県松阪市）の農民であった。宝永七年（一七一〇）一〇月二八日に、当時の紀州藩主の吉宗から、御庭方御用に任命された。この事情については、『南紀徳川史』には、政勝が正直な人物であったことから、吉宗が草履取りに登用したという話が伝えられている。

その後、政勝は、享保元年（一七一六）の吉宗の将軍就任にともない幕臣となり、御庭方下役《おにわかたしたやく》をつとめたのち、駒場薬園の薬園預りに転じた。この際吉宗は、「御馴染深キユエ常御目通リへ罷出《まかりいで》、御心易ク御意ヲモ被下置《くだしおかれ》、或日明君御意ニテ其方事ハ国元ニテ百姓ノ生立故《おいたちゆえ》、其身相応ノ役ヲ申付ル、是ヨリ駒場園ヲ守リ薬草出精仕可作カトオドケナガラ仰付ラレル由小笠原侯（吉宗御側衆・石見守政登）ノ物語ナリ」（『南紀徳川史』）と、政勝が元農民であり、吉宗となじみ深い間柄であったことから、相応の役として薬園預りを命じると、おどけながら言ったと伝えられている。吉宗と政勝との紀州以来の親密な関係が知られる。

このの ち政勝は、享保五年（一七二〇）五月の日光への薬草見分をはじめとして、宝暦三年（一七五三）まで享保改革期を通じて全国各地で薬草見分を行う一方、「採草風土記」「採薬記抄録」「諸州奇蹟談」「諸州名所難所寄書」「諸州採薬記」など多くの著作を残した。

しかも彼は、薬草見分のかたわら隠密御用もつとめた。彼の薬草見分記録である「植村左平次政勝書留」（国立国会図書館所蔵）には、全八五件の見分記録の中に「隠密御用」「内々御用」という記事が一〇カ所みられる。このうちたとえば、寛保《かんぽう》二年（一七四二）の関東の大洪水の際には、政勝は同じく紀州藩士から幕臣となった御庭番《おにわばん》三名とともに関東五カ国へ洪水後の状況見分に出かけている。彼ら四名は家来を召し連れずに廻村し、書付をもって吉宗に報告しているが、詳細は将軍に直々に報告した（「植村左平次政勝書留」）。以上のように植村政勝は、農民→紀州藩士→幕臣というコースを歩み、享保改革期を通して将軍吉宗の近くにあり、農民出身という出自を生かして、薬草見分、薬園管理・隠密御用など大いに活躍したのである。

さて駒場にあって、将軍の鷹狩の際の獲物となる鳥をふだんから餌付けする綱差《つなさし》役の川井権兵衛は、もと武蔵国多摩郡野津田《のつだ》村（現町田市）の農民であったが、吉宗の時期に綱差に任命され、以後幕末まで世襲でこの職をつとめた。一説によれば、「権兵衛が種蒔きゃ烏《からす》が掘じくる、三度に一度は追わずばなるまい」という俗謡は、この川井権兵衛のことを歌ったものという（『目黒区史』）。

駒場の地は、将軍吉宗の時期に、幕府との関係がいっきに強まったのである。

幕末の駒場野一揆から近代の東大へ

幕末期、駒場野では、幕府陸軍の洋式の軍事訓練や砲術訓練が行われるようになった。慶応三年(一八六七)五月、フランス人軍事教官の助言により陸軍の伝習調練場の候補地となり、八月、幕府は代田村《だいたむら》、下北沢村《しもきたざわむら》(いずれも現世田谷区)、代々木村(渋谷区)など周辺の土地の接収を計画した。これに対して一三カ村の農民らが立ち上がり、竹槍や鉄砲を持ち駒場野の番人平助宅を襲う「駒場野一揆」が起こった。農民らは騎兵隊によって鎮圧されたが、幕府は調練場拡大を断念せざるをえなくなったのである。

以上、「駒場」の歴史をみてきたが、では「東大」の由来はどのようなものか。明治一一年(一八七八)、明治政府の勧農政策の一つとして、この地に駒場農学校が開設された。駒場農学校は明治一九年に東京山林学校と合併し東京農林学校となり、翌二〇年には帝国大学の農科大学(のちの東京大学農学部)となった。大正末期に農学部の敷地の一部が本郷の前田家屋敷地と等価交換され、農学部は本郷へ移転し、跡地に前田邸の西洋館と和館がつくられた。このの ち昭和一〇年(一九三五)に冒頭で述べたように第一高等学校が本郷からこの地に移転し、昭和二四年に東京大学教養学部となったのである。なお、前田邸の敷地は昭和三九年に都立駒場公園となり(のちに目黒区に移管)、日本近代文学館などが開設された。

Daitabashi

代田橋（世田谷区）開業・大正二年（一九一三）四月一五日

京王線

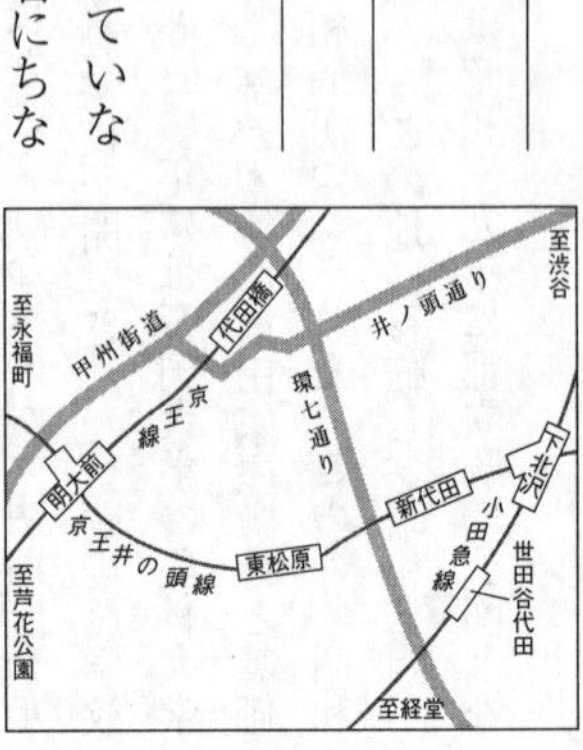

巨人伝説

代田橋の駅名は、大正二年（一九一三）の開業以来変わっていない。この駅名は、かつて近くの甲州街道にあった代田橋の名にちなむ。この橋の名は、日本各地に流布している伝説上の巨人、ダイタボッチ（ダイダボッチ、ダイダラボッチ）に由来する。

ダイタボッチは、ツングース系のオロッコ語で、Dai（大きな）、nare（人）、hagdu（穴居）という北方系の説話に由来し、大太法師とも書く（三田義春編著『世田谷の地名』）。

ダイタボッチは怪力で、「富士山を一夜でつくりあげた」「榛名山《はるなさん》に腰をかけ利根川で足を洗った」「足跡が池になった」などの伝説を持つ。江戸時代の句に、「不二山へ大太ぼっちはけつまづき」（柳多留《やなぎだる》）とある（『日本国語大辞典』小学館）。

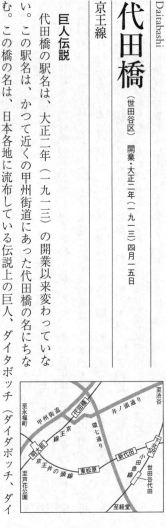

江戸郊外のランドマーク

さて代田橋について、江戸前期の『紫の一本』（『新編日本古典文学全集82』）には、次のように記されている。

代田橋はダイタボッチという巨人が架けた橋と伝えられる。甲州街道沿いの四谷新町と笹塚《ささづか》の中間にある。肥後国八代《やつしろ》領（現熊本県）に百合若塚があり、塚の上に大木がある。土地の者が言うには、「百合若は身分が低い者である。大臣というのは大人（大きな人）のことであり、大太ともいう。大人で大力があり、強弓を引き、上手に礫《つぶて》（小石）を打つ。ダイタボッチというのは、この百合若のことで、ボッチというのは礫のことである」という。

ある年大風で、塚の上の木が倒れて、塚が崩れた中に石棺があった。中には普通の人の首を四つ五つ合わせたほどの大きな首があった。不思議に思って見ているうちに、首は霜雪のように消えてしまった。このため大きな卒塔婆を立て、右の経緯を記して塚の上に立てた。その卒塔婆は今もあるという。

百合若は九州の人で、玄海ヶ島で鬼を退治したことが幸若舞《こうわかまい》に見られる。しかし、奥州にも百合若島という名の島があり、百合若が愛した緑丸という鷹がいたという島もある。また上州妙義山《みょうぎさん》の道にも、百合若の足跡や矢の跡がある。この他にも、ダイタボッチの足跡や力業の跡は、ここかしこにあるという。

以上が『紫の一本』の記述であるが、代田六丁目の守山小学校の東北の窪地をダイダラボッチといい、これが詰まってダイダになったという説もある（前出『世田谷の地名』）。ちなみに代田橋のほかに代田のつく駅名は、小田急線の世田谷代田《せたがやだいた》、京王井の頭線の新代田《しんだいた》がある。

なお、『江戸名所図会』には、代田橋は甲州街道が玉川上水を渡る橋であり、上を土で覆っていたため橋の形がわからないことが記されている。また、『新編武蔵風土記稿』（以下『風土記稿』）の代田村の代田橋の項には、この橋はたいした橋ではないが、「甲州海道の内にて旅人ここを目当として往来すれば其名も世に聞えし橋なり」と、甲州街道を旅する人々が皆ここをめざして往来することから、広く知られることになったとある。江戸郊外のランドマークになっていたことが知られる。

橋は、現在の世田谷区大原《おおはら》二丁目と杉並区和泉《いずみ》一丁目を結んでいたが、水路の暗渠《あんきょ》化により消滅した。

開発をめぐる村内対立

『風土記稿』によれば、代田村は中世の世田谷地域の領主吉良《きら》家が没落したのち、天正一八年（一五九〇）に吉良家の家臣たちがこの地に土着し、自力で開発したという。寛永元年（一六二四）

当時、村内には清水、秋元、齋田二家、柳下、山田、大場の苗字を持つ七戸の農家と一寺院があった。

寛永二年には旗本、竹尾四郎兵衛（俊勝《としかつ》）の知行所になったが、『寛政重修諸家譜』によれば、竹尾氏はもと今川義元の家臣で、家康に召し出された家である。竹尾俊勝は、天正一一年（一五八三）に一一歳で徳川秀忠に仕え、元和元年（一六一五）の大坂の陣に従い、のち秀忠の妻崇源《すうげん》院《いん》（お江与）に仕え、相模国愛甲《あいこう》、大住、武蔵国荏原《えばら》、下総国葛飾《かつしか》の四郡において、計一七〇石を与えられた。

さらに『風土記稿』によると、こののち代田村では開発をめぐる訴訟が起こっている。すなわち、代田村にはしだいに農民が多く住むようになり、私的に開墾した田地が拡大したため、延宝《えんぽう》元年（一六七三）に以前から住んでいた商家などが、これを奉行所に訴え出たのである。村内の修験者正宝院は商家に味方し、農民たちも種々主張したため、決着がつかなかった。

しかし、翌二年に代官頭の伊奈半十郎（忠常）が検地（土地の調査）を行い、一九町一反五畝一三歩の土地を確認した。この結果、農民側の非は明確となり、開墾した土地は没収され商人らに与えられた。しかし、その後も両者の対立は続き、村は不穏な状況が続いたことが記されている。

竹藪をめぐる訴訟

その後、元禄八年（一六九五）春に竹尾氏は知行所を変えられた（『風土記稿』）。『寛政重修諸家譜』には、翌九年六月に竹尾俊常《としつね》が武蔵荏原郡を同国久良岐郡に移されたとある。あるいは将軍の朱印状発行（知行の公認）が翌年になったのかもしれない。代田村は元禄八年（一六九五）七月に幕領となり、代官頭の伊奈半十郎忠篤《ただあつ》が支配した。翌八月織田越前守信久《のぶひさ》（織田信長二男信雄《のぶお》の子孫）が奉行となり、付近の村々を検地した際に、隣村の若林《わかばやし》村内の土地が代田村のものであることが確認された。

しかし、この検地により農民らの竹藪が宅地として課税されることになったため、農民らは再度、幕府に訴訟を起こした。この結果、元禄一〇年の冬に再び検地が行われ、竹藪は別扱いとなり落着した。こうして幾多の混乱を経て、代田村は江戸時代の村落として落ち着いたのである。

Rokakouen

芦花公園

（世田谷区）　開業・大正二年（一九一三）四月一五日

京王線

蘆花恒春園の最寄り駅

この駅名について語ることは、すなわち一人の人物を語ることにもなる。その人物とは、粕谷《かすや》（世田谷区）の地を愛してやまなかった明治・大正期の文人、徳冨蘆花《とくとみろか》である。

芦花公園は、徳冨蘆花の旧邸宅にちなんでつけられた駅名である。芦花公園は、正式には「蘆花恒春園《こうしゅんえん》」という。恒春という名称については、「住居の雅名が欲しくなったので、私の『新春』が出た大正七年に恒春園と命名し」（『みみずのたはこと』）た、と蘆花自身が述べている。台湾の南端に恒春という地名があり、そこに蘆花の農園があるという評判が立ち、ある者からそこで自分を雇ってくれないかと頼まれたという。蘆花の農園があるというのは事実ではなかったのだが、縁起がよいということで「永久に若い」意味を込めて、恒春園と名づけた。

徳冨蘆花は、明治元年（一八六八）、熊本の水俣《みなまた》の惣庄屋兼代官をつとめる名家に生まれた。

ジャーナリストとして知られる徳富蘇峰《そほう》の弟で、本名は健次郎《けんじろう》といった。明治一八年（一八八五）にキリスト教の洗礼を受け、同二二年（一八八九）に、上京して兄の主宰する思想言論結社「民友社《みんゆうしゃ》」に加わった。その後『不如帰《ほととぎす》』をはじめとする作品を発表し、文壇で活躍し始める。

明治三九年（一九〇六）にパレスチナを巡礼し、心酔していたトルストイ（一八二八〜一九一〇）に会い、さらに感化されて明治四〇年（一九〇七）二月、武蔵野の田園風景が残る、北多摩郡千歳《ちとせ》村字粕谷の一角に移り住んだのである。この家は、村会議員でキリスト教徒の石山八百《いお》蔵《ぞう》の世話で手に入れたものであった。この当時、都市へ出るのが常識であるなか、蘆花が田舎へ引っ越したことは文学仲間の話題を集めた。

建物の様子について蘆花は、「何れも茅葺《かやぶき》、古い所で九十何年、新しいのでも三十年からになる古家を買ったのだが、外見は随分立派で、村の者は粕谷御殿なぞ笑って居る」（『みみずのたはこと』）と述べている。彼はこの一五坪の草葺の家に、昭和二年（一九二七）九月一八日、伊香保《いかほ》の旅宿で六〇歳で死去するまで二〇年間にわたり住み続けた。

恒春園は、蘆花の十周忌に、土地・建物など遺品のすべての現状維持を条件に、藍子夫人から東京市に寄贈され、旧宅と敷地がそのまま公園として開放されるようになった。それにともない、大正二年（一九一三）四月一五日に「上高井戸《かみたかいど》駅」として開業していた駅は、芦花公園の最寄り駅として「芦花公園駅」と改称された。これを機にいっそう多くの来訪者が公園に憩うようになった。園内は旧邸のほか、記念館、蘆花夫妻の墓がクヌギ林の中にある。

『みみずのたはこと』にみる粕谷の変容

蘆花は、大正二年（一九一三）、粕谷での田園生活を『みみずのたはこと』に著した。蘆花は、大正時代の粕谷をどのように受け止めていたのだろうか。「武蔵野の特色なる雑木林を無惨々々《むざむざ》拓かるるのは、儂《わし》にとっては肉を削がるる思だが、生活がさすわざだ、詮方《せんかた》は無い」と、かつての田園風景がなくなりつつある武蔵野を憂いながらも、やむをえないと、現状を受け入れようとしている。また、京王電鉄の敷設にともない、このころ地価も騰貴した。蘆花が最初に購入した地所は、坪四〇銭くらいであったが、このころには「壱円以上二円も其上《そのうえ》もする様になった」という。

その後、大正十二年、『みみずのたはこと』のあとにそえられた「読者に」の中で、「私共が粕谷に越して来ての十七年は、やはり長い年月でした。村も大分変りました。東京が文化が大胯《おおまた》に歩いて来ました」「灯台下暗かった粕谷にも、昨秋から兎《と》に角《かく》電灯がつきました」と、都会にある新しい文化が粕谷に浸透し、様変わりしていく粕谷について記している。

さらに『みみずのたはこと』が出版された当時は工事中であった京王電鉄が、大正五年に新宿から府中まで開通した。

「朝夕の電車が二里三里四里の遠方から東京へ通う男女学生で一ぱいになったり、私共の村から夏の夕食後に一寸《ちょっと》九段下あたりまで縁日を冷やかしに往って帰る位何の造作もなくなったのは、もう余程以前の事です」と、鉄道の開通にともない粕谷がにぎやかになり、都心との距離が近づいてきている様子を述べている。

現在、芦花公園の南側には世田谷ガスの丸いガスタンクがそびえ立ち、東側には環状八号線を車がひっきりなしに行き来している。蘆花の求めた田園風景の面影は、近代化の波に洗われ、すっかり失われてしまった。

しかし、「世界を一周して見て、日本程好い処はありません。日本では粕谷程好い処はありません」と、この地をこよなく愛した蘆花の名は、今でも駅周辺の学校やマンションの名前に見られ、現代の人々に愛される存在となっている。

Seijougakuenmae

成城学園前

（世田谷区）　開業・昭和二年（一九二七）四月一日

小田急線

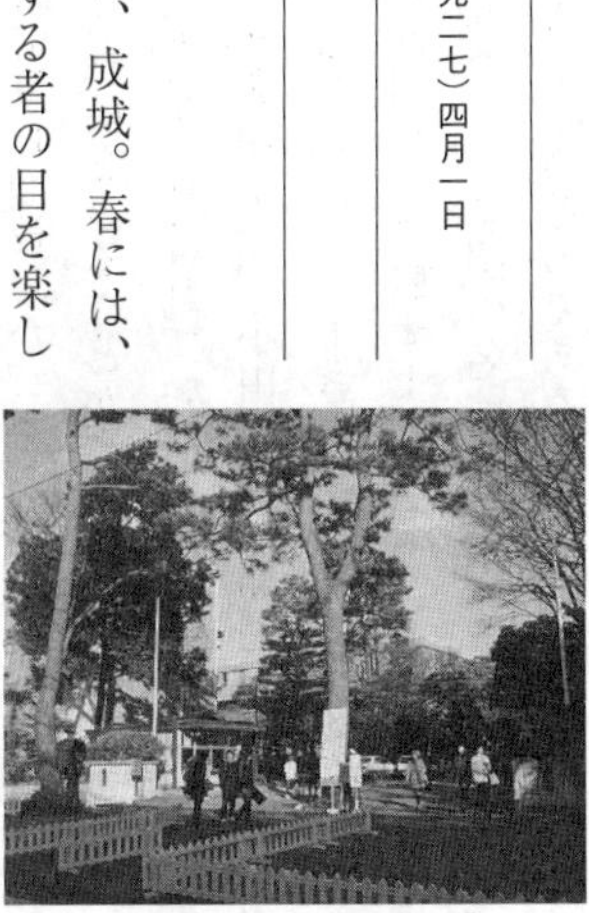
緑の多い成城大学

雑木林から住宅地へ

閑静な住宅地として知られ、著名人も多く住む街、成城。春には、駅の東に流れる仙川沿いの桜が満開になり、散策する者の目を楽しませてくれる。

「成城学園前」の駅名は、いうまでもなく成城学園の最寄り駅ということによる。「成城」という学園名は儒教の「五経」と呼ばれる教典の一つである『詩経』の「大雅」のなかにある、「哲夫成城（てっぷしろをなす）」からとられている。哲夫とは、道理をわきまえ、見識の優れた人のことで、「哲夫は城（くに）をかたちづくるものである」という意味である。

明治の末ごろまでは、駅周辺は一面が畑や雑木林であった。地主の中には、何の収入もない土地を持っていても税金を払うだけ損だとして、神奈川県長尾《ながお》（現川崎市多摩区長尾）の地主のもとへ酒を持っていき、土地を買ってもらった者がいたという話も残されている。

駅を設置する理由もなさそうなこの地に駅ができ、現在のような景観をみせるようになったのは、小田急電鉄の開通に先立って成城学園が開設され、学園の要望に添って学園前に駅を設置する約束が交わされたことによる。それまでの小田急側の計画では、現在の駅より東の、旧成城警察署付近に駅ができることになっていた。

成城学園の歴史は、日本の初等教育改造を志した沢柳政太郎《さわやなぎまさたろう》が、大正六年（一九一七）、実験的教育の場として東京牛込区（現新宿区）に創設した成城小学校に始まる。その後、大正一一年、当時の主事であった小原国芳《おばらくによし》により、成城第二中学校が開設された。

しかし、翌年に起きた関東大震災を機に、郊外に新しい総合学園を建設することになり、大正一四年四月、中学校が現在の地にバラックの校舎で移転開校した。ここに、当時、砧村喜多見《きぬたきたみ》という名であった地が、成城と呼ばれるようになる契機をみることができる。

昭和六年（一九三一）ごろは、東野原《ひがしのはら》・中野原《なかのはら》・西野原《にしのはら》と呼ばれていたが、地主たちの協力のもとで区画整理が進められ、整然とした街並みができあがった。小田急線が開通して以来、水道やガスの整備が進み、進歩した文化住宅地の体《てい》をしだいになしてきた。そして昭和一一年一〇月、北多摩郡砧・千歳《ちとせ》の両村が東京市に編入され世田谷区に属すようになり、旧大字喜多見は「喜多見町」、喜多見成城は「成城町」と改められた。一学園の名前でしかなかった「成城」という名称は、このころから地名になり、地域に浸透し始めたのである。

この地域には、作詞家の西条八十《やそ》、民俗学者の柳田国男、作家の野上弥生子《やえこ》、北原白秋など各界の有名な人が居を構えた。

成城の地域が広く知られるようになった契機は、昭和四年（一九二九）に朝日新聞社が主催した朝日住宅展覧会というキャンペーンであった。この展覧会は、「新時代の中小住宅」の設計を一般から募集し、入賞一六棟を成城学園住宅地の西側の敷地一万三〇〇〇坪に建てて展示・分譲したものである。これらの住宅は、郊外電車を利用するサラリーマン向けの家として売られた。郊外電車が発達して通勤距離が延びたことで、サラリーマンをはじめ、東京近郊の人口がこのころ急激に増え始めていた。朝日住宅展覧会の設計図は一般に開放され、似たような住宅が成城以外の各地に建てられるようになった（『せたがや百年史』）。

小原国芳の描いた理想の地・成城

成城学園の敷地として都下・砧の地を選択したのは、前述したように総合学園計画の推進者であった主事の小原国芳である。小原は玉川学園の創設者として知られているが、学園構想の出発点は成城学園であった。

小原国芳は、みずから図面を引いて地主と交渉した。小原がこの地を選んだ理由は、第一に、未開発の田園風景のみられる土地に、彼の主張する全人教育の場とするのにふさわしい環境をみたこと、第二に、生徒の父兄に小田急鉄道の取締役であった森恪《かく》がいて、鉄道敷設計画の情報を得たことだったという（『小田急五十年史』）。

小原のめざした全人教育とは、個々の人から出発し、人の本性、本然の性に根ざした教育により、「人らしい人」に到達させるという考え方に立つものであった。

小原国芳は、明治二〇年（一八八七）、鹿児島県に生まれた。一〇歳で母を、一二歳で父を亡くし、多額の負債を背負いながら貧しい子ども時代を送った。そのころより、自分で手習いの教科書をつくったり、染め物や製本をしたことが、後年の労作教育と呼ばれる教育論の土台になったといわれている。一三歳で電信学校へ入り、卒業後は電信技師として五年間つとめ、その後、鹿児島師範学校へ入った。そのときの教頭が、合科学習を推し進めたことで有名な木下竹次《きのしたたけじ》であり、その後の小原に多大な影響を与えた。広島高等師範学校（現広島大学教育学部）、京都帝国大学哲学科と進むなかで、自由教育の考え方をとるようになってきた。

成城時代について、自伝の中で「今から考えてみて成城は私の修練道場でした（中略）玉川新教育開拓のよき土台となった」と述懐している。

その後、小原は全人教育をさらに実践するため、昭和四年（一九二九）に玉川学園を設立した。「教壇で死にたい」と最後まで教育に対する熱意を失わず、亡くなる一年前まで教鞭をとり、昭和五二年（一九七七）、九一歳でこの世を去った。

Kitami

喜多見

（世田谷区）　開業・昭和二年（一九二七）四月一日

小田急線

喜多見村と喜多見氏

喜多見は、世田谷区の西端に位置し、多摩川に接する閑静な住宅街である。喜多見の地名は、嘉元《かげん》二年（一三〇四）五月一日の関東下知状《げちじょう》（「熊谷家文書」）に「武蔵国木田見牛丸郷」、文禄《ぶんろく》三年（一五九四）の検地帳に「多摩郡世田谷領之内喜多見郷御縄打帳」とあり、さらに鎌倉から戦国時代にかけて、「木田見」「北見」「喜多見」と記されるなど、さまざまな表記が残されている。

地名の由来は定かではないが、森林に覆われた広野を意味するアイヌ語の「キタモッタイ」「キタッモイ」が転訛《てんか》したとする説（『角川日本地名大辞典』）がある。

江戸時代に入り、この地を支配したのが旗本の喜多見氏であった。『寛政重修諸家譜《かんせいちょうしゅうしょかふ》』によると、喜多見氏は、鎌倉時代、畠山氏の一族で江戸氏を称していた。勝忠のときに木田見を名乗り、のち北見とし、さらに喜多見と称したという。勝忠は、小田原北条氏に仕えたが、北条

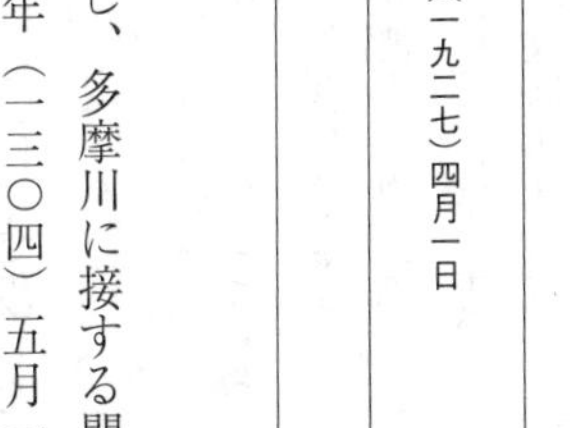

氏が豊臣秀吉に敗れ、天正《てんしょう》一八年（一五九〇）に徳川家康が関東に入国した際に家康の御家人となった。『徳川実紀』によれば、喜多見村を支配したことから、苗字を喜多見にしたという。

勝忠は、天正一九年の奥州出陣、文禄元年（一五九二）の朝鮮出兵、慶長五年（一六〇〇）の関ヶ原の戦い、同一九年と元和《げんな》元年（一六一五）の大坂の陣と、いずれも家康に従った。元和《げんな》二年に近江国の郡代《ぐんだい》となり、摂津国で五〇〇石を加増され、一〇〇〇石となった。のち摂津国の郡代となり、同四年、和泉国の政所《まんどころ》職となり、摂津・河内・和泉三国の奉行を兼ねた。同七年に河内・武蔵両国で一〇〇〇石を加えられ、同九年、大御所家康と二代将軍秀忠が上洛した際、二人は堺に出向き勝忠の茶の接待を受けている。勝忠は関東の出身ながら、関西で奉行（官僚）としての生涯を送り、寛永四年（一六二七）に堺で没した。

五代将軍綱吉と喜多見重政

勝忠の遺領二〇〇〇石は、長男が死んでいたこともあり、二男重恒《しげつね》が継いだが、重恒は一〇〇〇石を知行し、残り一〇〇〇石を弟の重勝に与えた。

重恒の養子重政《しげまさ》（もとは石谷長門守武清《いしがやながとのかみたけきよ》の二男）は、寛文《かんぶん》一二年（一六七二）に一二〇〇石を継いだが、このの ち重政は五代将軍綱吉に大いに重用されることになる。延宝八年（一六八〇）八月二三日に綱吉が将軍職につくと、重政は九月二六日に綱吉の御側役《おそばやく》に任ぜられた。天和元年

（一六八一）一二月に武蔵・上野《こうずけ》両国で二〇〇〇石を加増され、さらに天和三年（一六八三）正月には六八〇〇石余を加増され、ついに一万石の大名となった。貞享《じょうきょう》三年（一六八六）には河内・武蔵両国で一万石を加増され二万石となり、重政は綱吉政権の出世頭の一人となったのである。

一方、重恒の弟の重勝は、寛永一〇年（一六三三）に加増され一五〇〇石となった。綱吉政権のもとで、喜多見氏は、二家あわせて二万一五〇〇石となり大いに繁栄したのである。しかし、重政が二万石の大名になって三年後の元禄二年（一六八九）、喜多見氏の栄華は一気に暗転する。

突然の処罰

その第一は、元禄二年（一六八九）閏《うるう》正月三日の重勝家の刃傷《にんじょう》沙汰である。『寛政重修諸家譜』と『徳川実紀』の記述によると、重勝の子重治《しげはる》（実は勝忠の五男で養子に入る）の屋敷には、当時妹の夫の直国が同居していた。これは、直国がいまだ幕府から屋敷を与えられていなかったためであった。ところが、重治と直国が喧嘩をし、重治は傷つけられその場を立ち去った。これに対し、重治の家臣香取新兵衛は直国を切り殺し、自殺したのである。重治は、その場を逃れたうえ、評定所《ひょうじょうしょ》の尋問に対しても偽りを述べたため、武士にあるまじき行為として斬罪とされたのであった。

それから一カ月もたたない二月二日、今度は本家の喜多見重政が処罰されるという事件が起こった。すなわち、『寛政重修諸家譜』に「重政かつてより抜群の重恩をこうぶりながら、近来しばしば御むねにそむき、勤務にもおろそかなる体《てい》なりとて、御勘気をこうぶり、松平越中守定重にめしあずけらる」とあり、『徳川実紀』に「特恩を加えたまい抜擢せられしに、近年盛慮に違《たが》い、職事に心入ざるとてなり」とあるように、綱吉の抜群の恩を受けながら、最近は綱吉の意にかなわず、勤務不良であったためとされる。すなわち、重政家も改易(御家断絶)となったのである。『徳川実紀』によれば、重政は配所先の伊勢国で精神を病み亡くなっている。

この二つの事件の関係について、『徳川実紀』は、当時世間に流れた噂も書き留めている。これによれば、直国の妻は重治の義理の妹であり、直国が御預けの身になった際、妻を重治に預けておいたところ密通した。重治は、直国が屋敷に戻った際、密通が露顕する前に直国を殺害し、直国は狂気により自殺したと偽って報告した。当時権勢を振るっていた喜多見重政は、重治をかばい、自家に都合よく取り計らったため直国の家臣らは怒り評定所に訴えた。この結果、事件が露顕し、重治は斬罪、重政も改易になったというのである。実際のところは不明だが、連続改易事件に関する当時の人々の関心がうかがえる。

喜多見の犬小屋

喜多見氏改易から三年後の元禄五年(一六九二)、綱吉は生類憐《しょうるいあわれ》みの令と関連して、喜多見氏から没収した喜多見村の地に犬小屋を建設した。これは同八年（一六九五）六月の四谷・大久保、同年九月の中野の犬小屋の先駆けとなる施設であった。

『竹橋余筆別集《ちっきょうよひっぺつしゅう》』（村上直校訂、近藤出版社）所収の「元禄六年二月武州喜多見村御用屋鋪《やしき》諸色御入用帳」は、元禄五年分の喜多見犬小屋の経費書上である。これによると、「生肴入用《なまざかな》」として銀二六四匁《もんめ》七分三厘が書き上げられており、「あち・さより・きす・すはしり・石もち・あゆなめ」の名とともに、重病の犬のために焼くか、または味噌汁にして煮て、朝夕の食にまぜて与えると記されている。また「干肴《ほしざかな》入用」二九二匁のうち、鰹節は病犬の食事にかけたり、薬と混ぜて食べやすくしている。ごまめは犬を川原などで散歩させる際に携帯している。

蠟燭代一七四匁余は、夜分の犬医者の送迎などに使われ、唐櫛・油代一一匁五分は夏に犬についた虫を取る費用としている。また細縄代二〇匁八分四厘は、犬の寝所や外囲の修理費であり、藁《わら》代二七匁二分三厘は病犬の敷物用にあてている。敷物は清潔を保つためにたびたび敷き替え、さらに寒いときのもみ藁の費用も書き上げている。これら喜多見の犬小屋の諸費用の総計は、六二両一分と銀三匁四分五厘におよび、「御犬様」の生活ぶりがうかがえる。

以上のように、元禄時代、喜多見村の農民たちは、領主喜多見氏の栄華と没落、そして犬小屋の設置という、綱吉政治を間近で体験したのであった。

Futakotamagawa

二子玉川（世田谷区）開業・明治四〇年（一九〇七）四月一日

東急大井町線・田園都市線

多摩川をはさむ二つの駅

「ニコタマ」の愛称で親しまれる二子玉川は、駅周辺に髙島屋や、おしゃれな店が建ち並ぶ。近くには東急電鉄の創始者五島慶太《ごとうけいた》の喜寿を記念して設立された五島美術館や静嘉堂《せいかどう》文庫、多摩川河川敷の緑地公園などもある。

この駅は、平成一二年（二〇〇〇）八月まで「二子玉川園」といった。かつて遊園地の二子玉川園があったことによるが、遊園地は昭和六〇年（一九八五）三月に、経営悪化から閉園され、その後、アミューズメントパークのナムコワンダーエッグとなったが、こちらも現在はなくなっている。

二子玉川駅を出て、多摩川の土手から見ると、なんと駅のホームが多摩川の河川敷の上にある。また対岸には、隣駅の二子新地《ふたこしんち》（神奈川県川崎市）駅も見える。時刻表によると両駅の間は

二子橋を渡る東急田園都市線

七〇〇メートル、乗車時間は約一分である。多摩川をはさんだ二つの駅は、まさに多摩川を渡るための駅である。江戸時代の人々は船賃を払って多摩川を渡ったが、今日私たちは乗車賃一二〇円を払って渡ることになったのである。そして多摩川をはさむ二子玉川、二子新地の駅名こそ、二つの土地が古くから緊密であったことを示すあかしでもある。

現在、二子《ふたこ》玉川の駅の周辺に「玉川」の町名がみられ、二子新地の駅の周辺に「二子《ふたご》」の町名がみられる。「ふたこ」と「ふたご」の違いはあるものの、これもまた、二つの地域の親しい関係を示すものである。

対岸の地名

現在、地図を開くと多摩川をはさんで、対岸に同じ地名が目につく。国立《くにたち》市石田《いしだ》（左岸）と日野市石田（右岸）、府中市押立《おしたて》町と稲城《いなぎ》市押立、調布市布田《ふだ》と川崎市多摩区の上布田・下布田、狛江《こまえ》市元和泉《いずみ》・東和泉・西和泉・中和泉・和泉本町《ほんちょう》と多摩区和泉、世田谷区宇名根《うなね》と川崎市高《たか》津《つ》区宇名根、世田谷区瀬田《せた》と川崎市高津区瀬田、世田谷区上野毛《かみのげ》・野毛と川崎市中原区下野毛、世田谷区等々力《とどろき》と中原区等々力、大田区下丸子《しもまるこ》と中原区上丸子・中丸子などである。

これら川をはさんだ同一地名の理由としては、本来一つの村であったものが、多摩川の流路が変わり分断されたことによるもの、対岸に新田を開いたことによるものなどが考えられる。いずれにしても、江戸時代の村人たちは、渡し舟を利用して二つの土地を頻繁に往来していたようである。対岸の同一地名は、川をはさんだ人々の親密なかかわりを表すものといえるのである。

二子の村説と渡し場

では二子玉川の二子とは、何を意味するのであろうか。

『角川日本地名大辞典』の二子玉川の項の説明では、地名の由来は、「多摩川の渡河点をはさんで、両側に集落ができ、二子の集落になったこと」と、多摩川をはさんで二子《ふたご》（二つ）の村があったとする説を紹介している。同書によれば、この渡河点は現在の二子橋付近とされる。とすると二子の村は、江戸時代の荏原《えばら》郡瀬田村（世田谷区）と橘樹《たちばな》郡二子村（川崎市）に当たる。

『新編武蔵風土記稿』（以下『風土記稿』）の二子村の項には、江戸時代に瀬田村と二子村が、渡し場をめぐって争論を起こしたことが記されている。すなわち二子村の北を流れる多摩川は、石の河原で川幅は六〇間（約一〇八メートル）ほどであった。夏は川を船で渡り、冬は橋を架けた。船の渡し場は昔から二子村が持っていたが、洪水のたびに両岸の崖が崩れ渡し場が移動し、対岸の隣郡（荏原郡）の瀬田村と境争いが起こったとある。

一方、『風土記稿』の瀬田村の項には、瀬田村は多摩川の対岸に飛地を持っていたとあり、この境界争いは多摩川南岸の現在の川崎市域で起こったものと考えられる。

『風土記稿』の二子村の項には、先の記事に続けて、渡し場をめぐって天明《てんめい》八年（一七八八）に二子村が幕府へ訴えたところ、幕府は二子村と瀬田村の両村で渡し船を出すことを指示し、以後両村持ちとなったことが記されている。

二子の渡しは、相模大山の雨降神社（阿夫利《あふり》神社）への参詣の道である大山《おおやま》街道（旧国道二四六号。現在の国道は髙島屋の北を通っており、二子橋へ向かう大山街道とは分かれる）を通る人々で、特に春と夏に賑わった。溝の口からは江戸に向けて薪をはじめ、駿河の茶や真綿、伊豆の椎茸《しいたけ》や乾魚、秦野《はだの》の煙草、相模川の鮎などが運ばれ、江戸からは下肥《しもごえ》が運ばれた。

当時、渡し船は村々の貴重な現金収入の機会となっていた。多摩川でも、二子の渡しの上流に登戸《のぼりと》の渡し、下流に丸子の渡し、平間《ひらま》の渡し、六郷《ろくごう》の渡しなどがあった。渡し場をめぐる瀬田村と二子村の争いは、こうした利益をめぐる争いであったといえる。

渡し船が両村持ちとなったことにより、瀬田村と二子村の関係はいっそう緊密なものになったと思われる。夏は船で渡り、冬は橋を架け、さらには争論まで起こした多摩川の渡河は、今日、二子橋と田園都市線で簡単に渡れるようになったのである。

二つの塚と二王子伝説

しかし、対岸の橘樹《たちばな》郡二子村（現川崎市）には、二つの村説とは異なる二子村説が二つある。

一つは『風土記稿』の二子村の項の、「村名の起りは村内東南の境に二つの塚並びてあり、是《これ》を二子塚と云《いう》より起りしならんといえり」と、二子村の名が村内の二つの塚に由来するという説である。同村光明寺がかつて村の南の方にあり、二子塚が境内にあったことも記されている。

もう一つの説は、『角川日本地名大辞典・14神奈川県』の二子の項に、「二子塚児童公園の『史蹟二子塚の碑』裏面には、大正の中ごろに勾玉《まがたま》、耳環《みみわ》などが発掘されたこと、旧八王子街道には、八王子村より八王子村まであり、八王子村が二子村に転じたとする伝承などが記されている」とあるように、八王子街道沿いに展開する八王子から八王子までの伝説をもとに、二子塚を八王子の墓とし、八王子が二子へ変化したとするものである。

さて、『風土記稿』によれば、江戸時代の二子村は、村の中ほどを南北に相州街道（大山街道、矢倉沢《やくらざわ》往還、国道二四六号）が走り、街道の左右には民家が八二軒並び、その中には商家や旅籠《はたご》なども あったという。溝の口村と二村で宿場の役（伝馬役《てんまやく》）をつとめ、村内の地字《ちあざ》として、街道沿いに西から上宿《かみじゅく》、中宿、下宿があり、多摩川沿いの宿場町として繁盛したと記されている。

玉川電鉄の開通

明治四〇年（一九〇七）、玉川電気鉄道の渋谷—玉川間が開通すると、『橘樹《たちばな》郡案内記』に「多摩川の鮎は世に比《たぐ》いなき一種の風味あり、毎年初夏の頃より此《この》地に歩を運ぶ都人幾万なるかを知らず、渋谷駅より玉川電車の便を藉《か》らば僅《わず》か三十分以内にして」とあるように、多摩川への行楽が一気に活発化した。渡し場の近くには、川遊びの人々を相手に、茶屋、料理屋、菓子屋、蕎麦《そば》屋などが並び繁盛した。鮎漁船が出て、鵜飼《うかい》なども行われた。

大正一四年(一九二五)には、先の渡船場に東京府、神奈川県、玉川電気鉄道の三者の協力により、長さ四四〇・二メートル、幅一五メートルの鋼橋の二子橋が完成した。

昭和二年(一九二七)にはこの二子橋を通って玉川電鉄が川を越え、玉川―溝の口間が延長開通し、二子新地前駅(現二子新地駅)と高津駅が開設された。同年には南武鉄道(現JR南武線)が旅客運輸を始め、武蔵溝ノ口駅が開設されると、二子花柳界が成立し大いに賑わった。大正末期には、玉川電鉄が集客のために二子の花火大会を始め、夏の風物詩として今日まで続いている。

その後、昭和二九年(一九五四)に国道二四六号が旧街道筋を迂回し、上流の新二子橋を渡るようになると、江戸時代以来、宿場を中心に賑わった二子村の地域は衰退していった(『角川日本地名大辞典・14神奈川県』)。

現在、二子玉川の駅前から二子橋を渡り二子新地に入ると、大山街道のゆるく曲がった細い道と両側の店の並びが迎えてくれ、江戸時代以来の賑わいをうかがうことができる。

Todoroki

等々力（世田谷区）　開業・昭和四年（一九二九）一一月一日

東急大井町線

等々力の由来

多摩川に向かって開け、川向こうの平地を見晴らすことのできる荏原台《えばらだい》。その台地の西側に位置する等々力は、往古から人が住み続けてきた土地だ。しかし、他の玉川地域同様、鎌倉管領《かんれい》足利持氏《もちうじ》（一三九八〜一四三九）以前の記録がないため、いつごろからこの土地が等々力と呼ばれるようになったかは定かでない（『玉川附近の地誌と名所旧蹟案内』）。

この地名が初めて文献に登場するのは、天文《てんぶん》二〇年（一五五一）一二月七日の「吉良《きら》左兵衛《さひょうえの》佐頼康《すけよりやす》判物」（花押《かおう》のある文書）で、文中に「とゞろ木」と表記されている。足利持氏から世田谷領を与えられた吉良治部大輔《じぶだゆう》治家《はるいえ》の子孫、吉良左兵衛佐頼康が、同年に家臣太平清九郎に等々力村と小山郷を給分として与え、開発の手伝いに円城寺召し抱えの農民をつけるという内容である。

ただ、「等々力」といういっぷう変わった名の由来については、はっきりとしたことはわかっていない。『新編武蔵風土記稿』には、等々力村を開発した深沢村《ふかざわむら》の小谷岡《こたにおか》家という農家が所蔵する系図に、天正一八年（一五九〇）、先祖の小谷岡但馬《たじま》が兎々呂城《とどろき》出丸にあった寺を深沢の原へ移し、土地の人々が兎々呂城の満願寺と呼んだことから、等々力村の名が発生したとある。

一方、トドロキという地名が全国各地に分布しており、等々力渓谷内の、水の湧き出る音や激流、滝音に由来する説（『世田谷区史跡散歩』）、特に渓谷の南側にある不動の滝音が「轟き」わたることに由来するという説（『角川日本地名大辞典』）も根強く支持されている。

儒者・細井広沢の眠る寺

等々力駅から駅前商店街を抜け右手へ進むとすぐに、等々力の名の起こりに関係の深い満願寺がある。同寺は文明《ぶんめい》二年（一四七〇）に定栄《じょうえい》和尚によって開かれた。吉良氏によって、初め深沢の地に建立されたが、天文一八年（一五四九）に現在地へ移されたといわれる。満願寺移転の年については異説もあり、『世田谷区の歴史』では、天文二三年の「吉良頼康判物」に「深沢村満願寺」とあるところから、天文一八年というのは誤りで、天文二三年（一五五四）から永禄七年（一五六四）の間に現在地へ移ったとするのが自然ではないかと述べられている。

満願寺は、天文二三年に吉良頼康より寺領一三石を与えられ、吉良家が去ったのちは徳川家から同じく一三石を保証する朱印状が与えられた。徳川幕府と満願寺との関係は深く、九世実《じつ》祐《ゆう》和尚は元禄七年（一六九四）に徳川綱吉《つなよし》の側用人《そばようにん》・柳沢吉保《よしやす》に招かれ、『易経《えききょう》』を講義している。また、境内には柳沢吉保・水戸家・幕府に仕えた儒者・細井広沢《こうたく》の墓がある。

細井広沢は、『新編武蔵風土記稿』に、その書によって広く世間に名が知られているので説明は省くと記されており、『江戸名所図会《ずえ》』の挿絵には満願寺本堂の裏手に、細井家の墓域が目立つように描かれている。また、文化一二年（一八一五）起稿の高田與清《ともきよ》『世田谷紀行』には、等々力村の満願寺へ詣で細井氏の墓碑を見てきたと記されているなど、有名だった。

その人気の背景には、細井広沢と大石内蔵助《くらのすけ》良雄との交流があるのではないだろうか。

大石が吉良邸への討ち入りを同志以外に告げていたのは、広沢ただ一人だったという。ある日、大石は深川八幡《ふかがわはちまん》前の広沢宅を訪れ、「古語に父の仇は不倶戴天とあるが君の仇としては如何《いかが》なものでござろうか」と尋ねると、広沢は「異国の語をそのまま真似るには及ぶまい。日本は忠孝一致。君父は一つであるによって只今の仰せ、いささかも差し支えござらぬ」と答えたため、討ち入りの際に「君父讐不戴天《くんぷのしゅうともにてんをいただかず》」の言葉を用いたと伝えられる。

また、赤穂義士四十七士の一人、堀部安兵衛武庸《たけつね》とは剣術の同門で、討ち入り前夜、広沢が別離の詩を贈り、仇討ちの翌朝、堀部安兵衛と岳父・弥兵衛《やへえ》は、泉岳寺へ行く途中、広沢宅を訪れておのおの形見を遺していったというエピソードもあり、赤穂義士との親交が深かった

（『玉川附近の地誌と名所旧蹟案内』）。

広沢は晩年この多摩川の地を愛して、蕉林庵《しょうりんあん》玉川の号を用い、享保《きょうほう》二〇年（一七三五）一二月二三日、江戸青山《あおやま》で七八年の生涯を閉じた。等々力でも広沢を慕い、かつて命日には青年会で試胆会を行っていた。赤穂義士の討ち入り日に命日が近かったので、一度、一二月一四日の義士会に併合する話が出たが、広沢先生をしのぶ意義がなくなるので止めたという。

役行者と紀州の僧侶が夢にみた霊地

再び等々力駅へ戻り、用賀《ようが》中町通りを南下すると、すぐ右手に渓谷への入り口が見える。案内板には温度計がついており、都内の平均気温より三、四度低い数値を示している。渓谷へ下りると、頭上はるかに樹木が生い茂り、日の光を遮断して渓谷内を涼しくしているのがわかる。足下の流れは、用賀に源を発する谷沢川《やざわ》で、台地の崖端を侵蝕して等々力渓谷をつくり出した（『新修世田谷区史』）。渓谷の長さは約一キロメートルほどだが、カワセミやオシドリなどの鳥類や、コウモリ、イタチなどの哺乳類、スジアオアゲハ、キマダラチョウなどの昆虫類が棲息していて、町中にある小自然とは思えぬ幽谷さだ。

渓谷の南側に行くと、崖からほとばしる滝と小祠が見える。これが不動の滝である。諸病を癒す霊泉として有名で、江戸時代には、この霊泉を浴びようとする人々が各地から集まり大盛況であった。また、明治になっても年中、滝に掛かろうとする人々がやって来ていたという。

今でも白衣の行者が滝に打たれる姿が時折見かけられる。

滝壺と茶屋との間に五十数段におよぶ階段があり、その途中に岩屋がある。入り口に「神変大菩薩」と刻んだ石があり、中には役行者《えんのぎょうじゃ》が祀られている。これは行者が霊夢によって不動明王像を彫ったという言い伝えが寺にあるところからつくられたものだ。

さらに上ると、等々力不動尊の境内に出る。等々力不動尊は満願寺の別院で滝轟山明王院《りゅうごうざんみょうおういん》という。約八〇〇年の昔、紀州根来寺《ねごろ》の開祖興教大師《こうきょう》が武蔵国調布の岡に一つの奇勝地があるという夢を見て、この地にいたり、瀑泉が山頭より噴出しているのを発見した。しかも山頭のあたりに瑞雲《ずいうん》がたなびいているのを見て、霊地であることを悟り一宇を建てた。それが等々力不動尊の縁起であると伝えられており、この瀑泉は不動の滝のことであるという。

古墳にまつわる祟り譚

不動の滝の手前に、渓谷を左へ渡る橋がある。橋を渡るとそこは小さな広場になっており、古墳時代末期、七世紀の墓である横穴群がある。唯一ほぼ完全な形で残されているのが三号横穴で、中からは須恵器《すえき》の瓶《かめ》や土師器《はじき》の坏《つき》、青銅製の耳鐶《みみわ》といった副葬品とともに、三体分の人骨が発見された。そのうちの成人男性人骨には切傷が幾本も認められており、発掘調査に参加した鈴木尚によると、武蔵国荏原郡の等々力を中心とした地域における有力集団に属する者で、この死者の力を継承するために儀礼的・呪術的食人を行った痕と推定される（『世田谷区史料第8集』）。

また、荏原台一帯には古墳が多く分布しており、横穴群のすぐ近く、等々力不動尊の向かいにも御岳山《みたけさん》古墳という、径四一二メートル、高さ五メートルほどの円墳がある。ここからは、七鈴鏡や短甲をはじめとする副葬品が見つけられており、五世紀後半から六世紀中葉ごろのものかと考えられている。そして、さらに渓谷中ほどの西へ上る階段を進み、国土交通省住宅を迂回すると、円筒型埴輪を巡らせた巨大な古墳が目に飛び込んでくる。これがさまざまな伝説を持つ野毛大塚古墳である。

江戸時代には東大塚・塚山・吾妻塚などと呼ばれ、『新編武蔵風土記稿』には、村人たちは古城址と信じていたとある。明治三〇年（一八九七）五月に下野毛《しものげ》の三人の青年が好奇心にかられて墳頂を発掘し、石棺内から副葬品を発見した。ところが、発掘に参加した青年のうち一人は病にかかり、石棺を開いた二人は発狂して自殺したという。村人は塚をあばいた祟りと恐れて、墳頂の石棺上部に祠《ほこら》を建て、「吾妻神社」と名づけて祀った。その後、霊験あらたかという評判が高まり、日露戦争のときなどは弾よけの神として参詣者が列をなして、鳥居と幟《のぼり》が立ち、麓には数軒の茶店までできるほど大盛況だった。しかし、昭和初期には荒れた山林に戻り、青年団の胆試し会場になっていた。

やがて、昭和六年（一九三一）、目蒲《めかま》電鉄会社が大塚を中心として等々力ゴルフリンクスを完成させたが、太平洋戦争に入りゴルフ場は廃止され畑地となり、昭和二八年には遊園地になっていた。この年、遺跡保存のための調査が行われた。古墳は高さ約九メートル、全長八五メートルくらいで、幅四メートル、深さ約二メートルの堀が全周をまわっていると考えられる。墳頂周囲と墳丘裾の間に二段ないし三段、円筒型埴輪が列をなしていたことも推定される。石棺内の副葬品には、直刀、甲冑《かっちゅう》、玉、石製模造品などがあった。これらのことから、この古墳は五世紀中葉か後半ごろにつくられ、被葬者はのちの武蔵国荏原郡になる地域の首長ではないかと考えられている（『世田谷区史料　第8集』）。

等々力の地は太古の昔から人が住み続けている。それは、この清冽《せいれつ》な水に恵まれ、日当たりのよい土地が、住むのに適していたからだろう。そして、近代に入り、昭和二年七月に大井から玉川電車が二子玉川へ接続する大井町線が開通し、交通の便がよくなると、等々力から尾山《おやま》台《だい》・九品仏《くほんぶつ》へかけての一帯は急速に発展していくのである。

Ikegami

池上

（大田区）　開業・大正一一年（一九二二）一〇月六日

東急池上線

本門寺参詣客のために敷かれた鉄道

平成一四年（二〇〇二）は立教開宗七五〇年にあたる。つまり、開祖日蓮が初めて題目「南無妙法蓮華経《なむみょうほうれんげきょう》」を唱えてから七五〇年たった年というわけである。日蓮宗四大本山の一つ長栄山大国院本門寺《ちょうえいざんだいこくいんほんもんじ》（通称池上《いけがみ》本門寺）では、記念事業として行ってきた五重塔解体大修理の完成を祝し、同年四月三日から五日間にわたり落慶法要を営んだ。

本門寺五重塔は、慶長一二年（一六〇七）に、徳川二代将軍秀忠の乳母岡部局《めのとおかべのつぼね》が、秀忠の病気平癒のために寄進したもので、同一九年（一六一四）の大地震で傾いたのを、のち秀忠によって復元された。さらに元禄一五年（一七〇二）には祖師堂（大堂の東側にあったが、戦災で焼失）から現在地に移築されている。関東最古にして最大の五重塔で、重要文化財である。

落慶法要は多くの参拝客で賑わい、壇徒が団扇《うちわ》太鼓を打ち鳴らし題目を唱え、威勢よく纏《まとい》ぶ

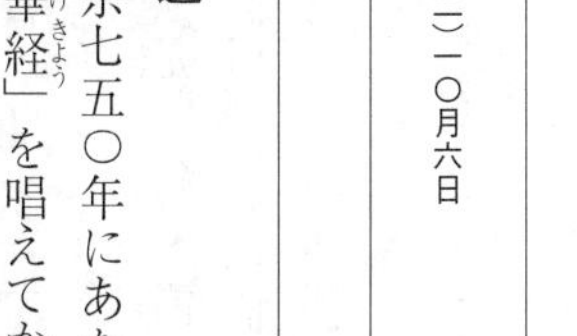

りも練り歩いた。このような盛大な祭りは、毎年一〇月一〇日、日蓮の忌日に開かれるお会式《えしき》でも行われる。お会式の発生は中世にさかのぼるが、万灯行列や火消し組の纏ぶりが加わり、現在の形式になったのは江戸時代である。

お会式について、『東都歳時記』に「十月十日会式。今日より十三日迄修行。十二日十三日開扉あり。十二日の夜通夜の人多し。夜中説法あり」とある。お会式は一〇日から一三日まで行われるが、一二、一三日の日蓮上人像ご開帳のときにもっとも賑わう。特に、一二日は夜通し参籠する人が多く、説法も夜に開かれたようで、当時の盛況ぶりが伝えられている。

明治四四年（一九一一）刊行の『風俗画報臨時増刊　新選東京名所図会』第十巻には、編者自ら、一二日の夜中の賑わいを見るために、徒歩で池上に参詣したときのことが描写されている。そのころ、池上まで直通の汽車はなかったため、参詣者が特に多い一二日は臨時汽車を増便したという。すでに南品川や青物横丁《あおものよこちょう》あたりから参詣人が行列をつくり始め、大森停車場（現JR大森駅）からさらに混雑が激しく、道筋には栗や柿を商う露店が市のごとく建ち並んでいた。また、本門寺総門内の石階《せっかい》（加藤清正のつくった此経難持坂《しきょうなんじざか》のこと、九八段ある）を登ると、境内一帯が人で埋め尽くされていたとある。

そして、本門寺参詣客、特にお会式の参拝客のために、大正一二年（一九二三）、池上電気鉄道株式会社により国鉄（現JR）蒲田—池上間の営業が開始される。のちに郊外の丘陵部の都市化とともに路線を延長、昭和三年（一九二八）には五反田《ごたんだ》駅に乗り入れた。現在は東急に経営が引き継がれている。

日蓮入滅の聖地

池上本門寺一帯は江戸時代から賑わっていた。

現大田区内で江戸時代から栄えていたのは、街道筋では梅屋敷《うめやしき》付近、蒲田新宿、六郷《ろくごう》橋際、門前町では矢口《やぐち》の新田《にった》神社門前、羽田要島《はねだかなめじま》の玉川弁天門前、そして池上本門寺門前であった。特に池上本門寺はよく紀行文に登場する。幕府の有能な官吏で文人の大田南畝《おおたなんぽ》がしたためた『調布日記』文化六年（一八〇九）の項には、「ややありて茶屋酒店の軒たてつづけて葛餅《くずもち》うる家もみゆ」とある。また文政《ぶんせい》一二年（一八二九）完結の『十方庵遊歴雑記《じっぽうあんゆうれきざっき》』には「表門前町の賑やかさ、両側には粮店酒楼《ろうてんしゅろう》商家茶店旅籠屋迄軒をつらねて建つづき、東西の町長さ凡《およそ》弐町余」とあり、門前に茶店や酒屋、旅宿、池上名物葛餅を売る店などが建ち並んだ様子から、町の賑わいが聞こえてきそうだ。この葛餅屋は、池上駅近くにある創業二五〇年のくずもち処・浅野屋のことだろう。

さて、そもそも池上の地に日蓮宗の大本山が建立されたきっかけは、日蓮入滅の一カ月前にさかのぼる。

山梨県の身延山《みのぶさん》にいた日蓮は、持病を治すために常陸《ひたち》の隠井《かくらい》の湯へおもむこうとした。ところが、道中病が悪化し、池上村を支配する旗本・池上《いけがみ》右衛《え》門宗仲《もんむねなか》の邸へ逗留、約一カ月後の弘安《こうあん》五年（一二八二）一〇月一三日に入滅した。その場所は、現在本門寺の西域にある大坊本《だいぼうほん》行寺《ぎょうじ》の御臨終の間である。そこから数分歩くと、日蓮の荼毘所《だびしょ》と伝えられる場所がある。そこは鬱蒼と茂る樹林に囲まれた墓域の中で、ひときわ目を引く朱色の宝塔が建っている。これは、文政一一年（一八二八）に前犬山城主成瀬《なるせ》氏らが願主となって建立したもので、都の文化財に指定されている。この本行寺一帯が池上氏の邸宅があったところで、背後の山を切り開いて本門寺がつくられたと考えられている。

やがて、池上本門寺は日蓮入滅の聖地として信仰を集め、鎌倉比企谷《ひきがやつ》妙本寺と両山一貫首《かんじゅ》制（一派の上首である貫首が妙本寺に常住し、本門寺は大坊本行寺住職が管理する）を敷き、関東における日蓮宗の布教活動の拠点となる。やがて家康が江戸に幕府を開くと、完全に貫首は本門寺へ移り、家康が寺領を寄進、加藤清正、二代将軍秀忠、八代将軍吉宗が堂宇の整備復元等を援助し、大本山たる体裁を整える。そして、吉宗の母深徳院《しんとくいん》の墓所となったことで、毎年米六〇〇俵を与えられるとともに、住職交替の折は老中列座の中で拝命されるなど、幕府の厚い保護を受けた。

江戸城無血開城の舞台

時代は移り幕末。慶応四年（一八六八）二月、有栖川宮熾仁《ありすがわのみやたるひと》親王率いる新政府軍が、鳥羽伏見の戦で敗れた徳川方を壊滅させるため、江戸をめざして東征する。四月三日、池上本門寺に到着し、江戸を臨むこの寺を本陣と定めた。ここに、徳川方で陸軍総裁に任じられていた勝海舟が通ってきて、新政府軍の代表であった西郷隆盛と何度か江戸城無血開城について協議した。

本門寺本堂の左手を進むと、紅葉坂《もみじざか》上に出る。この坂を下り奥へと進むと、松濤園《しょうとうえん》という名園がある。ここの四阿《あずまや》で、勝海舟と西郷隆盛が江戸城開城を協議したのである。その場所に現在、西郷勝会見碑が建っている。かつて、幕府の保護を厚く受けた本門寺は、官軍の江戸攻めの本陣となり、さらに江戸城開城協議の舞台となったわけである。歴史の皮肉な巡り合わせといえるだろう。

大森

Omori

（大田区）　開業・明治九年（一八七六）六月一二日

JR京浜東北線

大森貝塚の謎

明治一〇年（一八七七）、アメリカ人モースが、横浜より新橋へ向かう汽車の窓から貝の堆積層（大森貝塚）を発見したエピソードは、日本考古学の夜明けとして知られている。現在JR京浜東北線・東海道本線の車窓からは、「大森貝墟」と縦書きされた石碑と、「大森貝塚」と横書きされた石碑が、大森駅を発車後、左手に間隔をおいて順番に見られる。

横書きの「大森貝塚」は、大正一四年（一九二五）に死去したモースを顕彰するため、考古学者・大山柏《かしわ》、モースとともに貝塚を発掘した東大生の一人・佐々木忠次郎らによって、昭和四年（一九二九）に品川区大井鹿島町二九五五番地の国鉄寮敷地内に建てられたものである。現在、一帯は大田区立大森貝塚遺跡庭園として整備されている。

一方、縦書きの「大森貝墟」は、佐々木氏が大田区山王《さんのう》一丁目の臼井米二郎氏邸の近辺でも

京浜東北線の線路際に立つ石碑

モースとともに発掘したことを思い出し、昭和五年に臼井氏邸内に建てたものだ。こちらは、日本電信公社（現ＮＴＴ）内にあって、見学することができる。

こうして二つの記念碑ができたこと、そしてモースが明治一二年に刊行した大森貝塚の学術論文に、発掘地点についてははっきりとしたことを書かなかったことにより、貝塚の所在地が大田区説と品川区説の二つに分かれてしまった。

現在では、記録調査が進み、モースが重点的に発掘したのは、横書きの品川区側（当時の大井村）であることがわかっている。一方、縦書きの大田区側は、当時、最寄り駅が大森駅しかなかったため、そこで降りて線路沿いに北上し品川区側の貝塚に向かう途中、小貝塚を発見し、地表採集を試みた場所だ。また、大井にある貝塚を大森と名づけたのは、乗降に用いた大森駅の名称をとったためであり、大森貝塚と鉄道との関係は深い（『大田の史話』）。

白井権八と小紫の物語

大森駅東口を出て海岸のほうへ行くと、京急《けいきゅう》本線の大森海岸駅に出る。このあたり、今では平和島競艇場で有名だが、その昔は鈴ヶ森《すずがもり》刑場があった場所だ。駅から線路沿いに北上し、一つ目の歩道橋を渡ると鈴ヶ森刑場跡に出る。そこは今でも人魂が見られるとか、隣の交番に勤務するお巡りさんが長続きせず、閉鎖の予定があるなど何かと噂が絶えない。

鈴ヶ森といえば、文政六年（一八二三）、鶴屋南北《つるやなんぼく》作、歌舞伎『浮世柄比翼稲妻《うきよづかひよくのいなずま》』中の一幕劇「鈴ヶ森」を思い起こす。

あらすじは、悪者・不破伴左衛門《ふわばんざえもん》が、お家の重宝を奪うため、白井兵左衛門《しらいへいざえもん》と名古屋山左衛《なごやさんざえ》門《もん》を殺す。その兵左衛門の子権八《ごんぱち》が、悪の一味の伯父助太夫《すけだゆう》を殺し、江戸へ向かう途中、鈴ヶ森で雲助《くもすけ》らに襲われるが、逆に返り討ちにし、通りかかった江戸の侠客播随院長兵衛《ばんずいいんちょうべえ》のもとへ行くというものだ。

大勢の雲助を相手に見せる権八の立ち回り、播随院長兵衛との出会いが見どころで、一幕単独で上演するほど人気がある。ちなみに、モデルとなった鳥取藩士平井権八は、父を侮辱した同藩士を斬り逐電《ちくでん》し、江戸で強盗殺人を重ねたため、ここ鈴ヶ森で処刑されており、その恋人で吉原三浦屋の遊女小紫《こむらさき》とともに下目黒の滝泉寺《ろうせんじ》門前で仲良く眠っている。

さて、鈴ヶ森の地名についてだが、旧東海道沿いにある磐井《いわい》神社に伝わる社宝鈴石《すずいし》に由来するという伝説があるが、それよりも、大森に続く静かな森のシズカが、昔はイとウの中間音が用いられてスズと今の東北弁のように発音され、後世、鈴の字を当て字したのではないかという説が有力とされる（『大田の史話』）。

この地は、万葉の昔、荒藺崎《あらいざき》、笠島《かさじま》と呼ばれ、歌に詠まれるほど静かで風光明媚なところだったが、刑場が慶安四年（一六五一）に置かれてから、明治三年（一八七〇）に廃止されるまで、南北が凄惨な場面に選んだようなイメージがつきまとった。ちなみに、もう一つの刑場である小塚原《こづかはら》（現荒川区）とどのように分けられていたかというと、犯罪人が日本橋以北の者であれば小塚原、以南の者であれば鈴ヶ森で刑を行ったという。また、犯罪の行われたところによって決めたともいわれる。

なお、鈴ヶ森で最初の受刑者は、由井正雪《ゆいしょうせつ》とともに慶安事件を起こし幕府転覆を企てた丸橋《まるばし》忠弥《ちゅうや》で、最後の梟首《きょうしゅ》者は有栖川宮熾仁《ありすがわのみやたるひと》親王を狙った渡辺健蔵である。そのほか、鈴ヶ森刑場の露と消えた主な人々に、八代将軍吉宗の御落胤《ごらくいん》を騙《かた》った山伏・天一坊《てんいちぼう》、一目惚れした寺小姓に会うため放火して火あぶりの刑に処された八百屋お七、文久二年（一八六二）の河竹黙阿弥《かわたけもくあみ》作『青砥稿《あおとぞうし》　花紅彩画《はなのにしきえ》』（通称「白波五人男《しらなみごにんおとこ》」）に登場する日本駄右衛門《にほんだえもん》のモデルとなった、江戸中期の大盗賊・日本左衛門こと浜島庄兵衛《はましましょうべえ》がいる。

新井宿に残る悲しい物語

再び大森駅に戻り、西口を出て池上《いけがみ》通りを南下し、大森郵便局前で右手に折れると善慶寺《ぜんけいじ》というお寺がある。このお寺には不思議な墓石が伝わっている。

延宝《えんぽう》七年（一六七九）につくられたもので、表に建立者の父母の法名を、裏に六人の人物の法名を刻み、台石の四方に花立てと水入れを設け、その間をくりぬいてつないである。表の二人に花や水を手向けると、同時に裏の六人も供養できるという仕組みで一種の隠し墓だ。

なぜこの六人を公に供養することができなかったのか。それは、墓の建立二年前の延宝五年（一六七七）のこと。この隠し墓の六人は、旗本木原《きはら》氏の知行地・荏原郡新井宿《あらいじゅく》村（現大田区大森西・山王・南馬込・中央一帯）の農民六人で、過酷な年貢の収奪に耐えきれなくなった村人を代表し、四代将軍徳川家綱に直訴するため、馬喰《ばくろ》町の百姓宿に潜伏する。ところが、木原氏側に捕らえられ、麴町《こうじまち》の屋敷で斬首された。残された家族は累が及ぶのを恐れて村外へ立ち退き、訴状をまとめた者の妻は、家に火を放ち二児とともに自殺したと伝えられる。そうしたなかで、人目を憚《はばか》りながら六人衆の供養墓が建立されたのである。

この一件は、長らく村民の間に口承で伝えられてきたが、明治三四年（一九〇一）に六人衆の一人の子孫宅で発見された文書（都文化財指定）によって、伝説が事実であったことが明らかになった。しかし、この一件については、延宝年間（一六七三〜八一）の旗本が処刑の懲罰処置をとることができたのか、六人について「重立候百姓《おもだちそうろうひゃくしょう》」と文書にあるだけで具体的役職が記されていないことなど、まだ多くの謎が残っている（『大田区史』）。

馬込の文士村

大森駅の西口正面に天祖《てんそ》神社へ続く急な石段が見える。その左手に神社の裏手へ回り込む坂がある。この坂は八景《はっけい》坂といって、昔は急な坂道だった。大森を中心とした一帯は景色のよいスポットの多い土地で、中国の瀟湘八景《しょうしょうはっけい》に倣《なら》い、大森にも大井落雁《おおいらくがん》・羽田帰帆《はねだきはん》・鮫洲晴嵐《さめずせいらん》・富《ふ》士暮雪《じぼせつ》・蒼海秋月《せいかいしゅうげつ》・笠島夜雨《かさじまやう》・池上晩鐘《いけがみばんしょう》・六郷夕照《ろくごうゆうしょう》の八景がある。これらを見渡せる景色のよいところがこの八景坂で、坂上にあった鎧掛松《よろいかけまつ》を中心とした風景画を、初代広重《ひろしげ》が『絵本江戸土産』『江戸百景』シリーズで描いている。

　さて、このように風光明媚な土地柄であるため、江戸時代、海苔《のり》養殖で有名だった大森の海岸は、やがて海水浴場としても賑わうようになり、さしずめ東京のリビエラともいうべき、別荘地としての役割が高まっていった。

　そして、関東大震災後、文化人たちがこぞって中心部からこの地へ疎開してきて、馬込《まごめ》文士村を形成する。馬込文士村に住んだ文士に、尾崎士郎・宇野千代夫妻、室生犀星《むろうさいせい》、萩原朔太郎《はぎわらさくたろう》、北原白秋《きたはらはくしゅう》、川端康成などがおり、小林古径《こばやしこけい》や川端龍子《りゅうし》といった画家たちも暮らした。今でも山王一帯には、当時の面影を残す洋館が散見でき、瀟洒《しょうしゃ》な住宅地として人々の憧れの土地となっている。

Togoshi

戸越（品川区）開業・昭和四三年（一九六八）一一月一五日

地下鉄浅草線

「江戸越」と「谷戸越」

戸越駅を通る都営地下鉄浅草線は、都営地下鉄の一号線である。

地下鉄の始まりは昭和二年（一九二七）に浅草―上野間に開通したが、計画的に建設されたのは昭和三〇年代に入ってからであった。東京都市計画高速鉄道一号線は西馬込《にしまごめ》―押上《おしあげ》間で、途中、泉岳寺《せんがくじ》―品川間が分岐線となった。工事は押上のほうから始まり、部分開通を行いながら、昭和四三年（一九六八）に最後の泉岳寺―西馬込間が開通した。このときに戸越駅も開業した。

戸越の地名の由来は二説ある。一説は戸越神社の碑にあるもので、「江戸越えて清水の丘の成就庵願の糸のとけぬ日はなし」という古歌にあるように、つまり江戸を越えたところの成就庵（戸越神社隣にある行慶寺《ぎょうけいじ》のこと）という意味の「江戸越」説である。

もう一説は言語学者中島利一郎が「武蔵荏原ところ〲」（『日本地名学研究』所収）で提唱し

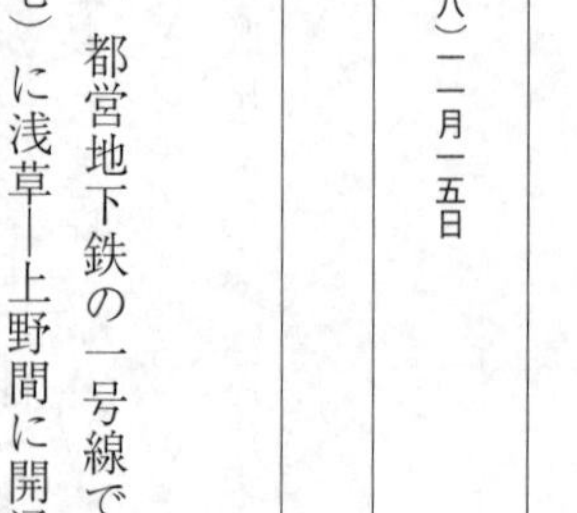

た「谷戸越」説である。戸越のあたりは谷が多いことから谷戸越「やとごえ」といったのが、「えとごえ」となり、「いとごえ」と転じ、「い」音が消滅して「とごえ」となったという。

さて、戸越はたけのこの名産地であった。明治一四年（一八八一）に刊行され、府下の特産物やその製造法を老農夫に聞いてまとめた『東京府下農事要覧』には「孟宗竹筍　荏原郡戸越村」とある。

孟宗竹《もうそうちく》は中国から琉球へ、そして戦国期に薩摩へ伝えられ、江戸時代になって江戸まで伝えられた。江戸に住んでいた廻船《かいせん》問屋山路次郎兵衛勝孝は孟宗竹の株を薩摩屋敷から手に入れ、戸越にあった別邸のまわりの農家に伝えた。

こうして戸越付近は、たけのこの栽培が盛んになり、近くの目黒不動の門前では「たけのこ飯」として売られるようになり、「目黒のたけのこ」として有名になった。現在、山路の別邸があった付近の小山《こやま》一丁目には通称「たけのこの碑」と呼ばれる「孟宗筍栽培記念碑」が建っている。これは文化二年（一八〇五）の勝孝死後、息子が歯骨を埋め、その上に辞世の句を刻んだ碑を建てたものである。

大名庭園の面影を残す戸越公園

戸越の中央にある戸越公園は東急大井町《おおいまち》線の駅名にもなっている。戸越公園の駅は電車より駅のホームが小さく、駅に止まっても電車の前二両と後一両のドアが開かない。駅名は大井町線の昭和二年の開設当時は蛇窪《へびくぼ》駅であったが、昭和一一年（一九三六）に現在の戸越公園駅に改称している。隣の下神明《しもしんめい》駅は昭和一一年までは戸越駅であった。

戸越公園のもとは、寛文《かんぶん》二年（一六六二）に拝領した熊本藩細川家の下屋敷である。広さ三万三三〇九坪で、大きく二つに分けられ、一つは数寄屋造《すきやづくり》（茶室風の建物）の屋敷とそこからの眺めのための泉水庭園であった。もう一つは琵琶湖や富士山に模した泉水・築山のある大規模な庭園で、休息のための茶屋などを設けた散策のための回遊式庭園であった。しかし、延宝《えんぽう》六年（一六七八）の茶屋からの出火で焼失し、屋敷は衰退していった。その後、伊予松山藩主松平隠《お》岐守《きのかみ》など諸大名が入れかわり所持したが、明治二三年（一八九〇）には財閥三井家の所有となり、別荘とされた。

大正期には三井農園が設けられ、世界各地の花が蒐集され百花咲き乱れた。関東大震災後バラックに住んでいた周辺の苦しい庶民の生活と対照的であったという。血盟団事件で三井合名会社理事長団琢磨《だんたくま》が殺害された昭和七年（一九三二）に、財閥批判をかわすために、小学校と公園用地として一部が東京市に寄付され、公園のための工事が行われ昭和一〇年に、大名庭園の風情の残る公園として開園した。

残りの土地は現在、閑静な住宅街の中で、研究施設である国文学研究資料館となっている。

国文学研究資料館は全国の国文学に関する資料を、原本やマイクロフィルムによって収集・保存し、閲覧に供する目的で昭和四七年（一九七二）に設立された。この前身は文部省史料館であった。同史料館は農地改革による地主層の没落にともなう近世庶民史料の散逸防止のため、昭和二六年に設立された。昭和四七年に国文学研究資料館内の一組織となった史料館は、寄託史料やマイクロフィルムで撮影した史料のほか、全国各地の史料三九四件・約五〇万点を収集・保存している（二〇〇一年三月現在）。また、この敷地内には水産庁の水産資料館があった。水産関係資料の散逸防止と整備のため昭和二八年に設立されたが、平成五年（一九九三）、建物等を文部省（現文部科学省）に返還し、収蔵していた図書資料一二万点などは横浜市八景島《はっけいじま》の中央水産研究所に移管された。

日本で初めての〇〇銀座

戸越銀座は全長約一・五キロ、直線では日本一長い商店街である。これも東急池上線の駅名になっている。この付近は旧行政区画では荏原町に入っており、戸越銀座・小山銀座・蛇窪銀座を合わせて荏原三銀座と呼んだ。三銀座の中で、駅名になったのは戸越銀座だけである。

全国に〇〇銀座という商店街は数多くあるが、戸越銀座は〇〇銀座を名乗った日本で最初の商店街である。そのいわれは、大正一二年（一九二三）の関東大震災後、戸越の商店街付近は水はけが悪く困っていたところ、本家の銀座通りが震災による舗装替工事のためレンガを撤去することになり、そのレンガをもらい道路の排水のために使用した。その縁で戸越銀座の名前がついたという。

第五章 多摩の駅名

高幡不動の五重塔

Kokubunji

国分寺

（国分寺市）開業・明治二二年（一八八九）四月一一日

JR中央線　西武国分寺線・多摩湖線

武蔵国分寺の建立に由来

周辺に大学や学校があり、多くの学生で賑わう国分寺駅。その「国分寺」という駅名の由来は古く、奈良時代にさかのぼる。天平《てんぴょう》一三年（七四一）、聖武《しょうむ》天皇は諸国に国分寺建立の詔《みことのり》を発した。これは各国に国分寺と国分尼寺《こくぶんにじ》を建立し、仏教の力により当時流行していた疫病や飢饉《ききん》を鎮め、民心を教化することを目的とするものであった。

国分寺造営は適地を選ぶことから始まった。武蔵国では国府（現府中市）に近く、水害の心配のない現在の国分寺市西元町《にしもとまち》付近が選ばれた。武蔵国分寺の寺域は他国の倍以上におよび、完成までにおよそ一五年を費やしたといわれる。

その後、国分寺は元弘《げんこう》三年（一三三三）、新田義貞《にったよしさだ》と北条泰家《やすいえ》による分倍河原《ぶばいがわら》の合戦の際に焼失するが、のちに再建されて医王山最勝院《いおうさんさいしょういん》国分寺という地方の一寺院となった。武蔵国分寺跡は江戸時代末期になると景勝地として多くの人が訪れ、その様子は『武蔵名所図会』や『江戸名所図会』にも紹介されている。現在、武蔵国分寺跡は国の史跡となっている。

尾張家の鷹場

江戸時代においてこの地域には国分寺村・恋《こい》ヶ《が》窪《くぼ》村の二カ村しかなかった。武蔵野台地が水の便が悪く、農業に不向きであったためである。のち玉川上水が完成すると分水を引き、享保《きょうほう》七年（一七二二）に新田開発が奨励されると、周辺地域の本格的な開発が始まった。もっとも早く開発が行われたのは、国分寺村の儀右衛門《ぎえもん》と仲右衛門が開いた本多新田である。その後、野中新田、榎戸《えのきど》新田、平兵衛新田、内藤新田、中藤新田、戸倉新田、恋ヶ窪新田などが開発されている。

また、国分寺地域は享保元年（一七一六）、御三家の一つである尾張家の鷹場となった。そのため鷹狩の獲物の保護という目的からさまざまな規制を受けた。当時は鉄砲を用いて田畑を荒らす猪や鹿を追い払っていたが、鉄砲の音により鷹狩の獲物である鳥や小動物が逃げてしまうため、鉄砲使用が認められる期間は夏から秋までの「弐季打《にきうち》」とされた。これにより猪や鹿によって農作物が荒らされて生活に支障が出るうえ、年貢の上納もできなくなるとして、一年を通して鉄砲を撃つことを許可してほしいとの願いがたびたび出されたが、許可はされなかった

（『国分寺市史』）。

そのほか祭礼の期日を前もって届けることや、かかしを立てることも許可が必要であった。また、実際に鷹狩が行われる場合や、鷹場役人等が回村する際には道路や橋の普請《ふしん》を命じられた。これらの負担や規制はこの地域の農業に大きな制約を与えた。

明治期になると国分寺村とその周辺地域は神奈川県北多摩郡に編入された。明治二二年（一八八九）には周辺の新田村と合併するとともに、甲武《こうぶ》鉄道が新宿―立川《たちかわ》間（現中央線）で開通し、国分寺村に国分寺駅が開設された。同二六年には東京府に編入され、同二七年には国分寺―東《ひがし》村山《むらやま》間に鉄道が開通し、翌年には川越《かわごえ》まで延長された（現西武国分寺線）。また府中まで馬車が開通し、国分寺駅は北多摩郡における交通の要所となった（『角川日本地名大辞典』）。昭和三年（一九二八）には多摩湖鉄道の国分寺―萩山《はぎやま》間（現西武多摩湖線）が開通し、国分寺―府中間にバスも通るようになった。

関東大震災の影響と交通網の充実にともなって国分寺地域の人口は急増し、昭和一五年（一九四〇）には国分寺町、同三九年（一九六四）には国分寺市となった。その後、宅地造成がすすみ、日立中央研究所や鉄道技術研究所などの研究機関や教育施設がこの地域に進出したことからさらに人口が増加し、多摩の中心地の一つとなったのである。

Yaho

谷保 （国立市） 開業・昭和四年（一九二九）一二月一一日

JR南武線

「やぼてん」

昭和四年（一九二九）一二月一一日に開設された谷保《やほ》駅。当時この駅周辺は谷保村といった。その由来は、武蔵野台地と多摩川沖積《ちゆうせき》低地にまたがるこの地には深く刻まれた谷地が多いこと、そこから湧き出す清水が飲み水として、また水田を保つ水として貴重だったことからつけられたようである。

南武鉄道は村名をそのまま駅名とした。この地は現在国立《くにたち》市谷保であるが、国立市といえばまず、JR中央線の国立駅周辺を連想する。しかし、中央図書館、市民総合体育館、郵便局、市役所と、国立市の中心部は甲州街道付近の谷保駅のあたりのようである。それでは国立市が谷保村だったころの歴史をひもといてみよう。

「やぼてん」と地域の人たちに親しみをもって呼ばれる谷保天満宮。その歴史は延喜《えんぎ》元年（九〇一）に菅原道真《みちざね》が藤原時平《ときひら》の中傷によって都を追われ、九州の大宰府に流されたときから始ま

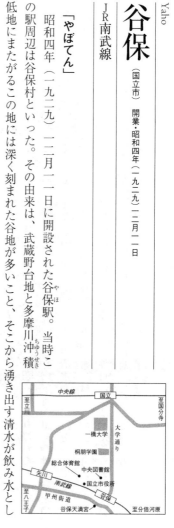

る。『武蔵名勝図会』には、道真の三男・道武《みちたけ》（当時八歳）が父と同じく都を追われ、ここ武蔵国分倍庄栗原郷《ぶばいのしょうくりはらごう》（現谷保付近）に到着したことが記されている。また、天満宮は道武の勧請によって創建され、道武から六代目の津戸三郎為守《つとさぶろうためもり》のときに再建されたことが知られる。天満宮は、初め本宿村《ほんしゅくむら》の南天神島《みなみてんじんじま》というところに創建され、養和《ようわ》元年（一一八一）、津戸三郎為守が霊夢をみて現在地に遷したとされるが、一七世紀のある時期までの甲州街道は天満宮の南側にあり、社殿正面より東側へ参道があって、現在と異なっていたことが同書に書かれている。そして、甲州街道が境内山地の北側に変更されると、そこから参道が通じて、境内の入り口よりも低いところに社殿があるという現在と同じ景観が成立したのである。

　裏門の出口には、谷保の由来ともいわれる常盤《ときわ》の清水がある。現在はあまり豊かな水量ではないが、『江戸名所図会』によれば、「清水湧出する事尤《こともつと》も夥《おびただ》しく、下流水車を設けて日用《ひよう》の助けとせり」と水量豊かな様子を本文で説明し、絵図では常盤の清水から細流をひいてそうめんを冷やし、藤棚の下で旅人に供《きょう》した様子が描写されている。詞書《ことばがき》には、このあたりはあちこちに清泉が湧き出ていることから清水村と呼ばれていること、夏の日には清水にそうめんをひたして旅人に食べさせていること、この地を通る旅人はここに休息して炎暑を避けない者はいないことが記されている。

文人が訪れた天満宮

一八世紀末から幕末にかけて、各種の地誌・紀行文などがつくられると、谷保天満宮は甲州街道沿いの名所の一つとして取り上げられるようになった。もっとも早いものは、古河古松軒《ふるかわこしょうけん》の『四神《しじん》地名録』（寛政六年〈一七九四〉）である。古松軒は著名な旅行家で、天満宮も訪ねたが、「此節《このせつ》別当寺無住にて御神体は拝せず。此故に新古詳《つまびらか》ならず」と述べている。十方庵敬順《じっぽうあんけいじゅん》の『遊歴雑記』（文政元年〈一八一八〉）も「梅光山《ばいこうざん》安楽寺の事跡宝物数品」という項で安楽寺の宝物を列挙している。

江戸後期の文人で、幕吏としても活躍した大田南畝《おおたなんぽ》が天満宮を訪れたのは、文化六年（一八〇九）のことであった。彼が多摩川近辺の巡視をしたときの見聞記である『調布日記』の一節に「上谷保村に天神あり、祭礼八月廿五日なり、これは谷保天神と言える像にして、神体はなはだ古拙なり、故にやぼてんと言える俗語もこれにより起るという」と「やぼてん」の語源が記されている。

このように谷保天満宮周辺は、旅人の憩いの場として、観光の名所として賑わいをみせていたのである。

四種の「谷保案内」

先述したような谷保の概観などを綴った「谷保案内」が国立《くにたち》に四種類現存する。①「庚申極月下旬　谷保案内」（本多定弘家文書）、②「谷保案内　附甲州道中往来」、③「谷保案内　谷保文化会版」、④「武蔵国谷保村古跡案内記　文化四年三月」（「谷保天満宮文書」）に収録されているものである。

これらの案内を編んだのは遠藤由晴《えんどうよしはる》で、『国立風土記』によると、宝暦《ほうれき》九年（一七五九）、谷保村に生まれ、文章や詩歌に通じ、手習《てならい》の師匠として村の人々を教導し、天保一二年（一八四一）四月に没したことが知られる。

この「谷保案内」は、上下二巻から構成される。②は遠藤の門人鈴木栄蔵が慶応四年（一八六八）に写したものを、さらに清水庫之祐が写し、簡単な解説をつけて昭和二年（一九二七）九月一五日付で刊行したものである。その略解説によると「この谷保案内は江戸時代末に於ける谷保村寺子屋の教科書である。文体は有名なる『都路《みやこじ》往来《おうらい》』に範をとり読み易く覚え易きよう記述されている。内容は言う迄もなく谷保村の字《あざ》づくしと簡単なるその沿革にして、当時の郷土教育の一端をうかがうに足る」と、寺子屋の教科書として編まれたもので、「月の名高き武蔵野の、露を磨ける玉川の、流れを汲んで濁りなき、実を見する本宿原」などと谷保の地名を覚えやすいように順を追って記述することから始まっている。上巻では地名や谷保天満宮で行われる縁日・祭りの日付、城山神明除地、谷保村を中心とする各方角の古跡・名所など、「蚕の作業すきもなく、薪取入川《たきぎとりいれかわ》普請《ぶしん》、鷹野の役や御前栽《ごせんざい》、鮎に御伝馬公用に、神と君とに道つくし、心安々世を渡る、田畑当分此地の字名あらまし書き綴る」と谷保の概観が記されている。下巻では文政五年（一八二二）四月に起こった多摩川の大水害、続く六年・七年の大水と、三年間で谷保が「水荒村」となったことが記されている。

谷保村は、昭和二六年（一九五二）四月一日、町制施行のとき「やほ」という語感を嫌って国立町とした。JR中央線に国立駅が開業したのが大正一五年（一九二六）四月一日。その後、昭和四二年（一九六七）一月一日、国立市となった。駅名が市町名に採用された珍しい例である。谷保は「やぼ」と読み、江戸時代の遊里文化に中で育《はぐく》まれた「すい（粋）」「つう（通）」「いき（粋）」ではないものを連想させる。

しかし、こうした語感とは対照的に、谷保の人々は「谷保案内」という平易に書かれた地誌を作成し、地域社会のなかで自らが住む土地の歴史意識を形成させていったのである。

Bubaigawara

分倍河原

（府中市）　開業・大正一四年（一九二五）三月二四日

JR南武線　京王線

「ぶばい」は何を指しているか？

分倍河原駅は大正一四年（一九二五）三月二四日、玉南電気鉄道府中—東八王子間の開業に始まる。しかし、開設当時は屋敷分《やしきぶん》という駅名であった。その後、川崎から大丸《おおまる》（昭和一四年廃止）まで開業していた南武鉄道が屋敷分まで開業したのが、昭和三年（一九二八）一二月一一日であった。その一年後、南武鉄道屋敷分—立川《たちかわ》間が開通している。屋敷分から分倍河原には翌四年に改称されている。では、分倍河原が正式な地名ではないにもかかわらず、駅名に使用された根拠を探ってみよう。「ぶばい」という名にはいくつかの説が存在する。

①八王子千人同心頭植田孟縉《うえだもうしん》が文政六年（一八二三）に著した多摩地域の地誌、『武蔵名勝図会』には、「治承四年十月源頼朝卿関八州の軍兵を府中軍配河原へ集められしと伝えしはここなり」と、源頼朝が平氏追討のため挙兵し、治承《じしょう》四年（一一八〇）一〇月に関東の兵を集めたとこ

ろが「軍配河原」であったことが記されている。

②「分倍」は、正慶《しょうきょう》二・元弘《げんこう》三年（一三三三）五月一五日、新田義貞《にったよしさだ》と鎌倉幕府軍との戦いに由来する（後述）。『太平記』によると、「去る十二日に鎌倉の軍勢敗走の告げを聞いて、高時入道より舎弟四郎左近大夫入道慧性《えしょう》を大将軍として塩田、安保《あふ》、城、長崎、佐藤、安東、横溝、南部、新開《しんがい》、三浦等の大軍十四日に鎌倉を出て分倍へ到着せしゆえなり」と、今から約六七〇年前にすでに「分倍」と呼ばれていたことがわかる。

③『京王電鉄五十年史』によると、付近は谷保天満宮の梅林をはじめ、梅に関連ある土地であったことから「分梅《ぶんばい》」と呼ばれたと記されている。

④府中市には各地の地名の由来を記した「由来碑」がある。そのなかに「分梅」について記したものがある。これによると、「古くは『分倍（陪）』や『分配』の字があてられ、『ぶんばい』と呼ばれていたこともありますが、近世以降には『分梅』が多用されています」と紹介されている。また、「口分田《くぶんでん》を倍に給した所」と、多摩川の氾濫や土壌の関係から収穫が少ないため、土地を倍与えるという説も紹介している。

⑤『武蔵野話』には、「府中の南、多麻川との交に分陪河原といえる地あり。武敗ともかけり。古戦場の地なり。分陪、武敗の文字いわれなきに似たり。此地は府中の背なれば府背からなるべし」と、ここでも古戦場跡のことが記され、「武敗」、府中の背から「府背《ふはい》」という由来も記

されている。このように「ぶばい」の名の由来には諸説あり、謎につつまれたままである。

分倍河原の戦

分倍河原駅以外で分倍河原を名乗っているのが分倍河原古戦場。ここでは「ぶばい」の由来の一つである分倍河原の戦について見ていこう。

正慶二・元弘三年（一三三三）五月八日、上野国《こうずけ》で挙兵した新田義貞の軍勢は、鎌倉をめざして怒濤のごとく鎌倉街道を南下した。この進撃を阻止するために、鎌倉幕府は北条泰家の大軍を投入し、両軍は五月一五日に、多摩川の渡河点《とかてん》で激戦を展開した。泰家軍は、いったん勝利を収めたものの、新田軍への追撃を中止したために、翌一六日の早朝、三浦義勝の来援を受けた新田軍の攻撃の前に敗北した。新田軍は敗走する幕府軍を追い、いっきに鎌倉へと迫った。

その約一二〇年後の享徳《きょうとく》三年（一四五四）一二月二七日、鎌倉公方足利成氏《しげうじ》が関東管領《かんれい》上杉憲忠《のりただ》を西御門邸にて謀殺するという享徳の乱が起こる。翌年正月五日、成氏は上杉氏討伐のために府中高安寺《こうあんじ》に出陣した。これに対し、上杉憲顕《のりあき》・顕房《あきふさ》らは二一日から二二日にかけて、武州一揆・上杉一揆を率いて府中を攻撃、両軍は分倍河原・立川などで激戦を展開した。

鎌倉時代と室町時代の二度、合戦の地となった分倍河原は、鎌倉幕府と東国武士の本領とを結ぶ連絡道であった鎌倉街道と多摩川の渡河点が交わる、水・陸上交通の要所であった。

Hachiouji

八王子（八王子市） 開業・明治二二年（一八八九）八月一一日

JR中央線（中央本線）・横浜線・八高線

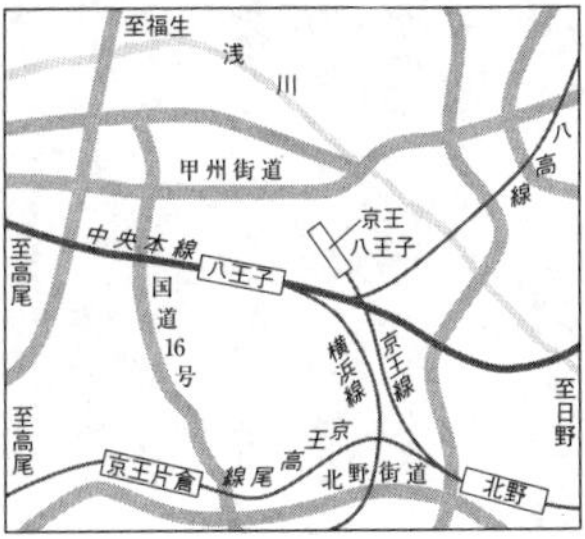

関東の要衝

現在、八王子は多摩やその周辺地域と横浜や東京をつなぐ交通の中継地点として人や物が集まっている。駅前にはデパートやファッションビルが建ち並び、学生たちを中心に賑わいをみせている。また八王子には一八もの大学・短期大学があり、多摩の学問・文化の発信地でもある。

しかし、このような光景はそれほど新しいものではなく、江戸時代の八王子にも同じような光景が広がっていた。江戸時代の八王子は多摩の文化・学問の中心であり、江戸―横浜―多摩を結ぶ市場圏の三角の一角として、繊維産業を中心に多摩の商品経済の中心市場として賑わいをみせていたのである。

八王子という地名の起源は一〇世紀にまでさかのぼる。延喜《えんぎ》一三年（九一三）に奈良東大寺の僧妙行《みょうこう》は、武蔵国を訪れた際に独立峰深沢山の美しさにひかれて修行を始める。そのとき夢の中で牛頭《ごず》天王が現れ、八人の王子とともにこの地に祀《まつ》ってくれるならこの地域の安全と幸福を護《まも》るとのお告げがあったので、延喜一六年に深沢山の頂上に社殿を建て、牛頭八王子権現社とした。この深沢山がのちに北条氏照《うじてる》が八王子城を建てる場所であり、八王子とは牛頭天王の八人の王子のことである（『国鉄私鉄・多摩駅名の由来・改訂版』）。

戦国時代、八王子は北条氏の支配下にあり、武田・上杉・豊臣氏との戦闘の舞台となった。八王子を支配していた北条氏照は豊臣政権との戦闘に備え、天正一〇年（一五八二）に深沢山に八王子城を築くが、その際、牛頭八王子権現社を城の鎮護のために祀ったことから、この地域が正式に八王子と呼ばれるようになった（『角川日本地名大辞典』）。天正一八年（一五九〇）の豊臣氏との対決において、八王子城は前田利家《としいえ》・上杉景勝《かげかつ》の猛攻を受け落城、続いて小田原城も落城し、戦国大名北条氏は滅亡した。しかし八王子の北条の遺臣は徳川氏によって再編成され、多摩の地域文化の発信者となるのである。

北条氏が滅亡した天正一八年（一五九〇）に関東に入国したのが徳川家康である。徳川家康は北条氏同様、八王子を拠点として多摩地域の支配を開始する。北条氏の滅亡後、多くのもと北条氏配下の者は多摩地域の村々に土着していた。したがって、徳川氏が関東に来ても、土着した北条氏の家臣が抵抗すれば地域支配もままならず、反乱を起こされる危険さえある。家康がこの課題を任せたのが大久保長安《ながやす》である。大久保長安はもと武田氏の家臣で武田氏の滅亡後、徳川家康に仕えていた。

長安は北条や武田の遺臣を配下にとりいれ、地域支配集団に編成した。彼らの多摩地域における影響力や、土豪たちとのつながりによって地域支配を円滑にするためであった。地域行政を担当したのが八王子十八代官と呼ばれる代官集団で、八王子に陣屋を構え、多摩を中心に上野《こうずけ》国や下野《しもつけ》国までの地域を支配していた。彼らは年貢収集などを行うほか、治水工事や道普《みちぶ》請《しん》などの関東のインフラ整備を行い、また多摩地域を積極的に開発したのである（『多摩の代官』）。

軍事的に再編成されたのが八王子千人同心である。千人同心は甲州口の備えや、土着した北条系土豪の反乱の押さえとして配置され、武田の遺臣を中心に北条の遺臣があわせて編成された。その組織は総勢一〇〇〇名で、一〇〇名一組で一〇組からなり、各組は千人頭一名と一〇名の組頭と八九名の平同心《ひらどうしん》から構成された。平同心は八王子とその周辺に土着して農耕に従事したが、武士身分として鎗奉行《やりぶぎょう》の支配下に属し、八王子千人町に屋敷を構えた一〇名の千人頭の指揮下にあって、将軍の上洛や日光社参の警護などの任務にあたった。

江戸時代初頭、軍事的要請から千人同心は配置されたが、平和が訪れた江戸時代において、しだいにその役割は日光東照宮の警護や江戸市中の防火など限定的なものとなる。兵農分離の江戸社会にあって、在村で農耕に従事しながら同心としての役割を果たすという兵農未分離の状態は、その後、千人同心の身分上昇運動（正式に武士になりたい）と、幕府側の身分規制（限定的にしか苗字帯刀などを許さない）という形で騒動の原因となる。

　こうして戦国の空気の残るなか、八王子に十八代官と千人同心が配置されたが、やがて代官行政は官僚化し、土豪的代官は粛清され八王子から代官陣屋はなくなった。戦争のなくなった江戸時代において千人同心の軍事的役割は希薄なものになる。しかし、千人同心や多摩に土着した北条の遺臣たちは、平和な時代の文化の担い手として重要な役割を果たすのである。

多摩の文化の発信地

　千人同心は幕府の軍事職制の末端に位置し警護などを担当する一方で、職務のために江戸、日光、八王子を頻繁に往来した。また千人頭や組頭の中には江戸の昌平黌《しょうへいこう》で学問にはげむ者も多く、吟味（試験）の合格者も多数輩出した。そのような千人同心は、多摩にとっては江戸の文化をもたらし、地域を発展させる文化リーダーであった。また多摩の名主層たちの中には、みずからの身分上昇のきっかけとして千人同心の同心株を買い受ける者も多かった。彼ら豪農層は地域社会において江戸の書物を収集し、寺子屋を開いたり俳諧を嗜《たしな》むなどする文化的なリーダーであることが多く、結果、多摩に広がる地域リーダーたちが、同心株を媒介として八王子を中心に文化的なネットワークを形成するのである。

　その中心にいたのが千人頭であり、そのネットワークが結実したのが『新編武蔵風土記稿』

の多摩郡の部である。

文化七年（一八一〇）に幕府儒官林述斎《じゅっさい》の建議によって始まった新たな「風土記稿」編纂《へんさん》事業において、多摩郡・高麗《こま》郡・秩父《ちちぶ》郡の担当者に任命されたのが千人頭の原半左衛門胤敦《たねあつ》である。半左衛門は千人組頭で学識経験のある者を編成し、一〇年以上におよぶ地誌探索の旅に出た。調査の内容は「郷里の山川・土風人物・神祠《しんし》・仏刹・名所旧跡・故家（旧家）・旧器・古文書等に至るまで、ことごとくこれを探索し採録」するというもので、千人同心たちは多摩郡のあらゆる村々に現地調査におもむく。調査の際には村々の名主などの家に宿泊し、時には夜を徹して村の事跡について問答する。その様子は、調査に同行した千人組頭塩野適斎《てきさい》が「桑都《そうと》日記続編」で詳しく記している（『八王子千人同心史』）。

調査開始から一二年たった文政五年（一八二二）に多摩郡四〇巻の編集が終わり、湯島聖堂に献納され、さらに同八年には高麗郡・秩父郡の風土記稿も献納された。その後、天保四年（一八三三）には、胤敦から数えて三代目にあたる原半左衛門胤禄《たねとし》を責任者に『新編相模風土記稿』の調査が開始されている（『八王子千人同心史』）。現在われわれは千人同心の一〇年以上にもおよぶ調査の恩恵を受けて多摩の村々の歴史を知ることができるのである。

調査に加わった千人頭はいずれも多摩の地域文化の中心人物ばかりである。植田孟縉《もうしん》は『武蔵名勝図会』を著すほか、勤番《きんばん》で警護していた日光の様子を「日光山志」に著すなどした。先述の塩野適斎は天正一〇年（一五八二）から文政七年（一八二四）までの二四三年間にわたる八王子千人同心の事蹟を「桑都日記」正続五〇冊に著し幕府に献上した。また千人組頭の松本斗機蔵《ときぞう》や伊藤猶白《ゆうはく》・秋山義方《ぎほう》は蘭学や蘭方医方を学び多摩にもたらした（『八王子千人同心史』）。江戸時代の八王子は多摩の文化・学問の中心地だったのである。

絹の道と横浜線

塩野適斎の「桑都日記」の桑都とは、繊維業の盛んな地域ということを表している。生糸を産出する蚕の飼料である桑の都というわけである。八王子は江戸中期ごろから桑都と呼ばれるようになったという。八王子周辺の丘陵地帯は耕地面積が狭く、多くは畑作であったため、村々では農閑余業として早くから養蚕業を営んでいた。そのような多摩の農家で生産される生糸は八王子に集積され、八王子で織物になる。八王子の織物の技術は江戸初期に武田系の千人同心が甲斐絹の技術をもたらしたのに始まり、文政年間（一八一八〜三〇）には桐生《きりゅう》（群馬県）や足利（栃木県）の機業者が来住するなど技術交流が行われている。当時の八王子は六歳市《ろくさいいち》が開かれ、青梅《おうめ》や五日市《いつかいち》など多摩の市場の中心市場として繁栄したが、主要品目である織物は織物市を通じて江戸はもとより上方まで流通していた（『角川日本地名大辞典』）。

こうして八王子は多摩郡の繊維産業の中心地となるが、安政六年（一八五九）になり横浜が開港すると状況は一変した。当時ヨーロッパでは繭のウィルスが発生し養蚕業が大打撃を受けていたため、多摩郡で大量に生産された生糸が開港場での格好の取引品目になったのである。それまで八王子周辺の農村から生糸を買い付け、八王子の織物業者に販売していた生糸商人たちは、横浜での大規模な取引のため、八王子を素通りして生糸を横浜まで運んでしまったのである。この生糸商人が通った道が、八王子と横浜を結び多摩の生糸をヨーロッパへと運んだ「絹の道」である（『多摩のあゆみ』第五五号）。絹の道は、横浜からの海外文化を多摩へ伝え、八王子周辺の生糸商人に巨大な利益をもたらす一方で、織るための生糸を奪われた織物業者は壊滅的なダメージを受けた。八王子の織物が復興するのは明治維新を経た明治二〇年代に入ってからで、八王子織物染色講習所（都立八王子工業高校の前身）が開設されると、染色技術向上のための努力と研究は明治二三年（一八九〇）の第三回内国博覧会で絶賛され、八王子織物の復活を世に伝えることになる（『角川日本地名大辞典』）。

「絹の道」が「絹の鉄道」になるのは明治四一年のことである。明治一〇年代からの横浜の生糸商人や呉服商のたび重なる出願によって横浜鉄道（現ＪＲ横浜線）が開通する。明治二二年（一八八九）に開通した甲武《こうぶ》鉄道とあわせて多摩—横浜—東京の三角は鉄道によって結ばれることになったのである。

Hamura

羽村（羽村市）開業・明治二七年（一八九四）一一月一九日

JR青梅線

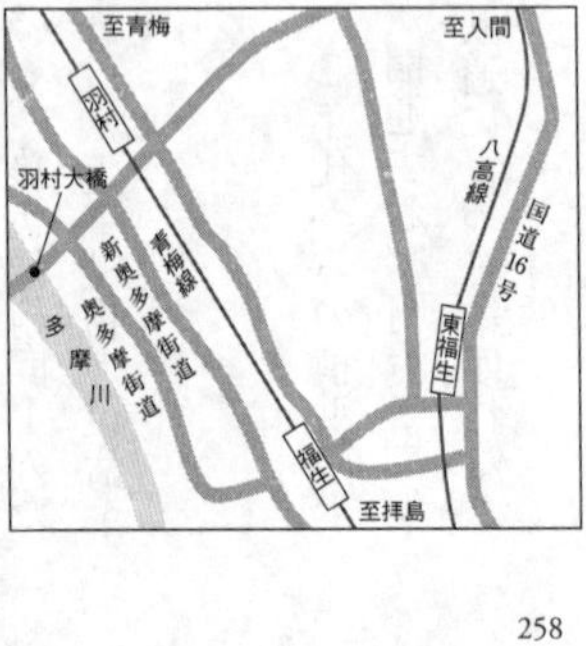

羽衣の里

羽村という美しい地名は、この場所が古来「羽衣の里」と呼ばれていたことによるという。また、羽村はちょうど西多摩郡の東の入り口にあたり、三田領（中世から近世の地域区分で多摩川上流付近の五八カ村を含む）の東端にあることから、端の村「端村」が転じて羽村になったともいう（『角川日本地名大辞典』）。いずれも詳しい由来ははっきりしないが、この西多摩郡の端の羽衣の里には江戸時代以来、「羽衣の堰《せき》」あるいは「時雨《しぐれ》の堰」と呼ばれる、江戸や武蔵野の市民の生活を支える大動脈、玉川上水の入り口があった（『御府内備考』）。

徳川家康の関東入国と関ヶ原の戦い以降、参勤交代や町の発展によって、巨大都市として成長しつつあった江戸では、急激な人口増加にともない飲料水の確保が急務の課題となった。幕府は玉川兄弟（江戸の町人とも多摩川辺の農民ともいわれるが詳しいことは不明）に命じて、承応《じょうおう》二〜三年（一六五三〜五四）に羽村―四谷大木戸間に上水道を開削し、多摩川から江戸市民の飲料水を確保した。つまり江戸の水道問題は遠く離れた多摩の山奥―羽村の自然を大改造することで果たされたのである。また、この上水から分水することによって、水源がないため人が住めなかった上水流域の武蔵野地域に新田が成立し、人が住み始めた（「小平」の頁を参照）。

多摩と江戸・東京をつなぐ羽衣の堰は端の村に何をもたらしたのだろう。

自然の大改造

玉川上水は羽村の取水口から江戸の入り口である四谷大木戸まで、およそ一二里一九町（約五〇キロ）の距離を経て江戸に流れ着く。しかし遠く羽村の山奥から江戸市中まで、いったいどのようにして水を流すことができたのだろう。

各地を旅しその様子を『遊歴雑記』に著した十方庵敬順《じっぽうあんけいじゅん》はこの仕組みについて、多摩川の流れをせきとめてダムのようなものをつくり水の勢いを強くしたうえで、流れを左右に分け、片側を多摩川として残し、片側は上水として江戸城内の滝にまで流れるようになっていたと記している。またこの試みについて、尋常ではない考えだと感嘆している。人間が自然を改造するのは近代の特徴といわれるが、それ以前に江戸時代の多摩の山奥ですでに自然の改造は始まっていたのである。そしてこの風景について「此処の眺望絶品なる事、唐土《もろこし》の西湖《さいこ》の風景も斯《かく》やあらん」と絶賛している。

羽村の堰で太る鮎

幕府編纂の地誌『新編武蔵風土記稿』所載の絵図の羽村の堰と取水口の箇所を見ると、取水口の横に柵に囲まれた陣屋があり、さらにその横に水番小屋がある。玉川上水を管理するのは幕府の普請奉行と普請方の役人たちであった。取水口の横の陣屋に普請方出役三人が詰めて、江戸の普請方役所と連絡をとりながら水量や取水口の管理を行っていた。陣屋の横の水番小屋に詰めるのが、羽村の有力者などから取り立てられた水番人で、堰の見回りや破損の点検、水量の調整などを行っていた。

また、上水流域の村々は玉川上水から分水して農業経営を行っていたが、玉川上水はあくまで江戸市中の飲用水であるため、村々が引く分水量は厳しく制限されており、その分水量の管理も水番人の仕事であった(『羽村町史』)。

普請方陣屋に詰める者の役得として、羽村の堰の鮎があった。先にみた『遊歴雑記』の中で敬順は羽村の鮎について、羽村の「溜り鮎」が太っていて風味が抜群であると、その特徴を記し、知り合いの普請方役人から振舞われたことを自慢している。

玉川上水から水を引くことで成立した小川村(現小平市)は普請方役人の通行ルートであり、

また連絡の中継点でもあったため、その御用留（名主が日常的な連絡事項を書きとめたもの）には多くの玉川上水に関する事項が記載されている。たとえば、文政二年（一八一九）の七月から一二月の半年間に四五回もの玉川上水に関する記事が記されている。内容は普請方出役の交代や水番人の分水見回り、取水量の制限やそれらにともなう人足や宿に関するものであるが、もっとも多いのは普請方陣屋―江戸普請方役所―羽村水番人―四谷大木戸水番人の間での書状の往来で、とくに渇水期には毎日のように江戸―羽村の間で連絡が行われている。水元と流域の村々、江戸市中いずれにおいても水は日常生活にもっとも重要な問題であり、その管理が文書の往来によって厳重に行われていたのである（「小川家文書」）。

水は誰のもの――神奈川県から東京へ

現在、多摩は東京都に含まれているが、明治維新後約二〇年間は神奈川県に含まれており、羽村も明治五年（一八七二）より神奈川県に編入されていた。明治維新後、羽村の水番人をつとめた指田《さしだ》家当主茂十郎《もじゅうろう》を中心とする流域村々の豪農層は、上水に船を通して生活物資を東京に大量輸送する事業を開始し、これにより多摩と東京の距離は格段に縮まることになる。しかし、わずか二年後の明治五年に、上水が汚れることを理由に事業は中止された。明治維新後も上水はあくまで東京市民の飲料水なのである。

その後も指田らの多摩と東京を結ぶ物流ルートの獲得に対する努力は続き、明治二二年の甲《こう》武《ぶ》鉄道（現JR中央線）の開通、明治二七年の青梅鉄道（現JR青梅線）の開通によって多摩郡は物と人を運ぶ大動脈を獲得した。指田は青梅鉄道会社の委員長をつとめ、羽村にも鉄道の駅が設置される。

こうして多摩郡の豪農層が経済関係から東京と接近していく一方で、当時もっとも有力な輸出物であった絹の産地である多摩の村々は、「絹の道」（「八王子」の頁を参照）を通じて横浜の絹貿易と強く結びついていた。

そんななかで持ちあがったのが、三多摩郡の東京移管問題である。直接的には明治一九年に全国的に流行したコレラによって、玉川上水の水源が汚染されているという噂が広まり、上水の安全確保や水源林の管理のために、三多摩郡を東京府がみずから管理しようとしたことが原因とされている。また、当時神奈川県議会では多摩郡に基盤を持つ自由党と県知事との対立が問題となっており、県知事は事態の打開のために自由党勢力を多摩郡ごと排除しようという政治的意図を持っていた。水源を確保したい東京、東京との結びつきを強める多摩の豪農、多摩の民権家を排除したい神奈川県知事が移管を推進するのに対し、経済的に結びつきの強い横浜から離され、一方的に水利用を制限・管理され、また移管問題に関して政府が住民の意見を聞こうとすらしなかったことに対し、西・南多摩郡の村々は強く反発し、移管問題は三多摩に混乱と分裂をもたらす（『神奈川県史』）。

この矛盾は羽村（明治二二年に川崎《かわさき》村・五ノ神《ごのかみ》村と合併して西多摩村）において象徴的に現れる。通船事業以来、東京とのつながりに強く執着する指田茂十郎に対し、住民の意思をまったく問わない中央の一方的な論理と水源管理の厳重化による負担増、神奈川との地域的な一体感、さらに法案提出の不公正さなどから、羽村の住民は移管に圧倒的に反対していた。反対派は羽村取水口の破壊を試みるなど強硬手段に出るが、明治二六年二月二八日、法案は国会を通過し、同年四月から多摩郡は東京府に編入される。村の抵抗はまだ続き、村長・助役・収入役・村会議員など村の役職にある者がすべて辞職し、西多摩村役場は閉鎖されてしまう。様子を見に来た東京府知事が数百人のデモ隊に取り囲まれるなどの事態を経て、同年七月、羽村は東京としてのスタートを切ることになる。

玉川上水は江戸・東京市民のみならずその流域の村々にも大きな利益をもたらしたが、常に中央の論理が優先され、それによって周辺地域が左右される構図をも、くっきりと浮かび上がらせた。その様子は羽村において象徴的にみられるのである。

Kodaira

小平（小平市）開業・昭和二年（一九二七）四月一六日

西武新宿線

武蔵野の交差点

武蔵野の中心にある平らな地域――小平の「平」という字はその地形を反映したものである。そしてもう一つの「小」という字は、小平の始まりを示す重要なキーワードである。

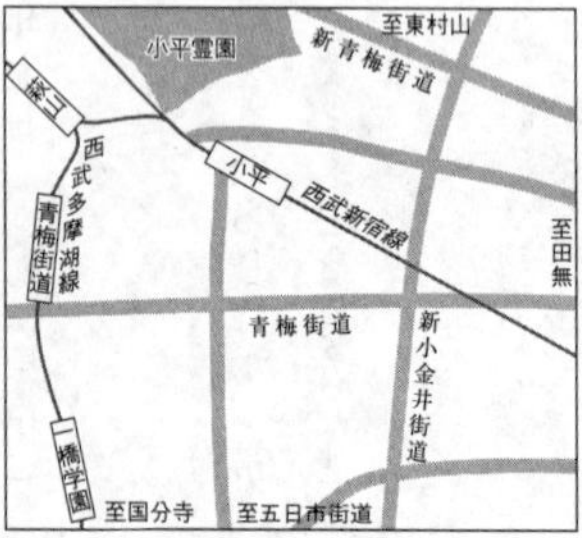

現在、小平には青梅《おうめ》街道と五日市《いつかいち》街道が東西に、府中《ふちゅう》・鎌倉街道が南北に走り、ちょうどその交差点を中心に小平がある。これらの道はいずれも江戸時代から存在した道で、江戸―多摩―鎌倉を結び人と物を運ぶ重要な道であった。しかしこの交差点は江戸時代の初め、それぞれの街道沿いの田無《たなし》・箱根ケ崎・平井・日野・清戸・府中・所沢の七カ所の宿場間を行き来する四里～七里（一六～二八キロ）の中間地点であるにもかかわらず人がいないという（小川家文書「除地《よけち》之訳書《のわけがき》」）。そのため、夕方になれば盗賊が徘徊《はいかい》するため通行できず、寒暑や悪天候の際には飢えや渇きで行き倒れる者もあったというのである（小川家文書「小川村起立書上扣」）。

この地の開拓を思い立ったのは、岸《きし》村（現武蔵村山市）の百姓小川九郎兵衛親子である。小川氏は戦国時代に北条氏に属した土豪で、江戸初期に岸村に土着して農民となっていた。承応《じょうおう》三年（一六五四）、玉川上水が開通し、翌明暦《めいれき》元年には野火留《のびどめ》用水が開削される。これによって平坦で湧水もほとんどなく川もない武蔵野の交差点に水が通ったのである。これを受けて小川九郎兵衛は、明暦二年（一六五六）に、野火止用水の分水口から田無村（現西東京市）のほうへ向けての地域の開発と、玉川上水からの分水を代官所に願い出て許可される。水がないため人が住めず不毛の原野であったこの地に、人が住めるようになったのである。村の名前は開発を願い出た小川九郎兵衛の苗字から小川新田と名づけられた。

小川村へは街道沿いに狭山《さやま》丘陵や加治《かじ》丘陵周辺の村々の者を中心に、遠くは五日市や青梅、さらにその奥地からも新田開発の情報を聞きつけて人がやってきた。入村するのはたいがい一一月から三月の間で、もといた村での収穫を終え農業経営に行き詰まった者たちが開発に夢を託して集まったのである。しかし原野を開拓するのは容易ではなく、入村したものの開発に失敗し、妻子や自身を売る（奉公人となる）者が六四軒もあったという。また水を玉川上水からの分水に頼らざるをえず、湿地帯もないため稲作は不可能であり、新田とはいってもすべて生産力の低い畑であった（『小川家文書目録』）。

こうして武蔵野の交差点に人が住むようになった。小平の第一歩である。

新田開発の博物館

小川村ができたとはいえ周辺の地域はいまだ原野であり、その地域の開発を願い出る者がたびたびあった。しかしそれらの地域はそもそも、周辺の村々が肥料として秣《まぐさ》を手に入れるための、いわば天然共同肥料地帯であった。その地域を開発してしまうと周辺村落は肥料に不足することになるため、幕府は開発を許可しなかった。しかし、享保期に入ると幕府は財政難の打開のために年貢収入の増加を企図して新田開発を奨励するよう方針を転換し、享保七年（一七二二）に江戸日本橋に新田開発の希望者を募る高札《こうさつ》を立てたのである。

武蔵野新田の開発を指揮監督したのは当時町奉行であった大岡越前守忠相《ただすけ》である。大岡は川崎平右衛門や蓑笠之助、田中丘隅《きゅうぐ》など武蔵野の様子をよく知る地方功者《じかたこうしゃ》を登用し、新田開発担当の地方行政集団を組織する。

幕府の募集に応じた小川家は、新たに小川新田の開発を行い、これにより明暦に開発された小川新田は小川村となる。新田が新田を開発するのである。

周辺の村々が開発を願い出た鈴木新田や野中新田には、開発計画にビジネスチャンスを見出す投機集団が集まった。谷保《やほ》村（現国立市）の藤八や黄檗宗の僧大堅《だいけん》は江戸牛込《うしごめ》（現新宿区）の町人たちと共同して広大な土地の開発を願い出た。許可された土地を他村や入村者に売り渡してその差額を得る計画である。

これら投機集団は開発を許可されたのち、土地を転売して出身村に戻るが、開発を許可された土地は幕府から開発場役米代金を課されたため、結局それほど大きな利益を得ることはできず、なかには役米代金を納められずに土地を没収され投獄された者もいた。こうして投機集団は早々に新田から姿を消したが、大規模な土地を割り渡された野中善左衛門は、結局手元に土地しか残らず、野中新田の名主をつとめることになる（『日本歴史地名体系』）。

秣場の確保のために開発を願い出た村もある。大岱《おんた》村（現東村山市）は、小平の地域に土地を割り渡されたさまざまな村から土地を買い集めて大沼田新田をつくり、廻田《めぐりた》村（現東村山市）は野中新田から土地を買い受けて廻り田新田をつくった。いずれも秣場を確保するためで、新田に住みついて農業経営をする意思はあまりなかった。（『日本歴史地名体系』）。

享保の武蔵野新田開発は幕府の高札からスタートするが、同じ新田開発とはいっても、そこには幕府や代官だけではなく、周辺村々の村役人・江戸の町人・資金力のある農民・僧などさまざまな者が、秣場の確保・土地転がし・檀徒の増加などの思惑をもってかかわっていた。そして、新田へ望みを託して集まる出百姓《でびやくしよう》たちによって開発は行われたのである。

武蔵野のなみだ―御門訴事件と小平の誕生

明治維新後、代官支配地域は引き続き県知事となった旧幕府代官に支配された。鈴木新田は松村忠四郎に、そのほかの村は江川《えがわ》太郎左衛門《たろうざえもん》の韮山《にらやま》県（現静岡県）の管轄となり、その後、明治二年（一八六九）に品川県が設置されると、鈴木新田、続いて大沼田新田、野中新田（善左衛門組・与右衛門組）が品川県に移管された。品川県知事は佐賀藩士古賀一平《こがいっぺい》であった。幕府代官が地方行政官として年貢徴収や行政を担当し、また管轄地域の百姓の生活を保護することを職務とし、そのための適任者が選任された。それに対し、佐賀藩士の古賀一平にとっては維新政府の意図を貫徹することがその職務であり、この違いが武蔵野に悲劇をもたらすことになる。

品川県は明治二年（一八六九）一一月に管下の村々に社倉《しゃそう》取建のための出穀を命じた。社倉とは飢饉に備えて穀物などを貯えるもので、このような政策は江戸時代にも行われていたが、品川県の政策が江戸時代と違うのは、貯穀が品川県によって一括管理されることと、貯穀が金納であるという点である。しかも、明治元、二年はすでに大凶作であり、新たに貯穀金を供出する余裕など、生産量の低い新田村落にはなかった。

品川県の管轄となった小平の四カ村をはじめとする武蔵野新田一二カ村は、生産力の低い新田の事情や、江戸時代には特典を与えられていたことなどを理由に、品川県に出穀減免の嘆願を行った。しかし古賀はこの嘆願をとりあげず、制度の実施を強行しようとした。やがて村役人たちは県から呼び出され実施を迫られ、拒否すると軟禁状態に置かれた。数度の嘆願ののち、新田一二カ村の百姓たちは品川県役所への門訴を試みた。門訴とは門の前で集団で嘆願を行うもので、決して門の中に入らないという作法をともなうものだった。

門外で嘆願を行う百姓たちに対し、品川県の役人は「不届き至極なる百姓ばら、太刀の続く限り切捨てよ」と号令し、いっせいに切り込み大砲を撃ち出した。五〇名もの百姓が逮捕され、事件の首謀者の追及のため過酷な拷問が加えられた。野中新田の名主深谷定右衛門は牢死し、一二カ村の村役人はすべて解任された。しかし逃走した新田百姓は県より上級の弾正台（明治政府の司法機関）に訴えることに成功し出穀金の減額を勝ち取ったのである（『多摩のあゆみ』第五八号、藤野敦『東京都の誕生』）。名主層が中心となって村内一致して取り組んだこの運動は、来る自由民権運動の先駆けでもあった。

「小平」という地名が誕生したのは明治二二年、町村制施行を受けてで、小川村・小川新田・廻田新田・野中新田（善左衛門組・与右衛門組）・大沼田新田・鈴木新田と久米川《くめがわ》村の飛び地が合併して小平村が誕生した。平らな地形と、この地域で最初に開拓された小川村の「小」の字をあわせて小平と命名されたという（『小平町誌』）。平らで水のない地域に現れた小川というフロンティア――小平の歴史の始まりは、この地名に象徴的に表されている。

Oumekaido

青梅街道

（小平市）　開業・昭和三年（一九二八）四月六日

西武多摩湖線

石灰の輸送路

天正一八年（一五九〇）、徳川家康の関東入封以後、江戸は本格的に整備されることになった。江戸城の普請《ふしん》や家臣団の知行割《ちぎょうわり》が行われ、慶長八年（一六〇三）の江戸幕府開設後、江戸の町は大きく発展することになる。当時、武蔵野地域は一面の茅《かや》野原であった。そしてここに、その茅野原を踏み分けるように江戸へと続く一本の道が整備された。それがのちに青梅《おうめ》街道と呼ばれる成木《なりき》街道である。

成木街道は青梅の成木村・北小曾木《おそぎ》村（いずれも現青梅市）から石灰（白土）を運ぶための輸送路として慶長一一年に整備された。江戸の建設に際して壁を塗るための石灰が大量に必要となり、当時石灰の産地であった青梅の石灰を「御用石灰」として輸送させたのである。このため同街道は御白土街道とも呼ばれ、石灰は江戸城をはじめ大坂城、名古屋城、二条城にも使用された。当初、成木街道には石灰の引継ぎのために表川（青梅市藤橋《ふじはし》周辺か）、箱根ヶ崎（瑞穂《みずほ》町）、

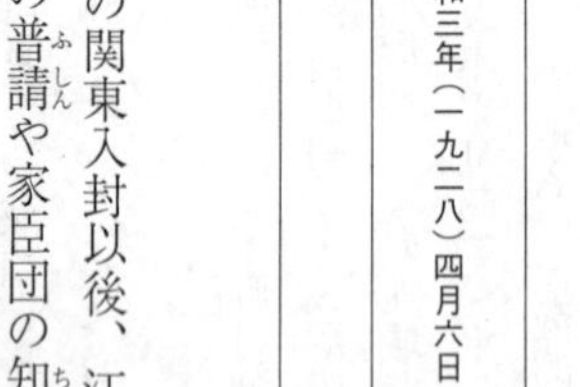

青梅街道のすぐ横にホームがある

田無《たなし》（西東京市）、中野（中野区）の四つの宿駅が設けられた。このうち田無、中野の宿駅は付近から住民を強制的に住まわせたものであった。だが、石灰輸送には多くの困難があった。宿駅以外に人家が一つもなく、川も湧水もなかった。また石灰は濡れると使い物にならないのだが、雨を避けるための木々もなかった。人夫はそのような苦労のなかで石灰を運んだのである。

なお、『青梅市史・上巻』によると、「青梅街道」の名前の由来について、宝永《ほうえい》四年（一七〇七）に青梅の御用石灰輸送が陸路から、現在の埼玉県川越《かわごえ》市に端を発する新河岸《しんがし》川からの船廻しへと変わり、さらに寛政年間（一七八九～一八〇一）にはすべての御用石灰が船廻しになった。御《み》岳山《たけさん》を訪れる人が増え、青梅宿が賑やかになるのにともなって成木街道という名前は廃れ、青梅街道という名称が自然発生的に生まれ、広まっていったとされる。

江戸時代を通して青梅街道沿いの地域が開発された。現在、西武多摩湖線の青梅街道駅は青梅街道に面し、小平市小川町にあるが、明暦二年（一六五六）に、その土地を開発したのは岸村（現武蔵村山市）の小川九郎兵衛である（『小平町誌』）。九郎兵衛は箱根ヶ崎から田無間に宿駅がないことを憂慮し、さらに玉川上水が承応《じょうおう》二年（一六五三）に開通したことから、小川村開発に乗り出したのである。

時代の流れに乗り遅れ

石灰の値段は、需要が増えるにつれて高騰した。もともとの代金は石灰一四石につき一両であったが、一〇倍の一石四斗当たり一両に跳ね上がった。そのために石灰をつくる窯《かま》も増加し、石灰づくりに従事する人も増えた。享保の初めごろ、上成木村に窯主は二一人いたことが知られている。

だが、成木石灰に競争相手が現れた。享保年間（一七一六〜三六）にできた江戸本所深川《ほんじよふかがわ》（現江東区）の蚵殻灰《かきがらばい》である。これは貝殻を焼いて粉にしたもので、石灰よりも生産が容易であり、佃島《つくだじま》の囚人を使って焼いたために石灰よりも低価格であった。さらには他地域でも石灰が生産され江戸に売り出された。下野（栃木県）佐野の野州《やす》石灰、上州（群馬県）下仁田《しもにた》の石灰などである。幕府は蚵殻灰に重税を課し、他地域の石灰に制限を加えたが徹底されなかった。川輸送になったものの青梅は輸送の不便さが影響し、成木石灰は衰退の一途をたどった。それにともない、青梅街道は箱根ヶ崎から小川村までの区間はほぼ廃道となった。のち、狭山《さやま》丘陵の南の清戸《きよど》道がこれに代わり、現在の西武拝島線の東大和市駅地点への山口道（現南街《なんがい》通り）をつなげて新しい青梅街道ができたのである。

享保以降衰えた成木石灰であるが、明治期になると青梅地方の石灰石は良質のため開発目的の人々から再び注目されることになった。そのため明治二一年（一八八八）、甲武《こうぶ》鉄道（現JR中央線）が新宿―立川《たちかわ》間に敷設されると、甲武鉄道の援助を受けて石灰採掘を目的とした青梅鉄道会社が設立され、同二八年に立川―青梅間に青梅鉄道が開通した。これにより青梅は石灰採掘に従事する人たちが移り住んで人口も増え、大いに賑わったという。

さて、西武鉄道は昭和二年（一九二七）、高田馬場―東村山間に鉄道を敷設した。当時、東京市が村山貯水場（多摩湖）を建設中であったが、箱根土地会社の堤康次郎《つつみやすじろう》はこの貯水池周辺を観光地として開発しようと考えた。また小平《こだいら》学園都市開発や、関東大震災による都心からの住民移動を受け、中央線国分寺駅から東村山方面への鉄道敷設も計画していた。こうして昭和三年、国分寺―萩山《はぎやま》間に西武多摩湖線が開通し、翌年には萩山―村山貯水池間が完成した。このときに青梅街道駅が青梅街道に面してつくられたのである。当時の電車のドアは手動式で、速さも人が歩くスピードとそれほど変わらなかったという。さらに郊外電車ということで乗客もほとんどいなかった。そのため多摩湖線は「四十二人《しじゅうににん》乗り、実は運転手と車掌の始終《しじゅう》二人乗り」とまでいわれた。

Seisekisakuragaoka

聖蹟桜ヶ丘

（多摩市）　開業・大正一四年（一九二五）三月二四日

京王線

交通の要所

聖蹟桜ヶ丘駅は、大正一四年（一九二五）三月二四日、玉南電気鉄道府中—東八王子間の開業に始まる。しかし、開設当時は現在の聖蹟桜ヶ丘ではなく関戸《せきど》という駅名であった。八王子千人同心頭植田孟縉《もうしん》が文政《ぶんせい》六年（一八二三）に記した多摩地域の地誌『武蔵名勝図会』によれば、「関戸というは、村名にはあるべからず。関の在所の惣号に唱うる和訓なり」と記されている。『武蔵野話』には、この地は鎌倉幕府と東国武士の本領とを結ぶ連絡道である鎌倉街道に面し、鎌倉防衛の拠点となっていたことから関所がおかれていたことに由来するとある。つまり、「関戸」とは「関所の入り口」という意味なのである。

またこの地には、小野小町《おののこまち》が父を訪ねてみちのくへ行く途中、ここに立ち寄ったことを記した「小野小町歌碑」がある。碑面には「武蔵野のむかひのおかの草なれば根を尋ねてもあはれ

とぞ思ふ」という『新勅撰和歌集』（後堀河《ごほりかわ》天皇の命で嘉禎《かてい》元年〈一二三五〉完成）の歌が刻まれている。小野小町は平安時代前期の歌人、六歌仙、三十六歌仙の一人として有名である。つまり、この地は小野小町が生きた時代から、交通の要所だったことが考えられる。

語る歴史から書く歴史へ

正慶《しょうきょう》二・元弘《げんこう》三年（一三三三）に起きた分倍河原《ぶばいがわら》の戦においても、分倍河原の対岸にあたる関戸で激烈な戦闘が行われた。その戦闘の様子が『江戸名所図会』『武蔵野話』に詳しく描かれている。「新田左中将義貞公、武州分倍河原へ押寄するという条下に、四郎左近入道大勢なりといえども、三浦が一時の謀に破られて、落ち行く勢は散々に、鎌倉をさして引き退く。討たるる者は数を不知《しらず》、大将左近入道も、関戸辺にて已《すで》に討たれぬべく見えけるを、横溝八郎《よこみぞはちろう》踏み止まりて、近付く敵二十三騎、時の間に射落し、主従三騎討死す」（『江戸名所図会』）と、鎌倉へ敗走する際、この関戸において大将左近入道慧性を逃がすため、横溝八郎が奮戦し、討死したことが知られ、横溝八郎の墓（『武蔵野話』）といわれる墳墓が今も存在する。

この関戸村には、「関戸旧記」という関戸郷の歴史をまとめた「旧記」が残されており、その中に分倍河原の戦で討死した横溝八郎・安保入道《あふのにゅうどう》父子の逸話が大きく取り上げられている（岩橋清美「語る歴史から書く歴史へ」『多摩と江戸』）。この「関戸旧記」は名主相沢伴主《ともぬし》（一七六八〜

一八四九）が天保年間（一八三〇～四四）に著したもので、伴主は関戸郷を中世の古戦場としてとらえている。中世の合戦場であったこの場所も、江戸時代の文化・文政期（一八〇四～三〇）以降になると、「関戸旧記」のような文献や実地調査によって歴史を確定した「旧記」が作成されるようになる。「旧記」は、村役人層が、将来、村役人をつとめるであろう自分の子孫に対して書かれる場合が一般的で、公開を前提として書かれるものではなかった。しかし、文化・文政期ころになると、「旧記」は村役人層を中心に共有化がはかられ、地域社会の中で歴史意識が形成されるようになった。これまで語ることによって伝えられてきた中世の合戦が、書くことによって伝えられる歴史へと大きく転換したのである。

関戸から聖蹟へ

それでは関戸から聖蹟へ、いつ名称が変わったのだろうか。聖蹟桜ヶ丘駅周辺で聖蹟を名乗っているものに、旧多摩聖蹟記念館がある。聖蹟とは「天皇行幸《ぎょうこう》の地」（『日本国語大辞典』）という意味であり、この旧多摩聖蹟記念館はこの地に三度兎狩りを楽しんだ明治天皇をしのんで昭和五年（一九三〇）に建てられたものである。しかし、この記念館建設には、さまざまな人々の思惑が絡み合っている。昭和二年、明治天皇が兎狩りを行った連光寺《れんこうじ》の大松山を売り出す、という広告が『国民新聞』に載り、これを見た元宮内大臣田中光顕《みつあき》が、翌年、明治天皇の聖蹟として記念館を建設する「聖蹟法頌《ほうしょう》連光会」を地元の富沢政賢らと設立した。

明治一四年（一八八一）、明治天皇の兎狩りが行われた地元連光寺村では、兎狩り直後に天皇が乗馬「金華山号」をつないだ桜を「御駒桜《みこまざくら》」と名づけ聖蹟化し、多摩村では御猟場区域を「聖蹟」として保存する目的で禁猟区とする願を出したり、地元の名望家が自家の権威を天皇の権威と結びつけることで高めようとしたりした。田中光顕も「維新志士」と「明治天皇側近」という権威を、聖蹟記念館という根拠地を得てさらに拡大していった（『多摩市史・通史編二・近現代』）。連光寺村大松山の所有者宮川半助はすでに大正一二年（一九二三）、富沢政賢らと「聖蹟保存会」を組織することを取り決めていた。宮川は記念館の土地一万五〇〇〇坪を無償で寄付し、聖蹟記念館を建設することになった。このようにして建設された記念館の中には、天皇がこの地で遊んだ三〇歳のときの乗馬像を中心に、愛用の品々、幕末維新期に活躍した人々の墨蹟《ぼくせき》などが多数展示されている（太田和子「鷹場の終焉」『多摩と江戸』）。

明治天皇が再三この地を訪れたこと、この付近が桜の名所だったことから、昭和一二年（一九三七）五月一日、駅名が関戸駅から聖蹟桜ヶ丘駅へと改められた。その後、この地が都市化されていく中で、桜の木と桜ヶ丘の名は今もここに残っている。

高幡不動 （日野市） 開業・大正一四年（一九二五）三月二四日

Takahatafudo

京王線・京王動物園線　多摩都市モノレール

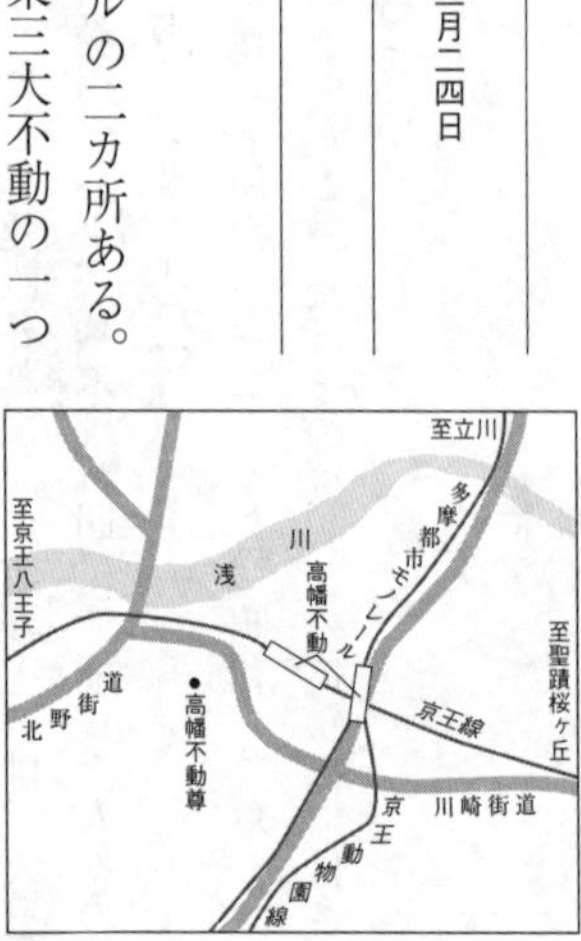

関東三大不動の一つ

現在高幡不動駅は、京王線と多摩都市モノレールの二カ所ある。二つの駅は徒歩三分ほどで行き来でき、さらに関東三大不動の一つとして有名な高幡山金剛寺《こんごうじ》が近くにある。

駅を降りると目につくのは不動ヶ丘・高幡城址である。高幡城址は高幡不動尊境内に登り口があり、ハイキングコースにもなっているが、戦国時代、八王子城主の北条氏照《うじてる》に属していた高幡氏の居館があった場所である。

高幡不動尊金剛寺は、『新編武蔵風土記稿』によれば草創は大宝《たいほう》年間（七〇一～七〇四）とされるが確かではなく、平安時代初期に慈覚大師円仁《えんにん》が、当時の天皇である清和《せいわ》天皇（在位八五八～八七六）の命を受けて、この地に不動堂を建立したのが始まりともいわれる。しかし、建武《けんむ》二年（一三三五）八月四日の夜、台風の影響で大きな被害を受け、堂宇が倒壊してしまったので、別当権少僧都《ごんのしょうそうず》儀海を中心に再建し、康永《こうえい》元年（一三四二）に工事が完了し、現在の不動堂ができた。不動堂は高幡不動尊の仁王門から入ると正面にあり、重要文化財に指定されている。

新選組と縁の深い寺

高幡不動の仁王門を入ると、左側に新選組副長の土方歳三《ひじかたとしぞう》の像が目につく。

土方歳三は石田《いしだ》村（現日野市石田）に六人兄弟の末っ子として生まれた。父母を幼少のころ亡くし、姉夫婦に育てられた。やがて姉のぶの嫁ぎ先である日野《ひの》宿名主佐藤彦五郎《ひこごろう》の佐藤道場で、天然理心流《てんねんりしんりゅう》の出稽古に来ていたのちの新選組局長近藤勇《いさみ》らと知り合うことになる。

その後、文久《ぶんきゅう》三年（一八六三）、徳川一四代将軍家茂《いえもち》が上洛する際にその警護役として浪士組が結成され、近藤・土方らはその募集に応じ、京都へ向かうことになった。しかし、その目的が将軍警護のためではなく、尊王攘夷の先鋒であることを知ると、近藤・土方らはその首謀者である清河八郎《きよかわはちろう》と分かち京都にとどまった。以後、彼らは新選組として池田屋事件などで名を知られるようになったが、慶応三年（一八六七）、徳川一五代将軍慶喜《よしのぶ》が大政を奉還すると情況は一変し、倒幕派が勢力を増すなかで新選組は瓦解した。土方は旧幕府軍の榎本武揚《たけあき》や大鳥圭介《おおとりけいすけ》らとともに戦い続けながら北へ進み、箱館の五稜郭で銃弾にあたり戦死した。

高幡不動には新選組に関連するものとして、新選組両雄の碑がある。これは、新選組局長の近藤と副長の土方をたたえた碑であり、明治二一年（一八八八）に建立された。篆額《てんがく》（石碑に彫った題字）の筆者は、元京都守護職の松平容保《かたもり》であり、撰文は元仙台藩の大槻磐渓《おおつきばんけい》、書は元幕府典医頭で新選組隊士の治療もした松本良順《りょうじゅん》である。このように新選組と関係の深い高幡不動の周辺の店では、新選組関連のさまざまなグッズが売られている。

境内の奥殿では高幡不動で収蔵されている仏像、工芸品、古文書類などさまざまなものが展示されている。重要文化財に指定されている不動明王像は、高さ二・八メートル弱の大型の坐像であり、火防の不動尊、汗かき不動尊として広く信仰を集めた。不動明王像の胎内からは文書も発見されている。南北朝時代、日野地域の武士であった山内経之が戦場から妻子に宛てた手紙など六九通にも及ぶものである。

不動明王像の脇には矜羯羅童子《こんがらどうじ》、制托迦童子《せいたかどうじ》の二像が配されている。この二像は平安時代の作といわれ、不動明王像と同様に重要文化財に指定されている。奥殿にはほかに土方歳三の手紙なども陳列されている。

高幡不動はまた、芭蕉の句碑など文学句碑も数多くあり、絶好の散策地である。また、あじさい、紅葉などの名所でもあり、これらの季節をはじめ毎月第三日曜日に行われる「何でもござれ」という言葉から名のついた「ござれ市」には人々が多く訪れ賑わっている。

Inagi

稲城

（稲城市）　開業・昭和四九年（一九七四）一〇月一八日

京王相模原線

良質の稲と城下町

八月上旬から九月下旬の梨の収穫期になると、川崎街道や鶴川《つるかわ》街道周辺には「梨直売」の旗がひらめき、店先に梨が並ぶ。稲城《いなぎ》は、府中の南、多摩川沿いの町であり、隣接する神奈川県川崎市北部とともに、古くから知られている梨の産地である。

今では梨の品種の名前にもなっている「稲城」であるが、地名として使われるようになったのは、近代になってからのことである。

明治二二年（一八八九）四月一日、東長沼《ひがしながぬま》村、矢野口《やのくち》村、大丸《おおまる》村、百村《もむら》、坂浜《さかはま》村、平尾《ひらお》村の六カ村が、前年の町村制の公布にともなう町村統合によって一つの村となり、翌年に「稲城村」と命名された。この合併に向けて、新しい村名についてさまざまな候補があったと思われるが、「稲城村」と命名された明確な経緯を示す資料は現在残されていない。ただし、いくつかの言い

伝えが残されている。
『窪全亮《くぼぜんりょう》先生と奚疑塾《けいぎじゅく》』（川島琢象、一九八六）の「『稲城』の地名と窪先生」によれば、六カ村の連合戸長で稲城村初代村長となる森清之助から相談を持ちかけられた私塾奚疑塾の窪全亮（東長沼の漢学者）が、「稲穂」と「稲城」の二つを候補として示したが、最終的に「稲城」が選ばれたということである。中世には、小沢城（稲城市矢野口）・長沼城（同市東長沼）・大丸城（同市大丸）に城（砦）があり、戦闘の際には稲架（稲木）をめぐらして矢を防いだといった話や、この地域がよい米の産地であったことなどを考慮したようである。

また、昭和初期に書かれた「武蔵野郷土地名稿（草稿）」（石井正義）には、当初「稲毛村」の名称が選ばれたが、県の許可が得られず、「稲城村」になったとある。資料的根拠は不明だが、明治一九年に作成された『地誌編輯取調簿』の東長沼・矢野口・百村・大丸の各村の沿革欄に、鎌倉時代に村域の一部を稲毛《いなげ》氏が領していたことが書かれており、村名は稲毛氏に由来するという説もある。

稲毛三郎重成は、桓武平氏秩父氏流の小山田別当有重の子で、源頼朝の平氏征討や奥州遠征にも参加している武将である。鎌倉時代初期に、武蔵国橘樹《たちばな》郡稲毛庄（現神奈川県川崎市）周辺を領している。ちなみに、現在、矢野口の丘陵部にある小沢城址は、稲毛三郎重成の子の小沢小太郎の居城とされている。

梨の一大生産地

言い伝えによれば、元禄年間（一六八八～一七〇四）に、代官の増岡平右衛門と川島佐治右衛門が山城国（京都府東南部）から淡雪という品種の梨の苗を持ち帰り、武蔵国多摩郡府中領長沼村（稲城市東長沼）村内に植えたのが、この地域での梨栽培の始まりといわれている。ちなみに、東長沼の川島家では、現在も梨栽培を営んでおり、邸内には「多摩川梨発祥之地」の記念碑が建てられている。

江戸時代の末には、長沼村・矢野口村や菅村《すげむら》（神奈川県川崎市）にかけて梨畑が広がっていたといわれているが、稲城の梨栽培が本格化するのは明治の中ごろのことである。

梨は、かつては嗜好品的色彩が強く、価格の変動が少なく、現金収入源として魅力があったことから、水田が埋め立てられて、明治三〇年（一八九七）には梨畑が一三町歩（約三万九〇〇〇坪）あったという。甘味の強い赤銹色の新種「長十郎」が明治三三年に導入され、それ以来、稲城梨の主流として広く栽培されるようになった。その後、甘味が薄く酸味のある器量よしの「二十世紀」の苗が千葉県から導入されている。

梨づくりの組合として、明治一七年に共盟社が設立され、さらに東長沼・矢野口梨山組合が設立され、「稲城梨」の名で生産された。昭和二年（一九二七）には、多摩川沿いの組合が団結し、多摩川果物生産組合連合会が生まれ、昭和七年（一九三二）に「多摩川梨」の名称に統一された。

現在では、幸水・豊水・新高などの一般品種とともに、稲城の生んだ個性的品種が栽培されている。大正九年（一九二〇）に二十世紀と長十郎を交配してつくった病気に強く収量の多い青梨「清玉」、八雲と新高を交配して育成した肉質が柔らかく品質のよい大きな梨「稲城」、子どもの頭ほどもある大きな赤梨「吉野」は、稲城で生まれた品種である。稲城市の梨は、ほとんど市場への出荷はされておらず、直売か宅配便での贈答品販売というのが特徴である。

昭和四三年（一九六八）、東京都住宅供給公社による平尾団地建設が始まり、さらに日本住宅公団（当時）の多摩ニュータウン建設が稲城市域で行われ、稲城市の人口は急激に増加することとなった。それにあわせて京王相模原線が延長され、昭和四四年（一九六九）に京王よみうりランド駅、同四九年（一九七四）に稲城駅が設置された。

稲城駅周辺には、住宅地で途切れがちではあるが、棚仕立ての梨園が広がり、春には真っ白な梨の花を、秋には梨の味覚を楽しませてくれる。

郵便はがき

料金受取人払

麹町局承認

8396

差出有効期間
平成15年11月
30日まで
切手はいりません

102-8756

東京都千代田区三番町3－10

PHP研究所 新書出版部

PHP新書係 行

フリガナ			性別 1. 男 2. 女
お名前	(姓)	(名)	生年月日 (M・T・S・H) 年 月 日生
ご住所	〒 ●電話 ( )　●FAX ( ) ● Eメールアドレス ( )		
ご職業	□会社員 □公務員 □自営業 □農林漁業 □主婦 □学生 □その他 ( )		

◎愛読者登録のおすすめ

愛読者登録を頂きますと、EメールやFAX、DMで弊所の新刊案内などをお届けいたします(無料)。⇨	●登録を… 希望・不要

弊所ホームページでも受付中　http://www.php.co.jp/

このたびはPHP新書をお買い上げいただき、ありがとうございました。
今後の編集の参考にするため下記設問にお答えいただければ幸いです。

お買い上げいただいた本の題名

◇この本を何でお知りになりましたか。

1. 新聞広告で（新聞名　　　　　） 2. 雑誌広告で（雑誌名　　　　　）
3. 書店で実物を見て　4. 弊所のホームページで　5. 人にすすめられて
6. 新聞・雑誌の紹介記事で（新聞・雑誌名　　　　　）
7. 弊所からの新刊案内で　8. その他（　　　　　）

◇書店で本書の購入を決めた理由は何でしたか（複数回答可）。

1. 書名・テーマにひかれたから　2. 執筆者が好きだから
3. 前書き（後書き）を読んで面白かったから　4. 目次を見て興味を持ったから
5. このジャンル（例：経済・歴史・科学など）に興味があるから
6. その他（　　　　　）

◇最近お読みになった新書（PHP新書、他社新書共に）の題名をお教えください。

◇本書の読後感をお聞かせください。

1. 面白かった（大変・普通・不満）　2. わかりやすかった（大変・普通・不満）

◇定期購読新聞・雑誌名をお聞かせください。

（新聞　　　　　）（雑誌　　　　　）

◇本書についてのご意見・ご感想、これから読みたいテーマをお聞かせください。

※あなたのご意見・ご感想を本書の新聞・雑誌広告・弊所のホームページ等で
1. 掲載してもよい　2. 掲載しては困る　3. 匿名ならよい

あとがき

『駅名で読む江戸・東京』は、私が長年温めてきたテーマである。前著『地名で読む江戸の町』（ＰＨＰ新書、二〇〇一年）が刊行されたのち、ＰＨＰ新書出版部の阿達真寿氏との雑談のなかで、私の駅名への思いを話したのが本書刊行のきっかけであった。

前著同様、本書の執筆者たちは、毎月一回日曜日の午後にＰＨＰ研究所の会議室で研究会を重ねた。一つ一つの報告をめぐって、「出典は何の史料か」「関係する文献が他にもあったはずだ」「この表現は専門的すぎるのではないか」などさまざまな検討がなされた。それぞれの駅名が何に由来し、駅の周辺地域がどのような歴史を刻んできたのか、私たちの作業は、史料調査・文献調査、実地踏査を通じて地域や歴史と向かいあうことであった。

この作業の間にも、社会では地名をめぐってさまざまな動きがみられた。朝日新聞（東京版）などによって、地名に関する記事を拾ってみる。

(1)二〇〇二年一月には伊豆諸島を「東京諸島」と改称することが話題となり、都島しょ町村会が島民への意識調査を行った（一月一七日朝刊）。

(2)同年一月に島崎藤村『夜明け前』の舞台となった馬籠《まごめ》宿の長野県山口村と岐阜県恵那《えな》郡の六町村との県境を越える合併の話が起こった（一月二六日夕刊）。

(3)九月一四日には山梨県中巨摩《なかこま》郡白根町《しらねまち》など四町二村が合併し、二〇〇三年四月一日から「南アルプス市」とすることが決定された。

(4)一〇月には、埼玉県さいたま市が二〇〇三年四月に政令指定都市に移行する際に、区名選定委員会が行政区の一つを「見沼区《みぬまく》」としたのに対して、地元では「田舎だと思われる」「地価が下がる」などの理由で「東区」にするよう運動を開始した（一〇月一一日夕刊）。

(5)一〇月には、東京都日野市が区画整理事業を進めるなかで石田・新井などの字《あざ》をやめ、町名を万願寺と一本化する考えをすでに示していたのに対し、幕末の新選組副長の土方歳三が生まれ育った石田という地名を残すべきとする運動が展開している（一〇月三一日夕刊）。

(6)一一月には自治体のあり方を検討している地方制度調査会の副会長案として、将来は市を基礎的自治体とし、町村をなくすという案が提出され、議論を呼んだ（一一月二日朝刊、一一月一三日朝刊）。

(7)一二月には、警視庁が葛飾区南部を担当する「本田署《ほんでん》」の名称を「葛飾署」に変更する。住居表示にともない昭和四〇年代に本田の地名が消え、「ほんだ」と読まれたり、「どこにあるのか」との問い合わせが多くなったため、地元がわかりやすい名称への変更を検討していたという（九月二八日朝刊、東京版）。

右の(3)の南アルプス市の場合、合併は、地域の主体性のもとに進められ、市名も地域で選ばれた。しかし、今後、白根町、櫛形町《くしがたまち》、八田村《やつたむら》など旧町村名や小字名《こあざ》などをどのように残していくのか気にかかるところである。南アルプス市の誕生とともに、旧町村名が消えたり、忘れられることがないよう積極的な措置を期待したい。

(7)の本田署の場合もたしかに、緊急を要する際に警察署の読み方が違ったり、場所がわからなくては混乱が起きる。しかし、『角川日本地名大辞典13・東京都』によれば、本田《ほんでん》の由来は、「新田に対する本田の意味。本田筋にあたる地域の大部分は中世以来の古い土地で、現在の葛飾区にあたる」と、中世以来の広域な地名であったことが知られる。本田の地名もまた、地域の記憶にとどめる必要がある。

現在「平成の大合併」が政府・与党によって進められている。二〇〇二年二月段階で全国三二二三市町村のうち、合併が有力な市町村は約二割の六九二にのぼり、すべてが実現すると市町村数は約二七〇〇に減るという（政府がめざしているのは一〇〇〇程度）（『朝日新聞』二月一一日朝刊）。さらにその後一一月には、全三二一七市町村の約四割にあたる一二九八市町村が合併に向けて二九九の協議会を設置していることが報じられている（『同前』一一月二一日朝刊）。

いうまでもなく、合併作業は新しい地名を生み出すとともに従来の地名を消す作業でもある。私たち現代人は、地名をどのように考えるのか、そして将来へ向けてどのような形で残すのか、重大な岐路に立たされているといえる。

本書は、駅名を取り上げたが、歴史資料としての地名は、道、坂、交差点、歩道橋、学校、店舗、建物、池、河川、橋など、いたるところに生き続けている。私はこれらを「小地名」と呼んでいるが、本書が、これら一つ一つの小地名に関心を持ち、地域への理解を深めるとともに、江戸・東京の歴史を考えるきっかけになれば幸いである。

本書の刊行にあたり、序章は鉄道史にくわしい岡田直氏に全面的に執筆協力いただいた。また、PHP新書出版部の阿達真寿氏には前著に続きお世話になった。さらに、後藤恵子さん、山崎春江さんには校正・校閲作業で御協力を得た。末筆ながら記して謝意を表する次第である。

二〇〇三年一月

大石 学

参考文献・史料一覧

全般的な参考文献・史料

『角川日本地名大辞典13　東京都』（角川書店、一九七八年）――恵比寿　駒込　御徒町　神田　赤羽橋　勝どき　浅草　蔵前　北千住　亀有　駒場東大前　等々力　国分寺　青梅街道　高幡不動　倍河原　青梅街道
『国史大辞典』（吉川弘文館、一九七九～九七年）――東京　駒込　御徒町　赤坂　赤羽橋　春日　北千住　分倍河原　青梅街道
『日本歴史地名大系13　東京都の地名』（平凡社、二〇〇二年）――浅草　東向島　駒場東大前　喜多見　小平
『江戸東京学事典』　小木新造他編（三省堂、一九八七年）――新橋　赤坂　六本木　赤羽橋　勝どき　北千住　蔵前
『江戸砂子』　小池章太郎編（東京堂出版、一九七六年）――新橋　鶯谷　赤坂　王子　神泉
『江戸学事典』　西山松之助ほか編（弘文堂、一九八四年）――駒込　赤坂　赤羽橋　水道橋

序章

『団体結成百十五年・設立五十周年記念東京建設年表』（社団法人東京建設業協会、一九九八年）
『東京をつくった話』　東建記念誌編纂委員会編（日本経済評論社、一九九八年）

東京

『地名で読む江戸の町』　大石学［丸の内、八重洲］（PHP新書、二〇〇一年）
『建築ガイド・都市ガイド―東京圏』　鈴木博之他編著（彰国社、一九八八年）
『首都江戸の誕生―大江戸はいかにして造られたか』　大石学（角川選書、二〇〇二年）

新橋

『港区の文化財8　新橋・愛宕山付近』　東京都港区社会教育課編（東京都港区、一九七二年）
『三田村鳶魚全集8』（中央公論社、一九七五年）

『中央区史　下巻』東京都中央区役所編（東京都中央区、一九五八年）
『銀座百話』篠田鑛造（角川叢書65、一九七四年）

恵比寿
『日本歴史大辞典』（平凡社、一九九三年）
『新修渋谷区史　上巻　中巻』（東京都渋谷区、一九六六年）
『新訂寛政重修諸家譜』堀田正敦等編（続群書類従完成会、一九六四〜六七年）
『新編武蔵風土記稿』蘆田伊人校訂（雄山閣、一九九六年）

渋谷
『東京ふる里文庫11　渋谷区の歴史』林陸朗他（名著出版、一九七八年）
『鉄道と街・渋谷駅』宮田道一・林順信（大正出版、一九八五年）
『東京史跡ガイド13　渋谷区史跡散歩』佐藤昇（学生社、一九九二年）
『懐かしの電車と汽車　渋谷とその周辺』巴川享則（多摩川新聞社、二〇〇〇年）
『地名語源辞典』山中襄太（校倉書房、一九六六年）

池袋
「豊島区の湧き水をたずねて」横山恵美（『生活と文化　豊島区立郷土資料館研究紀要』第11号、豊島区教育委員会、二〇〇一年）

巣鴨　本文中に記載

駒込
『新訂江戸名所図会』市古夏生・鈴木健一校訂（筑摩書房、一九九七年）
『新編武蔵風土記稿　第一巻』（雄山閣、一九三四年）
『御府内備考　第二巻』（雄山閣、一九七〇年）
『豊島区史』豊島区史編纂委員会（東京都豊島区、一九五一年）
『豊島区史　通史編一』豊島区史編纂委員会（東京都豊島区、一九八一年）

『豊島の歳時記』（東京都豊島区、一九七八年）
『ぶんきょうの町名由来』（文京区教育委員会、一九九六年）

鶯谷

『台東区史　通史編Ⅲ』（東京都台東区、二〇〇〇年）
『ビジュアル台東区史』（東京都台東区、一九九七年）
『御府内備考　第二巻』蘆田伊人編（雄山閣、一九五八年）
『新訂江戸名所図会』市古夏生・鈴木健一校訂（ちくま学芸文庫、一九九六～九七年）
『新編武蔵風土記稿　第一巻』蘆田伊人編（雄山閣、一九五七～五八年）

御徒町

『台東区史　通史編Ⅰ』台東区史編纂専門委員会編（東京都台東区、二〇〇〇年）
『東京路上細見③』酒井不二雄（平凡社、一九八八年）
『江戸のガーデニング』青木宏一郎（平凡社、一九九九年）

神田

『新編千代田区史　通史編』千代田区史編纂委員会編（東京都千代田区、一九九八年）
『新訂寛政重修諸家譜』堀田正敦等編（続群書類従完成会、一九六四～六七年）
『御府内備考』三島政行ほか編（雄山閣出版、二〇〇〇年）
『神田文化史』中村薫（秀峰閣、一九三四年）

銀座

『銀座わが街―400年の歩み』銀芽会編（白馬出版、一九七五年）
『銀座の神々―都市に溶け込む宗教』石井研士（ロンド叢書1、新曜社、一九九四年）
『銀座百話』篠田鑛造（角川選書65、一九七四年）
『日本近代建築総覧』日本建築学会（技報堂出版、一九八三年）

日本橋
『中央区史　上巻一』（東京都中央区、一九七九年）
『日本名所風俗図会4　江戸2』朝倉治彦編（角川書店、一九七九年）
『株式会社オリコミ社報別冊　日本橋界隈』（一九八二年）
『新しい銀座・ルネッサンス日本橋』（ビジネスエクステンション株式会社、二〇〇一年）
『江戸川柳謎解き』室山源三郎（現代教養文庫、社会思想社、一九九九年）
『江戸から東京へ（一）』矢田挿雲（中央公論社、一九九三年）

三越前
『株式会社三越85年の記録』（株式会社三越、一九九〇年）
『新東京物語　異都発掘』荒俣宏（集英社、一九九七年）
『三井家の女たち─殊法と鈍翁』永畑道子（藤原書店、一九九九年）
『新編東京の盛り場』海野弘（六興出版、一九九一年）
『株式会社オリコミ社報別冊　日本橋界隈』（一九八二年）
『国宝倶楽部　えん　8月号』（同朋社メディアプラン、二〇〇二年）

赤坂
『新訂増補人物レファレンス事典　明治大正昭和（戦前編）』（日外アソシエーツ、二〇〇〇年）
『日本の建築　明治大正昭和2　様式の礎』（三省堂、一九七九年）
『港区史　上巻　下巻』（東京都港区、一九六〇年）
『港区の今昔』斎藤貞雄（東光社、一九八五年）
『図説大江戸ウォーク・マガジン　別冊歴史読本55』竹内誠監修（新人物往来社、二〇〇〇年）
『御府内備考』三島政行他編（雄山閣出版、二〇〇〇年）

六本木
『日本古典文学全集82　近世随想集　紫の一本』（小学館、二〇〇〇年）

『新修港区史』（東京都港区、一九七九年）

赤羽橋

『御府内備考　第四巻』蘆田伊人編（雄山閣、一九五八～五九年）
『嘉永・慶応江戸切絵図』師橋辰夫（人文社、一九九五年）
『江戸切絵図を読む』祖田浩一（東京堂出版、一九九九年）
『嘉永・慶応江戸切絵図』（人文社、一九九五年）
『御府内備考』（雄山閣、一九七〇年）
『川柳大辞典』大曲駒村（高橋書店、一九六二年）
『江戸の庶民生活・行事事典』渡辺信一郎（東京堂出版、二〇〇〇年）
『日本地誌第7巻　東京都』日本地誌研究所編（二宮書店、一九六七年）

千駄ヶ谷

『享保改革の地域政策』大石学（吉川弘文館、一九九六年）

水道橋

『台東区史　通史編Ⅰ　下巻』（東京都台東区、一九九七年）
『文京区史　巻一』（東京都文京区、一九六七年）
『地名で読む江戸の町』大石学（ＰＨＰ新書、二〇〇一年）
『多摩と江戸―鷹場・新田・街道・上水』大石学編（たましん地域文化財団、二〇〇〇年）
『東京の橋―生きている江戸の歴史』石川悌二（新人物往来社、一九七七年）
『御府内備考　第一巻』蘆田伊人編（雄山閣、一九五八～五九年）
『新訂江戸名所図会』市古夏生・鈴木健一校訂（ちくま学芸文庫、一九九六～九七年）
『文京区史　巻四』（東京都文京区、一九六九年）

白山　本文中に記載

春日

『江戸文学地名辞典』浜田義一郎監修（東京堂出版、一九七三年）
『徳川諸家系譜　第二』斎木一馬・岩沢愿彦校訂（続群書類従完成会、一九七二年）

湯島

『大日本地誌大系・御府内備考　第一巻』蘆田伊人編（雄山閣、一九五八年）
『甲子夜話1』中村幸彦・中野三敏校訂（平凡社、一九七七年）
『御府内寺社備考1』（名著出版、一九八六年）
『旧事諮問録　下』旧事諮問会編、進士慶幹校注（岩波書店、一九八六年）
『政談』荻生徂徠著、辻達也校注（岩波書店、一九八七年）
『昌平坂学問所日記Ⅰ、Ⅱ』橋本昭彦編（東洋書院、一九九八、二〇〇二年）
『文京区史　巻二』（東京都文京区役所、一九六八年）

勝どき

『東京港史第1巻通史（各論）』（東京都港湾局、一九九四年）
『中央区史　中巻　下巻』（東京都中央区、一九五八年）
『中央区の文化財（一）史跡・旧跡・記念碑』（東京都中央区教育委員会、一九九五年）
『中央区の文化財（三）橋梁』（東京都中央区教育委員会、一九七七年）
『東京の橋―生きている江戸の歴史』石川悌二（新人物往来社、一九七七年）
『朝日クロニクル20世紀　第1巻』（朝日新聞社、一九九九年）

浅草　本文中に記載

蔵前

『浅草蔵前史』石津三次郎（蔵前史刊行会、一九五八年）
『ビジュアル台東区史』東京都台東区史編纂専門委員会編（東京都台東区、一九九七年）
『江戸の札差』北原進（吉川弘文館、一九八五年）

『江戸の経済システム』鈴木浩三（日本経済新聞社、一九九五年）
「蔵前神社由緒略記」蔵前神社社務所パンフレット
「十八大通一名浅草蔵前馬鹿物語」二三寿著　蘇武緑郎編『吉原風俗資料、全』（文芸史料研究会、一九三〇年）

三ノ輪

『三の輪町史』渡辺兼守（三の輪町史編さん会、一九六八年）
『五百年前の東京』菊池山哉（批評社、一九九二年）
『消えゆく東京の地名』本間信治（月刊ペン社、一九八三年）
『浄閑寺と永井荷風先生』浄閑寺（浄閑寺、一九六三年）
『関東の不動尊と信仰』三浦家吉（甲文堂出版部、一九七七年）

越中島

『江東区史　第一巻』（東京都江東区、一九七六年）
『江戸の夢の島』伊藤好一（吉川弘文館、一九八二年）
『藩史大事典　第二巻・関東編』（雄山閣、一九八九年）

錦糸町

『東京都墨田区錦糸町駅北口遺跡ⅠⅡ』編集発行錦糸町駅北口遺跡調査団（一九九六年）
『東京都史跡ガイド7　墨田区史跡散歩』小島惟孝（学生社、一九九三年）
「旗本岡野孫一郎関係文書―小説『父子鷹』『勝海舟』の関係を中心として」中村昭一（相模原市立図書館古文書室『古文書室紀要』第一八号、一九九五年）
「岡野氏と摂洲御願塚村」神崎彰利（相模原市立図書館古文書室『古文書室紀要』第六号、一九八三年）
『父子鷹　上・下』子母沢寛（新潮社、一九六四年）

亀戸

『大日本地誌体系八　新編武蔵風土記稿　第二巻』（雄山閣、一九九六年）
『江戸東京地名事典』（新人物往来社、一九九四年）

『江戸名所図会』（評論社、一九九六年）
『江東区史跡散歩八』（学生社、一九九二年）

北千住

『新修足立区史　上巻　下巻』（東京都足立区、一九六七年）
『市場流通要覧　改訂4版』卸売市場法研究会（大成出版社、一九八九年）
『日光街道千住宿民俗誌―宿場町の近代生活』佐々木勝、佐々木美智子（名著出版、一九八五年）
『飯盛女―宿場の娼婦たち』五十嵐富夫（新人物往来社、一九八一年）
『江戸名所図会（五）』鈴木棠三（角川文庫、一九六六年）
『新編武蔵風土記稿』蘆田伊人校訂（雄山閣出版、一九六六年）

東向島

『荷風と東京』川本三郎（都市出版、一九九六年）
『敗者の精神史』山口昌男（岩波書店、一九九五年）
『前田愛著作集1　幕末・維新期の文学　成島柳北』（筑摩書房、一九八九年）
『榎本武揚』加茂儀一（中央公論社、一九七四年）
『荷風全集　第一六巻』（岩波書店、一九六四年）
『江戸名所花暦』岡山鳥著、長谷川雪旦画、今井金吾校訂（八坂書房、一九七九年）
『新日本古典文学体系100　江戸繁盛記　柳橋新誌』（岩波書店、一九八九年）
『明治東京名所図会』朝倉治彦・槌田満文編（東京堂出版、一九九二年）
『東京府志料』（東京都、一九五九年）

お花茶屋

『大日本地誌体系八　新編武蔵風土記稿　第二巻』（雄山閣、一九九六年）
『東京の地名を歩く（一）』朝日新聞社会部（日本名書出版、一九八三年）
『葛飾区史跡散歩』入本栄太郎（学生社、一九九三年）

『明治以前日本土木史』土木学会編（土木学会、一九三六年）
『江戸風俗図絵集　絵本江戸土産』（国書刊行会、一九八六年）
『江戸叢書　嘉陵紀行』江戸叢書刊行会編（江戸叢書刊行会、一九一六年）
『江戸名所図会巻之七　揺光之部　第一九冊』斎藤幸雄（評論社、一九九六年）

亀有

『増補葛飾区史　上巻　下巻』（東京都葛飾区、一九八五年）
『水戸市史　中巻（一）』（水戸市史編さん委員会、一九七七年）
『新編武蔵風土記稿』全一三巻、蘆田伊人校訂（雄山閣、一九九六年）
『遊歴雑記』十方庵敬順著（名著刊行会、一九六四年）
『徳川実紀』黒板勝美・国史大系編修会編（吉川弘文館、一九六四〜六七年）

葛西

『葛飾区史　上巻』（東京都葛飾区、一九八五年）
地下鉄博物館パンフレット
『葛西城とその周辺』（たけしま出版、二〇〇一年）

王子

『北区諸家文書目録』北区古文書調査会（東京都北区、二〇〇二年）
『王子村　大岡家文書調査報告書Ｉ』東京都北区教育委員会（東京都北区、二〇〇〇年）
『北区史　通史編中世　近世』（東京都北区、一九九六年）
『北区史　資料編近世Ｉ』（東京都北区、一九九二年）
『近世人名録集成　第二巻』森銑三・中島理寿（勉誠社、一九七六年）
『田楽展』北区飛鳥山博物館（二〇〇一年）
『日本民俗事典』大塚民俗学会（一九七二年）

赤羽
『北区史　通史編　近現代』（東京都北区、一九九六年）
神泉
『東京ふる里文庫11　渋谷区の歴史』林陸朗他（名著出版、一九七八年）
「渋谷区立松濤美術館パンフレット」
『鉄道と街・渋谷駅』宮田道一・林順信（大正出版、一九八五年）
『渋谷駅100年史　忠犬ハチ公50年』（日本国有鉄道渋谷駅、一九八五年）
『東京の地理再発見―誰が街を造ったか（上）』豊田薫（地歴社、一九九四年）
『奥野信太郎随筆全集二』（福武書店、一九八四年）
駒場東大前
『享保改革の地域政策』大石学（吉川弘文館、一九九六年）
『目黒区史』東京都立大学学術研究会編（東京都目黒区、一九六一年）
『京王電鉄五十年史』京王電鉄株式会社広報部編集（京王電鉄株式会社、一九九八年）
代田橋
『文化財シリーズ19・杉並の地名』杉並区教育委員会編集（東京都杉並区教育委員会、一九七八年）
『京王電鉄五十年史』京王電鉄株式会社広報部編集（京王電鉄株式会社、一九九八年）
芦花公園
『みみずのたはこと　上・下』徳冨健次郎（岩波文庫、一九三八年）
『新修世田谷区史　下巻』（東京都世田谷区、一九六二年）
『東京百年史　第二・三・六巻』東京百年史編集委員会編（東京都、一九七二年）
『世田谷の地名　下』東京都世田谷区教育委員会編（東京都世田谷区、一九八九年）
『京王帝都電鉄30年史』（京王帝都電鉄株式会社総務部、一九七八年）
『京王線各駅停車』深川和夫（椿書院、一九七六年）

『せたがやの散歩道』世田谷区区長室広報課（東京都世田谷区、一九七九年）

成城学園前

『新修世田谷区史　下巻』（東京都世田谷区、一九六二年）
『世田谷の地名　下』東京都世田谷区教育委員会編（東京都世田谷区、一九八九年）
『図説教育人物辞典　中巻』唐澤富太郎編（ぎょうせい、一九八四年）
『小田急五十年史』（小田急電鉄株式会社、一九八〇年）
『せたがや百年史』せたがや百年史編纂委員会（東京都世田谷区、一九九二年）

喜多見

「生類憐みの令」松尾美恵子（『古文書の語る日本史・6江戸前期』所理喜夫編、筑摩書房、一九八九年）

二子玉川　本文中に記載

等々力

『玉川附近の地誌と名所旧蹟案内』田中広（東京　田中広、一九三四年）
『東京府志料・第4』東京都総務局文書課（東京都、一九五一年）
『世田谷区史料・第8集』東京都世田谷区編集（東京都世田谷区、一九七五年）
『東京ふる里文庫20　世田谷区の歴史』荻野三七彦ほか文　東京にふる里をつくる会編（名著出版、一九七九年）
『大日本地誌大系八　新編武蔵風土記稿　第二巻』蘆田伊人編（雄山閣、一九八一年）
『東京史跡ガイド12　世田谷区史跡散歩』竹内秀雄（学生社、一九九二年）
『新修世田谷区史　上巻』（東京都世田谷区、一九六二年）
『江戸文人辞典』石山洋他編（東京堂出版、一九九六年）

池上

『大田区史　上巻』大田区史編さん委員会編集（東京都大田区、一九八五年）
『大田区の歴史』新倉善之（名著出版、一九七八年）
『大田の史話』西岡秀雄編（東京都大田区、一九八三年）

大森
『東京名所図会・南郊一』宮尾しげを監修（睦書房、一九六九年）
『大日本地誌大系（二）新編武蔵風土記稿　第二巻』蘆田伊人編（雄山閣、一九六三年）
『東都歳時記　3』朝倉治彦校注（平凡社、一九七〇年）
『江戸町方の制度』石井良助（人物往来社、一九六八年）
『町奉行』稲垣史生（新人物往来社、一九七四年）
『東京名所図会　南郊一』宮尾しげを監修（睦書房、一九六九年）
『大田区の歴史』新倉善之（名著出版、一九七八年）
『大田の史話』西岡秀雄編（東京都大田区、一九八三年）
『大田区史　中巻』大田区史編さん委員会編集（東京都大田区、一九九二年）
『歌舞伎鑑賞辞典』水落潔（東京堂出版、一九九五年）
戸越
『品川区史　通史編　下巻』（東京都品川区、一九七四年）
『品川区史　資料編』（東京都品川区、一九七一年）
「武蔵荏原ところ〴〵」中島利一郎（『日本地名学研究』中島利一郎著、日本地名学研究所発行、一九五九年）
『品川歴史館常設展示目録』品川区立品川歴史館（一九八六年）
「近代史料論」松尾尊兊（『岩波講座日本通史』別巻三　史料論、岩波書店、一九九五年）
『品川区史蹟散歩』平野栄次（学生社、一九九三年）
国分寺
『新版江戸名所図会　中巻』鈴木棠三・朝倉治彦校註（角川書店、一九七五年）
『武蔵名所図会』植田孟縉著、片山迪夫校註（慶友社、一九七五年）
『国鉄・私鉄　多摩駅名の由来』グループうつぎ編（武蔵野郷土史刊行会、一九八〇年）
『国分寺市史　上巻　中巻』国分寺市史編纂委員会（国分寺市、一九八六年、一九九〇年）

『見学ガイド　武蔵国分寺のはなし』（国分寺市教育委員会、一九八九年）
『東京百科事典』東京学芸大学地理学会三十周年記念出版専門委員会（財団法人国土地理協会、一九八二年）
『日本地名大辞典5　関東』渡辺光・中野尊正・山口恵一郎・式正英編集（朝倉書店、一九七三～七四年）
『多摩の地名』保坂芳春（武蔵野郷土史刊行会、一九七九年）

谷保

『国立市史　中巻』国立市史編さん委員会（東京都国立市、一九八八年）
『武蔵名勝図会』植田孟縉著、片山迪夫校訂（慶友社、一九九三年）
『新訂江戸名所図会』市古夏生・鈴木健一校訂（ちくま学芸文庫、一九九六～九七年）
『四神地名録』古河古松軒著、長沢規矩也・財部建志・前島康責任編集（江戸地誌叢書、有峰書店、一九七六年）
『遊歴雑記』十方庵敬順著、大嶋建彦他編（三弥井書店、一九九五年）
「調布日記」大田南畝（『蜀山人全集』第一巻、日本図書センター、一九七九年）
『国立風土記』原田重久（逃水亭書屋、一九六七年）

分倍河原

『武蔵名勝図会』植田孟縉著、片山迪夫校訂（慶友社、一九九三年）
『京王電鉄五十年史』京王電鉄株式会社広報部編（京王電鉄、一九九八年）
『日本古典文学大系　太平記　一～三』（岩波書店、一九六〇～六二年）
『武蔵野話』斎藤鶴磯（有峰書店、一九七〇年）

八王子

『多摩・鉄道とまちづくりのあゆみⅠⅡ』多摩の交通と都市形成史研究会編（東京市町村自治調査会、一九九五年）
『八王子千人同心史　通史編・資料編二』八王子千人同心史編さん委員会編（八王子市教育委員会、一九九二年）
『多摩のあゆみ　第二一号　第五五号』（多摩中央信用金庫、一九八九年）
『多摩の代官』村上直他（たましん地域文化財団、一九九九年）
『国鉄・私鉄　多摩駅名の由来』グループうつぎ編（武蔵野郷土史刊行会、一九八〇年）

羽村
『川路聖謨文書二』日本史籍協会編（東京大学出版会、一九六七年）
『遊歴雑記初編1』十方庵敬順著、朝倉治彦校訂（平凡社東洋文庫、一九八九年）
『羽村町史』羽村町史編さん委員会編（東京都羽村町、一九七四年）
『日本史料集覧3　東京Ⅰ』史料通信協会編（ゆまに書房、一九八四年）
「小川家文書」東京都小平市中央図書館所蔵
『神奈川県史　通史編4　近代・現代1』神奈川県県民部県史編集室編（神奈川県、一九八〇年）
『多摩東京移管前史資料展史料集　史図録―「多摩はなぜ東京なのか」』小平市中央図書館編（東京都小平市TAMAらいふ21推進実行委員会、一九九三年）

小平
『武蔵野市史続資料編一』武蔵野市編（東京都武蔵野市、一九八四年）
『小川家文書目録　下巻』小平市立図書館編（東京都小平市教育委員会、一九八六年）
『当麻伝兵衛家文書目録』小平市立図書館編（東京都小平市教育委員会、一九八八年）
『野中新田与右衛門組諸家文書目録』東京都小平市立図書館編（小平市教育委員会、一九八九年）
『鈴木家文書目録』小平市立図書館編（東京都小平市教育委員会、一九八七年）
『小川新田諸家文書目録』小平市立図書館編（東京都小平市教育委員会、一九八九年）
『多摩のあゆみ　第五八号』（多摩中央信用金庫、一九九〇年）
『東京都の誕生』藤野敦（吉川弘文館、二〇〇二年）

青梅街道
『日本地名大辞典5　関東』渡辺光・中野尊正・山口恵一郎・式正英編集（朝倉書店、一九七三〜七四）
『角川日本地名大辞典11　埼玉県』（角川書店、一九七八年）
『青梅市史　上巻』青梅市史編纂委員会（東京都青梅市、一九九五年）
『小平町誌』小平町誌編纂委員会（東京都小平町役場、一九六二年）

『郷土こだいら』郷土こだいら編集委員会（東京都小平市教育委員会、一九六七年）
『青梅街道――江戸繁栄を支えた道』山本和加子（聚海書林、一九八四年）
『駅名辞典』中央書院編集部（中央書院、二〇〇〇年）

聖蹟桜ヶ丘

『武蔵名勝図会』植田孟縉著、片山迪夫校訂（慶友社、一九九三年）
『武蔵野話』斎藤鶴磯（有峰書店、一九七〇年）
『新訂江戸名所図会』市古夏生・鈴木健一校訂（ちくま学芸文庫、一九九六～九七年）
「語る歴史から書く歴史へ」岩橋清美（大石学編『多摩と江戸』けやき出版、二〇〇〇年）
『多摩市史　通史編二・近現代』多摩市史編集委員会編（東京都多摩市、一九九九年）
「鷹場の終焉」太田和子（大石学編『多摩と江戸』けやき出版、二〇〇〇年）

高幡不動

『新編武蔵風土記稿　第五巻』（雄山閣、一九三四年）
『日野市史通史編2（上）』日野市史編纂委員会（東京都日野市、一九九四年）
『新選組史料集コンパクト版』（新人物往来社、一九九五年）
『新版東京都の歴史散歩　下』（山川出版社、一九八九年）
『新撰組日誌　上』（新人物往来社、一九九五年）

稲城

『稲城市史　下巻』（東京都稲城市、一九九一年）
『稲城のあゆみ』（東京都稲城市、一九九一年）
『鎌倉・室町人名辞典』安田元久編（新人物往来社、一九八五年）
『江戸・東京　農業名所めぐり』東京都農業組合中央会（農山漁村文化協会、二〇〇二年）

【執筆者一覧】（掲載順）

大石学	東京　池袋　千駄ヶ谷　春日　浅草　駒場東大前　代田橋　喜多見　二子玉川
奥田敦子	新橋　銀座　日本橋　三越前　等々力　池上　大森
根本俊	恵比寿　御徒町　神田　亀有
竹村誠	渋谷　錦糸町　神泉　戸越
山端穂	巣鴨　白山
柳沢利沙	駒込　高幡不動
須原真一	鶯谷　六本木　水道橋　稲城
菊池清香	赤坂　勝どき　北千住
中村大介	赤羽橋
野本禎司	湯島
松本奈緒	蔵前
池内宏尚	三ノ輪　亀戸　お花茶屋
速水慶昭	越中島　葛西
三野行徳	東向島　八王子　羽村　小平
工藤航平	王子
橋本光晴	赤羽
福井那佳子	芦花公園　成城学園前
樺沢学	国分寺　青梅街道
佐藤宏之	谷保　分倍河原　聖蹟桜ヶ丘

【写真・編集協力】

槇野修

PHP新書

PHP INTERFACE
http://www.php.co.jp/

大石 学［おおいし・まなぶ］

1953年、東京都生まれ。東京学芸大学卒業。同大学大学院修士課程修了、筑波大学大学院博士課程単位取得。徳川林政史研究所研究員、日本学術振興会奨励研究員、同特別研究員、名城大学助教授などを経て、現在、東京学芸大学教授。
主な著書に『吉宗と享保の改革』（東京堂出版）、『享保改革の地域政策』（吉川弘文館）、『大江戸意外なはなし366日事典』（講談社＋α文庫）、『首都江戸の誕生――大江戸はいかにして造られたか』（角川選書）、『地名で読む江戸の町』（PHP新書）。編著に『規制緩和に挑んだ「名君」――徳川宗春の生涯』（小学館）、『多摩と江戸――鷹場・新田・街道・上水』（けやき出版）、『江戸時代への接近（アプローチ）』（東京堂出版）など。

駅名で読む江戸・東京（PHP新書234）

二〇〇三年一月二十九日 第一版第一刷

著者――大石 学
発行者――江口克彦
発行所――PHP研究所
東京本部――〒102-8331 千代田区三番町3-10
新書出版部 ☎03-3239-6298
普及一部 ☎03-3239-6233
京都本部――〒601-8411 京都市南区西九条北ノ内町11
組版――有限会社エヴリ・シンク
装幀者――芦澤泰偉＋野津明子
印刷所
製本所――図書印刷株式会社

©Oishi Manabu 2003 Printed in Japan
落丁・乱丁本は送料弊所負担にてお取り替えいたします。

ISBN4-569-62572-X

PHP新書刊行にあたって

「繁栄を通じて平和と幸福を」（PEACE and HAPPINESS through PROSPERITY）の願いのもと、PHP研究所が創設されて今年で五十周年を迎えます。その歩みは、日本人が先の戦争を乗り越え、並々ならぬ努力を続けて、今日の繁栄を築き上げてきた軌跡に重なります。

しかし、平和で豊かな生活を手にした現在、多くの日本人は、自分が何のために生きているのか、どのように生きていきたいのかを、見失いつつあるように思われます。そして、その間にも、日本国内や世界のみならず地球規模での大きな変化が日々生起し、解決すべき問題となって私たちのもとに押し寄せてきます。

このような時代に人生の確かな価値を見出し、生きる喜びに満ちあふれた社会を実現するために、いま何が求められているのでしょうか。それは、先達が培ってきた知恵を紡ぎ直すこと、その上で自分たち一人一人がおかれた現実と進むべき未来について丹念に考えていくこと以外にはありません。

その営みは、単なる知識に終わらない深い思索へ、そしてよく生きるための哲学への旅でもあります。弊所が創設五十周年を迎えましたのを機に、PHP新書を創刊し、この新たな旅を読者と共に歩んでいきたいと思っています。多くの読者の共感と支援を心よりお願いいたします。

一九九六年十月

PHP研究所

PHP新書

[**経済・経営**]
007 日本の反省 飯田経夫
020 入門・日本の経済改革 佐藤 光
033 経済学の終わり 飯田経夫
044 赤字財政の罠 水谷研治
055 日本的経営の論点 飯田史彦
059 国際金融の現場 榊原英資
062 「現代デフレ」の経済学 斎藤精一郎
064 平成不況10年史 吉田和男
066 日本の雇用をどう守るか 宮本光晴
069 〈格付け〉の経済学 黒沢義孝
076 日本銀行・市場化時代の選択 中北 徹
078 アダム・スミスの誤算 佐伯啓思
079 ケインズの予言 佐伯啓思
082 入門・景気の見方 高木 勝
090 通貨の興亡 高橋乗宣
092 〈競争優位〉のシステム 加護野忠男
106 日米・技術覇権の攻防 森谷正規
118 eエコノミー入門 宿南達志郎
121 iバイオテクノロジーからの発想 石井威望
133 FRB——ドルの守護神 中尾茂夫
139 ユーロランドの経済学 浜 矩子
142 国際会計の教室 山本昌弘
187 働くひとのためのキャリア・デザイン 金井壽宏
205 日本型ワークシェアリング 脇坂 明
206 人間にとって経済とは何か 飯田経夫
217 企業遺伝子 野口吉昭
219 ジャパニーズ・ドリーマーズ 米倉誠一郎
222 日本の盛衰 堺屋太一

[**政治・外交**]
051 朱鎔基の中国改革 朱 建栄
056 ブレアのイギリス 舟場正富
093 日本の警察 佐々淳行
094 中国・台湾・香港 中嶋嶺雄
114 ネット・ウォーズ 浜田和幸
116 日英同盟 平間洋一
126 既得権の構造 松原 聡
140 日本の税制 森信茂樹
144 満蒙独立運動 波多野勝
151 内務省 百瀬 孝

152 新しい日米同盟　田久保忠衛
154 集団的自衛権　佐瀬昌盛
155 財政投融資と行政改革　宮脇 淳
168 国際連合という神話　色摩力夫
172 政治の教室　橋爪大三郎
178 カネと自由と中国人　森田靖郎
194 未完の経済外交　佐古 丞
201 明治憲法の思想　八木秀次
221 議員秘書　龍崎 孝
230 「日中友好」という幻想　中嶋嶺雄
232 「ODA」再考　古森義久

［思想・哲学］

002 知識人の生態　西部 邁
010 世界名作の経済倫理学　竹内靖雄
015 福沢諭吉の精神　加藤 寛
022 「市民」とは誰か　佐伯啓思
029 森を守る文明・支配する文明　安田喜憲
032 〈対話〉のない社会　中島義道
035 20世紀の思想　加藤尚武
052 靖国神社と日本人　小堀桂一郎
057 家族の思想　加地伸行
058 悲鳴をあげる身体　鷲田清一
067 科学とオカルト　池田清彦
083 「弱者」とはだれか　小浜逸郎
086 脳死・クローン・遺伝子治療　加藤尚武
100 歴史をいかに学ぶか　野田宣雄
128 自我と無我　岡野守也
135 二十一世紀をどう生きるか　野田宣雄
137 養生訓に学ぶ　立川昭二
150 「男」という不安　小浜逸郎
169 「自分の力」を信じる思想　勢古浩爾
181 〈教養〉は死んだか　加地伸行
185 京都学派と日本海軍　大橋良介
202 民族と国家　松本健一
204 はじめての哲学史講義　鷲田小彌太
220 デジタルを哲学する　黒崎政男
223 不幸論　中島義道

［歴史］

005・006 日本を創った12人（前・後編）　堺屋太一
011 石田三成　小和田哲男
026 地名の博物史　谷口研語
031 日本人の技術はどこから来たか　石井威望

046 明智光秀 小和田哲男
060 聖武天皇 中西 進
061 なぜ国家は衰亡するのか 中西輝政
063 天皇と官僚 笠原英彦
068 天智天皇 遠山美都男
073 『日暮硯』と改革の時代 笠谷和比古
085 昭和天皇 小堀桂一郎
091 藩と日本人 武光 誠
097 「日の丸・君が代」の話 松本健一
098 徳川秀忠 小和田哲男
104 堺——海の都市文明 角山 榮
105 犬の日本史 谷口研語
143 江戸人の老い 氏家幹人
146 地名で読む江戸の町 大石 学
156 源頼朝 鎌倉殿誕生 関 幸彦
170 龍の文明・太陽の文明 安田喜憲
177 歴史と科学 西尾幹二
182 日本人を創った百語百読 谷沢永一
184 『葉隠』の武士道 山本博文
193 朝鮮銀行 多田井喜生
197 豊臣秀次 小和田哲男
228 朝鮮通信使の旅日記 辛 基秀
231 新選組と沖田総司 木村幸比古

［**宗教**］

024 日本多神教の風土 久保田展弘
028 仏のきた道 鎌田茂雄
070 宗教の力 山折哲雄
081 〈狂い〉と信仰 町田宗鳳
099 〈脱〉宗教のすすめ 竹内靖雄
113 神道とは何か 鎌田東二
123 お葬式をどうするか ひろさちや
210 仏教の常識がわかる小事典 松濤弘道
218 空海と密教 頼富本宏

［**地理・文化**］

019 ダービー卿のイギリス 山本雅男
037 マドンナのアメリカ 井上一馬
041 ユダヤ系アメリカ人 本間長世
072 現代アジアを読む 渡辺利夫
084 ラスヴェガス物語 谷岡一郎
088 アメリカ・ユダヤ人の経済力 佐藤唯行
089 高千穂幻想 千田 稔
110 花見と桜 白幡洋三郎

129 アメリカ・ユダヤ人の政治力 佐藤唯行
149 ゴルフを知らない日本人 市村操一
153 水の環境史 小野芳朗
166 ニューヨークで暮らすということ 堀川 哲
176 日米野球史―メジャーを追いかけた70年 波多野勝
189 東京育ちの東京論 伊藤滋
192 すし・寿司・SUSHI 森枝卓士
195 ワールドカップの世界地図 大住良之
198 環境先進国・江戸 鬼頭 宏
216 カジノが日本にできるとき 谷岡一郎

［社会・教育］
014 ネットワーク思考のすすめ 逢沢 明
039 話しあえない親子たち 伊藤友宣
042 歴史教育を考える 坂本多加雄
102 年金の教室 高山憲之
109 介護保険の教室 岡本祐三
117 社会的ジレンマ 山岸俊男
131 テレビ報道の正しい見方 草野 厚
134 社会起業家―「よい社会」をつくる人たち 町田洋次
141 無責任の構造 岡本浩一
173 情報文明の日本モデル 坂村 健
174 ニュースの職人 鳥越俊太郎
175 環境問題とは何か 富山和子
183 新エゴイズムの若者たち 千石 保
227 失われた景観 松原隆一郎

［心理・精神医学］
004 臨床ユング心理学入門 山中康裕
018 ストーカーの心理学 福島 章
030 聖書と「甘え」 土居健郎
047 「心の悩み」の精神医学 野村総一郎
053 カウンセリング心理学入門 國分康孝
065 社会的ひきこもり 斎藤 環
101 子どもの脳が危ない 福島 章
103 生きていくことの意味 諸富祥彦
111 「うつ」を治す 大野 裕
119 無意識への扉をひらく 林 道義
138 心のしくみを探る 林 道義
148 「やせ願望」の精神病理 水島広子
159 心の不思議を解き明かす 林 道義
160 体にあらわれる心の病気 磯部 潮
164 自閉症の子どもたち 酒木 保
171 学ぶ意欲の心理学 市川伸一

196 〈自己愛〉と〈依存〉の精神分析 和田秀樹
214 生きる自信の心理学 岡野守也
225 壊れた心をどう治すか 和田秀樹

［**言語・外国語**］

008 英文法を撫でる 渡部昇一
045 イタリア語を学ぶ 白崎容子
071 漢字の社会史 阿辻哲次
095・096 話すための英語 日常会話編（上・下） 井上一馬
107・108 話すための英語 ニュース・ビジネス＆スポーツ編（上・下） 井上一馬
136 英語はいらない!? 鈴木孝夫
163 講談・英語の歴史 渡部昇一
167 日本語は生き残れるか 井上史雄
179 方言は絶滅するのか 真田信治
186 手話ということば 米川明彦
191 英語のできる子供を育てる方法 井上一馬
209 韓国がわかる。ハングルは楽しい！ 金 裕鴻
213 話すための中国語 相原 茂
224 最強の英語上達法 岡本浩一

［**文学・芸術**］

012 漱石俳句を愉しむ 半藤一利
016 源氏物語と伊勢物語 島内景二
027 サン＝テグジュペリの宇宙 畑山 博
034 8万文字の絵 日比野克彦
043 恋愛小説を愉しむ 木原武一
049 俳句入門 稲畑汀子
050 漱石の「不愉快」 小林章夫
077 一茶俳句と遊ぶ 半藤一利
120 日本語へそまがり講義 林 望
132 時代劇映画の思想 筒井清忠
162 人生を変える読書 武田修志
207 日本人の論語（上） 谷沢永一
211 日本人の論語（下） 谷沢永一

［**人生・エッセイ**］

001 人間通になる読書術 谷沢永一
021 日本人はいつから〈せっかち〉になったか 織田一朗
087 人間通になる読書術・実践編 谷沢永一
122 この言葉！ 森本哲郎
147 勝者の思考法 二宮清純
161 インターネット的 糸井重里
188 おいしい〈日本茶〉がのみたい 波多野公介
200 「超」一流の自己再生術 二宮清純

［**知的技術**］

003 知性の磨きかた 林 望
017 かけひきの科学 唐津 一
025 ツキの法則 谷岡一郎
074 入門・論文の書き方 鷲田小彌太
075 説得の法則 唐津 一
112 大人のための勉強法 和田秀樹
115 書くためのパソコン 中野 明
127 電子辞典の楽しみ方 久保田博南
130 日本語の磨きかた 林 望
145 大人のための勉強法 パワーアップ編 和田秀樹
158 常識力で書く小論文 鷲田小彌太
180 伝わる・揺さぶる！ 文章を書く 山田ズーニー
199 ビジネス難問の解き方 唐津 一
203 上達の法則 岡本浩一
212 人を動かす！ 話す技術 杉田 敏
233 大人のための議論作法 鷲田小彌太

［**自然・生命**］

009 遺伝子で診断する 中村祐輔
013 赤ちゃん誕生の科学 正高信男
023 生命の奇跡 柳澤桂子
038 巨大隕石の衝突 松井孝典
048 ブナの森と生きる 北村昌美
054 恐竜ハイウェー 松川正樹
080 ヒトの誕生 葉山杉夫
124 地震予報に挑む 串田嘉男
125 縄文農耕の世界 佐藤洋一郎
157 死物学の観察ノート 川口 敏
165 謎の感染症が人類を襲う 藤田紘一郎
208 火山はすごい 鎌田浩毅
229 湯川秀樹の世界 中野不二男

［**医療・健康**］

036 もの忘れは「ぼけ」の始まりか 宇野正威
040 インフルエンザ 中島捷久／他
190 自分を守る患者学 渥美和彦
215 あなたの知らない糖尿病の話 真山 享
226 あきらめないガン治療 帯津良一